本书得到国家社科基金重点项目（16AJY017）资助

中国流通企业国际化研究

Research on Chinese Circulation Company Internationalization

祝合良 石娜娜 著

社会科学文献出版社
SOCIAL SCIENCES ACADEMIC PRESS (CHINA)

序

改革开放40多年来,中国的经济总量、产品制造、对外贸易和商品流通都取得了举世瞩目的成就。2010年,中国经济总量达5.87万亿美元,超越日本(5.47万亿美元),成为世界第二大经济体,这一地位保持至今。2020年,中国经济总量已达到101.59万亿元,首次突破100万亿元,对世界经济增长贡献率近30%,是当今世界最大的发展中国家。在当今世界主要的500种工业产品当中,中国有220多种工业产品产量位居世界第一,是名副其实的制造大国;2009年至今,中国已经连续10年成为世界第一大货物贸易出口大国;2013年,中国货物进出口总额达4.16万亿美元,超过美国3.91万亿美元,成为世界第一大货物贸易大国,此后这一地位保持至今;2020年,中国货物贸易进出口总额达到32.16万亿元。2019年,中国社会消费品零售总额首次突破40万亿元,连续多年位居世界第二,中国是当今世界流通产业发展最快的流通大国[①]。

但遗憾的是,在中国经济取得巨大发展、中国制造誉满全球和中国对外贸易惠及世界各国的同时,中国的流通企业却很少

---

① 《中华人民共和国国民经济和社会发展统计公报》(2010—2020)。

"走出去",中国流通国际化没有及时与中国制造国际化并进,没有伴随中国的商品出口,将流通网络遍布世界各地,因而中国流通没有像中国制造一样名扬天下。与之相反,国外知名的流通企业纷纷进入中国市场。这种状况与我国的制造大国、出口大国和流通大国地位极不相称,如今已经成为制约我国制造和商品出口的重要障碍,也是我国建设流通强国的重要短板。在世界经济全球化、流通国际化和世界产业控制权已经从制造环节转向流通环节的大趋势下,为了提高利用国际国内两个市场、两种资源的能力,抢占产业控制权,助力双循环新发展格局战略的有力实施,必须大力实施流通企业"走出去"战略。

2020年,基于世界格局的深刻变化和我国经济在国际地位上的巨变,加之突如其来的新冠肺炎疫情对我国和世界各国经济社会发展带来前所未有的冲击,5月14日,习近平总书记在中共中央政治局常委会会议上提出,要深化供给侧结构性改革,充分发挥我国超大规模市场优势和内需潜力,构建国内国际双循环相互促进的新发展格局。5月23日,习近平总书记进一步指出,加快构建完整的内需体系,逐步形成以国内大循环为主体、国内国际双循环相互促进的新发展格局。7月30日,中共中央政治局召开会议,在部署下半年经济工作时明确提出,"加快形成以国内大循环为主体、国内国际双循环相互促进的新发展格局"。此后,党中央多次强调要推动形成双循环新发展格局。10月29日,党的十九届五中全会进一步提出,"加快形成以国内大循环为主体、国内国际双循环相互促进的新发展格局","要畅通国内大循环,促进国内国际双循环","立足国内大循环,发挥比较优势,协同推进强大国内市场和贸易强国建设"。

双循环新发展格局的提出,为流通业的发展提供广阔的空间。2020年9月9日，习近平总书记在中央财经委员会第八次会议上发表重要讲话强调，流通体系在国民经济中发挥着基础性作用，构建新发展格局，必须把建设现代流通体系作为一项重要战略任务来抓。会议指出，建设现代流通体系对构建新发展格局具有重要意义。在社会再生产过程中，流通效率和生产效率同等重要，是提高国民经济总体运行效率的重要方面。高效流通体系能够在更大范围上把生产和消费联系起来，扩大交易范围，推动分工深化，提高生产效率，促进财富创造。国内循环和国际循环都离不开高效的现代流通体系。在建设现代流通体系加快构建双循环新发展格局的过程中，会议明确指出，"要完善现代商贸流通体系，培育一批具有全球竞争力的现代流通企业"。

改革开放以来，中国流通业取得了长足发展，但目前中国大型流通企业仍然偏小，在国际上有影响力的流通企业非常少。以零售业为例，2018财年的"全球零售250强"中，中国大陆只有9家企业上榜。同年，"全球零售250强"实现在两个或两个以上国家或地区经营的企业达到162家，国际化率达64.8%。在这9家企业中，中国大陆只有苏宁1家实现跨国家或地区经营，零售企业国际化率只有11%。中国在国际上有影响力的大批发商和大物流公司更是寥寥无几。

因此，在双循环新发展格局的战略背景下，在世界经济全球化和流通国际化的趋势下，为了更好地发挥流通业在国民经济中的先导性和基础性的作用，充分发挥现代流通在双循环新发展格局中的战略作用，以更高层次和更高水平对外开放并参与国际经济大循环，必须加快中国流通业的国际化，培育一批具有全球竞争力的现代流通企业。

实际上，早在2015年8月28日，国务院在《关于推进国内贸易流通现代化建设法治化营商环境的意见》中就曾指出，必须推动我国从流通大国向流通强国转变，更好地服务经济社会发展。为此，必须构建开放融合的流通体系，提高利用国际国内两个市场、两种资源的能力，大力实施流通"走出去"战略。依据国务院颁发的这个指导意见，我于2016年申报并获批了国家社科基金重点项目"加快我国从商品出口大国迈向流通企业'走出去'强国战略转变及实现路径研究"。通过3年多的研究，取得了部分研究成果。本书就是基于我和我的博士生石娜娜的部分研究成果撰写而成。"走出去"战略是中国独有的提法，国际上普遍的说法是"国际化"战略。因此，本书按照国际通行的说法，将书名确定为《中国流通企业国际化研究》。但在行文过程中，考虑到中国语境，仍然使用"走出去"进行表达。由于时间和资料有限，很多地方的研究还不够充分，有待进一步深入，恳请大家评判指正！

　　本书在研究的过程中，得到了商务部、中国连锁经营协会、北京市商务局等单位和众多专家的指导，再次一并表示感谢！

祝合良

2021年1月28日

前　言

改革开放以来，我国的商品生产、对外贸易和商品流通都取得了巨大的成就。2019年中国制造业增加值为26.9万亿元，占全球比重达28.1%，产值规模居世界第一位，连续十年保持世界第一制造大国地位；从2009年起至今，我国已经连续11年成为世界第一大商品出口国；2019年社会消费品零售总额超过40万亿元，连续多年位居世界第二。我国已经成为名副其实的商品流通大国，但由于在国际上缺少独立自主的流通渠道，缺乏国际一流的流通企业，中国还并不算是商品流通强国，同发达国家比起来，中国的国际流通影响力太小。

自2004年我国商品市场全面对外开放以来，世界知名流通企业纷至沓来，目前世界最大的流通企业绝大部分已落户中国，流通业已成为中国开放程度最高、竞争最激烈的行业。但是在国际化的大潮下，中国流通企业一直被动地接受国际竞争对手的挑战，而没有主动做出国际化的回应。自2001年我国正式实施"走出去"国家战略以来，我国对外直接投资不断扩大。从2012年开始我国对外直接投资额连续3年位列全球第三，2015年跃居世界第二，保持至今。然而，与我国成为商品出口大国、对外直接投资大国和外资流通企业大量进入中国市场极不协调的是，我国流通业"走出去"明显滞后。

2015年8月28日,国务院在《关于推进国内贸易流通现代化建设法治化营商环境的意见》中已经指出,必须推动我国从流通大国向流通强国转变,更好地服务经济社会发展。为此,必须构建开放融合的流通体系,提高利用国际国内两个市场、两种资源的能力。因此,要大力实施流通"走出去"战略。

在世界经济全球化、流通产业国际化和世界产业控制权已经从制造环节向流通环节转移的大背景下,积极地推动中国流通企业"走出去",形成中国流通企业在国内和国际市场的联动发展,是中国建立开放型经济新格局的重要组成部分,对于提高中国流通业国际竞争力,提升中国国际分工地位,促进中国从流通大国向流通强国转变,巩固我国经济在国际竞争中的国家竞争优势具有重大的意义。

一 中国流通企业"走出去"的现状

自2004年发布《中国对外直接投资统计公报》以来,中国流通业的对外直接投资额以年均49.3%的速度增长,2017年的投资额为263.1亿美元,是2004年的近33倍,2018年和2019年有所下降,分别为122.4亿美元和194.7亿美元。截至2019年底,流通业的对外直接投资存量达到2955.4亿美元,是2004年的近37.7倍。无论是从流量还是存量上来看,流通业对外直接投资的增长速度都是非常高的。但从流通业对外直接投资占整个对外直接投资的比重来看,占比并不高,2019年流通业的对外投资额只占当年我国对外直接投资流量总额(1369.1亿美元)的14.2%,存量也只占当年对外投资存量(21988.8亿美元)的13.4%。

从投资的空间分布来看,无论是投资流量还是投资存量,目前我国流通业对外直接投资空间分布比较集中,主要集中在中国香港和东盟地区,其他国家和地区很少。例如,2019年我国流通业对外直接投资中135.02亿美元流入香港地区,22.69亿美元流向东盟地区,两个地区加起来占当年流通业对外直接投资总额的81%。从存量上看,截至2019年底,香港地区共吸收中国流通业对外直接投资额为1964.01亿美元,东盟吸收了178.11亿美元,共占我国流通业对外直接投资存量的72.48%。

二 中国流通企业"走出去"的动因

中国流通企业"走出去"的动因,从宏观角度来看,主要有这样几个方面:一是顺应经济全球化的趋势;二是价值链升级的外部驱动;三是遵循对外经济的发展规律;四是内外贸一体化的内部推动;五是流通企业发展的必然选择;六是助力实现流通大国向流通强国转变的客观要求;七是促进我国文化输出,提升中华文化影响力的需要。从微观角度来看,主要有这样几个方面的原因:一是国内市场竞争激烈,推动流通企业"走出去";二是消费者需求的多样化、国际化,推动流通企业"走出去";三是境外广阔的市场空间,吸引流通企业"走出去";四是宽松的国际投资环境及各国吸引投资的需要。从流通企业自身的因素来看,中国流通业"走出去"已经具备一定的竞争实力。

三 影响中国流通企业"走出去"的因素

影响中国流通企业"走出去"的因素,从宏观角度来看,主要有这样几个方面:一是政府对境外投资的干预;二是各种投资促进政策;三是东道国的市场规模。从微观角度来看,主要有这样几个方面:一是流通企业专业技能的转移;二是流通企业的实力;

三是流通企业国际化的经验；四是流通企业"走出去"的意愿。

四 中国流通企业"走出去"面临的机遇与挑战

中国流通企业"走出去"面临的机遇主要有：一是经济全球化不断深入；二是人民币国际化促进对外投资便利化；三是国内产业链的完善和发达；四是中国逐步参与国际经济规则制定。

中国流通企业"走出去"面临的挑战主要有：一是国际市场竞争激烈；二是文化差异；三是存在一定的政治风险。

五 中国流通企业"走出去"缓慢的原因

总的来讲，在国家倡导的"走出去"战略中，中国流通企业"走出去"相对缓慢。究其原因，主要有这样几个方面：一是中国流通企业竞争力弱；二是中国流通企业品牌影响力小；三是中国流通企业国际化经验不足；四是中国流通企业承担汇率风险能力差；五是政府对中国流通企业"走出去"的支持较少。

六 发达国家和发展中国家流通企业国际化的经验比较——以零售业为例

零售国际化起始于发达国家，资本主义国家主张自由竞争，企业按照利润最大化原则在全世界配置资源，当国内效率低下时自然就会向国外扩张，零售国际化就是一个突破国界限制，向外部市场寻求规模经济，提高资源配置效率的过程。

在发达国家中，美国的零售国际化一直走在世界的前列，是零售国际化的主流。

欧洲国家国土普遍狭小，市场有限，又由于很多欧洲国际国内立法为保护中小零售商，对大型零售商在店铺数量和面积上进行限制，迫使零售商不得不向境外寻找机会，因此欧洲零售商很早就开始国际化，如今欧洲也是零售国际化程度最高的地区。

20世纪70年代，日本零售业开始国际化。90年代日本泡沫经济破裂，经济增速开始下降，消费大幅紧缩，国内零售业竞争日益激烈，恰逢欧美零售企业横扫全世界，对日本市场虎视眈眈，日本的零售商不得不加快国际化经营。很多日本零售商凭借地缘优势进入中国、韩国、泰国、马来西亚市场。

发达国家零售企业国际化的一般经验主要有：一是正确选择进入市场的时机；二是由近及远的扩张路径；三是科学的进入方式；四是决策前充分的市场调研；五是重视本土化战略；六是尝试性进入大规模化扩张，控制程度由弱到强；七是强强联合、规模至上；八是多业态组合；九是自有品牌战略；十是国内市场是根基。

发展中国家的零售国际化整体上落后于发达国家，国际化程度低，国际化地域狭窄。

七 中国流通企业"走出去"的创新途径：跨境电商

作为中国流通企业"走出去"的创新形式，跨境电商具有以下几大优势：一是成本低、周期快；二是辐射范围更广；三是适应性强；四是避开贸易保护；五是降低风险。

中国流通企业"走出去"发展跨境电商优势突出：有强大的制造能力做支撑，国家支持和政府推进，国内电商基础好，还有业态先行优势。

中国流通企业"走出去"发展跨境电商，要积极开展国际合作，采用多种手段改善网购体验，提高物流效率，同时要加快人民币的国际化步伐。

八 "一带一路"倡议下中国流通企业"走出去"的比较优势

"一带一路"倡议下中国流通企业"走出去"的比较优势，相对于发达国家而言，主要有政治优势、投资主体优势、出口结构优势、价格优势；相对于其他发展中国家而言，主要有经济资金优势、技术优势、人力资源优势、商品优势和经验优势。相对于其他地区，共建"一带一路"国家给零售业国际化带来的比较优势有历史、地理、人文优势，贸易互补优势，先行优势。

九 "一带一路"倡议下中国流通企业"走出去"的实现路径

针对"一带一路"倡议下中国流通企业"走出去"的实现路径，从区位选择上来看，应优先在已经与中国签订投资保护协定、达成自贸区协议的国家和地区进行投资，既可以最大限度地发挥贸易优势又可以有效降低贸易风险。从进入方式上来看，按控制的程度由强到弱分为自我进入、独资、兼并和收购、合资企业、特许经营、许可协议。从业态选择上来看，要遵循三个原则：一是要符合零售业态的发展规律；二是要适合东道国经济的发展水平；三是要选择零售企业所擅长的业态。

十 中国流通企业"走出去"的支撑体系

中国流通企业"走出去"是一项系统工程，既需要有政策的指引，理论的指导，还要有产业间的配合以及流通企业自身的不懈努力，可以从宏观、中观和微观三个层次打造支持中国流通企业"走出去"的支撑体系。

从宏观层面上来看,中国流通企业"走出去"的支撑体系包括:一是高度重视流通产业,营造法治化营商环境;二是完善对外投资立法,规范对外投资行为;三是完善宏观管理体制,提高对外投资的管理效率;四是与东道国建立政策协调机制,加强境外投资利益保护;五是重视商会作用,加强与各国商会的联系;六是加强公共服务平台建设,提高对外投资服务水平。

从中观层面上来看,中国流通企业"走出去"的支撑体系包括制造业的支持、金融业的支持、物流业的支持。

从微观层面上来看,中国流通企业"走出去"需要加强基础改造:一是回归商业本质,重塑核心竞争力;二是树立强势的品牌;三是全面提高流通企业竞争实力;四是打造大型流通企业集团;五是处理好本土化与国际化的关系。

目 录

第一章 绪论 …………………………………………………… 1
 第一节 研究的背景与意义 ………………………………… 1
 第二节 理论来源 …………………………………………… 6
 第三节 研究内容与目的 …………………………………… 16
 第四节 研究方法与思路 …………………………………… 18

第二章 流通企业国际化研究综述 …………………………… 20
 第一节 国外流通企业国际化的相关研究综述 …………… 20
 第二节 国内流通企业国际化的相关研究综述 …………… 36
 第三节 文献述评 …………………………………………… 45

第三章 中国流通企业"走出去"的状况与影响因素 ……… 46
 第一节 中国流通企业"走出去"的状况 ………………… 46
 第二节 中国流通企业"走出去"的案例分析 …………… 53
 第三节 中国流通企业"走出去"的宏观影响因素分析 … 66
 第四节 中国流通企业"走出去"的微观影响因素分析 … 69
 第五节 中国流通企业"走出去"面临的机遇和挑战 …… 74
 第六节 中国流通企业"走出去"缓慢的原因分析 ……… 83

第四章 发达国家和发展中国家的流通企业国际化经验
　　——以零售企业为例 ············· 88
　第一节 全球流通业的发展情况和国际化状况 ········· 89
　第二节 发达国家的零售国际化 ················ 97
　第三节 发展中国家的零售国际化 ·············· 136

第五章 中国流通企业"走出去"的动因分析 ········ 141
　第一节 "走出去"战略的提出与发展情况 ·········· 141
　第二节 中国流通企业"走出去"的宏观动因分析 ······ 149
　第三节 中国流通企业"走出去"的微观动因分析 ······ 167

第六章 中国流通企业"走出去"的创新途径：跨境电商
　　··· 175
　第一节 跨境电子商务 ······················ 175
　第二节 中国跨境电商的发展 ·················· 177
　第三节 跨境电商与传统零售的区别 ·············· 187
　第四节 跨境电商是中国流通企业"走出去"的
　　　　新途径 ··························· 189
　第五节 中国发展跨境电商的SWOT分析 ··········· 194
　第六节 中国跨境电商发展的实现路径 ············ 202

第七章 "一带一路"倡议下中国流通企业"走出去"的
　　比较优势 ································ 207
　第一节 "一带一路"倡议 ···················· 207
　第二节 "一带一路"倡议下中国流通企业
　　　　"走出去"的比较优势 ················· 210

第八章 "一带一路"倡议下中国流通企业"走出去"的实现路径
——以零售企业为例 ·········· 221

第一节 "一带一路"倡议下中国流通企业"走出去"的时机选择 ·········· 222

第二节 "一带一路"倡议下中国流通企业"走出去"的区位选择 ·········· 223

第三节 "一带一路"倡议下中国流通企业"走出去"的进入方式选择 ·········· 235

第四节 "一带一路"倡议下中国流通企业"走出去"的业态选择 ·········· 239

第五节 中国流通企业"走出去"的标准化与本土化战略 ·········· 241

第九章 中国流通企业"走出去"的支撑体系 ·········· 244
第一节 中国流通企业"走出去"宏观层面的支撑体系 ··· 244
第二节 中国流通企业"走出去"中观层面的支撑体系 ··· 251
第三节 中国流通企业"走出去"的微观基础改造 ·········· 258

第十章 研究展望 ·········· 269
第一节 目前研究的基本结论 ·········· 269
第二节 研究展望 ·········· 272

参考文献 ·········· 273

第一章
绪　论

第一节　研究的背景与意义

一　研究的背景

20世纪以来，全球化成为世界经济的重要特征和发展趋势之一，一个显著的特征就是越来越多的企业进入国际市场，从事国际化经营。二战后，随着信息技术的迅猛发展和国际分工的不断深化，最初是制造企业为了优化使用外部资源和扩大市场范围，通过对外直接投资的方式在境外设立分支机构，开展跨国经营，直接形成了第二次和第三次国际产业转移，跨国公司也成为国际化经营活动最重要的主体。20世纪80年代以后，世界经济一体化步伐加快，服务贸易国际化快速推进，服务贸易和服务业的跨国投资增长速度高于全球贸易和投资总额的增长速度。伴随本国市场的逐渐饱和以及竞争的日趋激烈，众多流通企业也开始走出国门，开启国际化征程，来自美国、欧洲和日本等发达国家或地区的流通企业成为国际化的先行者。进入 21 世纪，得益于信息技术的进步和新兴市场管制的放松，流通企业向境外扩张进行跨国投资的步伐进一步加快，不但有发达国家而且有发展中国家的企业参与其中，跨国经营已经成为流通企业重要的经营战略之一。各跨国商界巨头更是不断掀起并购浪潮，在全球范围内进行整合，引领一轮又一轮的资本和技术革命，国际化已经成为全球流通领域的重要特征。德勤公司发布的 *Global Powers of Retailing 2020* 显示，2018 财年"全球零售 250 强"中有 162 家企业在两个或两个以上国家或地区经营，国际化率为 64.8%。国际知名的零售商沃尔玛和家乐福分别在 28 个和 34 个国家和地区经营，其中沃尔玛在美国本土有 5368 个门店，还有 5993 个门店分布在亚洲、欧洲等海外市场，2019 年净销售额为 5103.29 亿美元，其中海外市场（不含山姆会员店）贡献了 1208.24 亿美元，贡献率达到 23.68%。2019 年家乐福门店达到 12225 家，法国本土 5274 家，其余 6951 家分别分布于欧洲、亚洲、美洲的 33 个国家和地区，并贡献了年销售额 724 亿欧元的 33.15%。可以说，国际化是这些大型跨国流通企业取得成功乃至成为行业巨头的关键因素之一，沃尔玛更凭借其全球布局获得可观收益，并连续多年稳居世界 500 强企业首位。

中国高速发展的经济和巨大的商品市场被世界流通企业普遍看好，自 20 世纪 90 年代我国政府对流通业开放试点开始，家乐福、沃尔玛、麦德龙等跨国流通大鳄就登陆中国布局谋篇。自 2004 年 12 月 11 日开始，根据入世承诺中国取消外商投资企业在分销领域的数量、股权、地域等方面的限制，流通业全面对外资开放，跨国流通企业更是纷至沓来，从东部沿海地区逐步向中西部地区推进。目前流通业已成为中国开放程度最高、竞争最激烈的行业，形成"国际竞争国内化"的局面。然而在国际化的大潮下，中国流通企业一直在被动地接受国际竞争对手的挑战，而没有主动做出国际化的回应。相对于"引进来"的速度，中国流通业"走出去"的步伐明显缓慢。从《2019年度中国对外直接投资统计公报》来看，截至2019年末，我国的批发和零售业（商贸流通业）对外直接投资存量为2955.4亿美元（2370.9亿美元），只占当年我国对外直接投资存量总额21988.8美元的13.5%（10.8%）。2019年我国批发和零售业（商贸流通业）对外直接投资流量为194.7亿美元（135.9亿美元），只占当年我国对外直接投资流量总额1369.1亿美元的14.2%（9.9%）。更值得指出的是，无论是投资流量还是投资存量，目前我国流通业对外直接投资主要集中在中国香港和东盟地区，其他国家和地区很少，而且存在投资规模小、经营业态单一、竞争力弱等问题，真正以商业存在形式"走出去"的流通企业还处于探索阶段，这与我国商品出口大国、对外直接投资大国的地位是极不协调的。

流通业是生产和消费的中介，起着引导生产和促进消费的作用，产业联动性强。在全球一体化背景下，流通业已经从商品交易平台转变为价值链的主导者和利益的分配者，流通业的强弱关系到一国国力的强弱。我国流通企业长期局限于国内，缺乏国际营销渠道，限制了制造业转型升级能力，制约了中国经济的国际影响力，推动中国流通业"走出去"势在必行。

2012年8月3日国务院印发《关于深化流通体制改革加快流通产业发展的意见》，提出"深化流通领域改革开放"，"消除地区封锁和行业垄断，严禁阻碍、限制外地商品、服务和经营者进入本地市场，严厉查处经营者通过垄断协议等方式排除、限制竞争的行为。鼓励民间资本进入流通领域，保障民营企业合法权益，促进民营企业健康发展。进一步提高流通产业利用外资的质量和水平，引进现代物流和信息技术带动传统流通产业升级改造。支持有条件的流通企业'走出去'，通过新建、并购、参股、增资等方式建立境外分销中心、展示中心等营销网络和物流服务网络。积极培育国内商品市场的对外贸易功能，推进内外贸一体化。"2015年8月28日，国务院在《关于推进国内贸易流通现代化建设法治化营商环境的意见》中指出，必须推动我国从流通大国向流通强国转变，更好地服务经济社会发展。为此，必须构建开放融合的流通体系，提高利用国际国内两个市场、两种资源的能力。因此，要大力实施流通"走出去"战略。推动国内流通渠道向境外延伸，打造全球供应链体系。并鼓励流通企业与制造企业集群式"走出去"，促进国际产能和装备制造合作，同时鼓励电子商务企业"走出去"，提升互联网信息服务国际化水平。要创建内外贸融合发展平台，服务"一带一路"倡议，促进国内外市场互联互通，打造内外贸融合发展的流通网络。

二 研究的意义

在世界经济全球化、流通产业国际化和世界产业控制权已经从制造环节向流通环节转移的大背景下，推动中国流通企业"走出去"，充分发挥流通业引导生产、促进消费、整合产业链的功能，提升我国流通业的国际竞争力，巩固我国经济在国际竞争中的国家竞争优势，具有重大的理论意义和现实意义，主要体现在以下几点：①积极应对经济全球化，利用国际国内两个市场两种资源，优化资源配置，提高流通业竞争力；②在世界范围内形成中国自主分销体系，利用沟通上下游产业的特殊地位，引导我国制造业优势资源向价值链的核心环节聚集，带动制造业的转型升级；③促进内外贸一体化，形成大市场、大流通的格局；④提高我国在全球营销网络中的渠道主导地位，加快从贸易大国向贸易强国转变；⑤通过"走出去"在世界范围内整合资源，打造大型流通企业，提高中国流通企业的竞争力；⑥商品和服务是一国文化的重要组成部分，流通企业"走出去"必然能带动我国文化的输出，提升中华文化的影响力。

今后对外投资将成为中国经济的新常态，我国流通企业应充分利用全球经济一体化的有利趋势，抓住"走出去"战略、"一带一路"倡议和自由贸易区建设的战略机遇，积极走向世界。目前很多中国流通企业都在积极谋划走出国门，部分企业在国际化上做了尝试，但成功案例较少。总体来讲，我国流通业的对外投资存在起步晚、投资主体不强、国际化水平偏低、国际竞争力不足等问题。面对国际上激烈的竞争，我们要对中国流通企业"走出去"的动因有一个明晰的认识，对于走向哪里，怎样"走出去"有一个总体的把握，分析我国流通企业相对于国际知名流通企业的不足，找到提高我国流通企业竞争力的路径，这样才能更好地指导实践。我们将在国内外现有研究成果的基础上，对流通国际化现象进行更深入广泛研究，这不仅可以为流通企业"走出去"提供思路，还可以为国家制定流通业"走出去"政策提供决策依据。

第二节 理论来源

一 垄断优势理论

垄断优势理论是美国学者史蒂芬·海默（Stephen Hymer）提出的。20世纪60年代以前还没有对外投资理论，主流观点是以美国学者拉各斯·纳格斯为代表提出的利润差论，认为资本在国际间流动的驱动因素是国家间的利率（利润）差。第二次世界大战后，随着发达国家资本输出的迅速发展，对外投资成为推动世界经济发展的重要力量，传统的国际资本流动理论已经无法科学地解释跨国公司对外投资不断扩张的行为。1960年海默在他的博士学位毕业论文《国内企业的国际化经营：对外直接投资研究》中首次提出了以企业优势为中心的对外投资优势理论，这一理论经过发展成为著名的"垄断优势理论"，被视为国际直接投资理论的里程碑，海默也因此被称为"垄断优势之父"。

海默的论文搜集了美国从1941年到1956年的对外投资相关资料，运用产业组织理论对于该时期跨国公司的对外投资数据进行了实证分析。研究结果显示，美国企业的对外直接投资多集中于资本和技术密集型行业，虽然相当部分企业的对外直接投资是通过融资方式进行的，但它们对利率并不敏感，传统的经济理论无法对此做出解释。海默在对传统理论进行批判的基础上提出，企业以何种投资方式进入国际市场是由最终市场的不完全竞争程度和企业的垄断优势决定的。首先，企业只有具备特定的优势以抗衡东道国企业并克服外部市场的种种不利因素才能发起对外直接投资；其次，还要在不完全竞争的市场结构中使企业的垄断优势能够充分发挥。也就是说，企业之所以选择对外直接投资的方式控制境外子公司在东道国的经营活动，而不是采用出口或是许可的形式，在于跨国公司所提供的产品的市场结构能够使该公司本身所拥有的垄断优势得到充分利用而获得高额的利润。

垄断优势理论以不完全竞争市场假设为前提，传统国际资本流动理论的假设条件是企业所面对的境外市场是完全竞争的，即信息畅通、商品同质、要素自由流动，所有参与者所面临的市场条件都是均等的。而海默认为，这样的市场只是理想中的，现实中并不存在，普遍存在的是不完全竞争市场，企业的市场行为受企业实力、产品差异程度、信息不完全的影响。现实生活中至少存在四类市场不完全：①产品市场不完全；②生产要素市场不完全；③规模经济导致的市场不完全；④经济运行的政策和制度不完善导致的市场不完全，即存在东道国市场资源配置不均导致的区位优势。前三种市场不完全使企业具备了垄断优势，第四种不完全使企业只有避开政府干预，在境外市场对外投资时才能运用其垄断优势。对外直接投资的目的就是充分运用和维持企业的垄断优势，在东道国市场上形成寡头垄断和合谋网络，谋取高额垄断利润。美国企业之所以选择跨国直接投资就在于其拥有某种垄断优势，这种优势能够使其在境外市场支配更多资源，从而获得比在国内市场上更多的利润。

垄断优势是跨国公司发起对外投资的决定因素。跨国公司对外投资是为了最大限度地发挥垄断优势，以赚取超额利润。跨国公司的垄断优势有以下几类：第一类，会使成本下降的知识产权优势，包括技术工艺、商标品牌、营销技巧等无形资产；第二类，资金优势，能够进行跨国投资的企业要么拥有雄厚的自有资金，要么具备较强的融资能力，总部和子公司之间还可以进行灵活的资金调度，这是东道国本土企业所无法企及的；第三类，产品差异优势，企业具备生产差异化产品的能力是其核心优势；第四类，规模经济优势，企业生产规模越大单位产品成本越低，跨国公司利用各国生产要素的差异从事大规模生产和国际化销售，取得规模经济优势。

垄断优势可以产生两方面的作用：一是抵消东道国企业的先天优势，克服外部市场的不利因素；二是抬高潜在竞争者的进入壁垒，提高行业集中度，进而可以形成寡头垄断或合谋网络。而且垄断优势理论强调企业在进行境外投资时要采用全资子公司的形式，以更好地保持其垄断优势并实现对境外资产的控制。

二　产品生命周期理论

产品生命周期理论是哈佛大学教授雷蒙特·弗农（Raymond Vernon）在1966年提出的，他将产品的生命周期划分为三个阶段，即开发阶段、成熟阶段和标准化阶段。

第一阶段，开发阶段。新产品的诞生和一个国家所具备的特定条件有关，只有具备相当的技术水平和经济条件才有创造新产品的可能。在这一阶段产品技术尚未成熟，产量低，成本高，价格弹性小，基本上只供给国内消费者。这一阶段企业往往把生产部门设在本国以接近消费地并节省运输费用。二战后只有美国是具备这样的条件的，既有具备研发能力的工程师，又有大量手艺精湛的技术工人，重要的是没有经过二战的破坏，当时的人均收入在世界范围内是较高的，具备一定的消费能力，可以为新产品提供实验的市场，所以美国成为众多新产品的诞生地。

第二阶段，成熟阶段。新产品经过前期的使用，生产技术得到改进，性能逐渐稳定下来。这一阶段消费市场也发生变化，除了供给本国消费者，来自经济发展水平相当的外国的需求也很强劲，厂商开始扩大生产规模，并大量出口至境外市场。由于有利可图，进口国一些企业开始模仿生产，甚至出现了替代产品，市场竞争更加激烈。进口国为了保护本国幼稚工业开始限制进口，为了绕开贸易壁垒，创新国企业被迫在境外建立子公司从事本地生产，以期打破壁垒占领市场。

第三阶段，标准化阶段。在标准化阶段，产品的技术和性能均已定型，成熟的技术实现了标准化，创新国的技术垄断优势完全消失，产品由技术密集型转变为资本密集型或劳动密集型，生产成本成为决定企业成败的最重要因素。为了利用廉价的资源和更加接近市场，创新国的企业开始向境外投资，将标准化技术和生产工艺转移到成本更低的国家或地区进行生产，并反向进口该产品来满足国内需求，那些最初大量进口该产品的消费国成为首选的投资目的地。

可见，随着产品生命周期的演变，比较优势呈现动态转移的特点，国际贸易格局相应发生变动，各国的贸易地位也随之变化。创新国由出口商品转为对外投资，根据比较优势的动态转移选择贸易方向和投资区位。

流通业中的流通业态也存在一个从诞生、成长、成熟到衰退的生命周期。一般来讲，在经济发达的国家或地区，零售方法经过革新和改良促使新的业态诞生，新业态的特点还不被本行业或消费者理解，市场占有率低。随着这种业态的优点被全行业和消费者认可，受高利润吸引，逐渐有模仿者加入，新业态形式开始在大范围内得到推广，随着竞争企业的不断进入，新业态的竞争愈加激烈，此为成长期。经过一定时期的发展，该业态在市场的占有率达到顶峰，业态进入成熟期，各种间接费用不断增加，利润率开始下降，这种业态的优势也逐渐丧失。受技术进步和消费者购买行为变化影响，新业态出现，老业态的行业地位下降，市场占有率萎缩，最终退出市场。由于世界各国经济发展水平的不平衡，在经济发达国家处于成熟期甚至衰退期的业态，在另一些国家或地区却仍处于导入期、成长期，抑或是没有诞生，该业态在这些国家或地区还有很强的生命力。因此，经济发展水平高的国家将处于成熟期或衰退期的流通业态转移到经济欠发达或落后的国家或地区，使这些业态重新焕发强大的生命力，占领广阔的境外市场，是有巨大的利润可图的。

三 内部化理论

内部化理论，也叫作市场内部化理论，是交易费用理论在国际投资领域的运用。科斯（Coase）认为市场是存在交易费用的，市场不完全或市场失效会使企业的交易费用大大增加，企业为了避免或减少这些额外的成本，便产生了"内部化"。所谓内部化，是指把市场建立在企业内部的过程，用企业内部的科层机制代替外部的市场机制，从而解决由市场不完全带来的不能保证供需交换正常运行的问题。1976年英国里丁大学学者巴克利（Buckley）和卡森（Casson）在《跨国公司的未来》一书中首先引用交易费用理论来解释跨国公司的对外直接投资，正式提出了内部化理论。该理论一经提出就产生了广泛的影响，并有力地推动和解释了跨国公司对外直接投资行为。

内部化理论也是以不完全市场为假设前提的，但是与垄断优势理论不同。垄断优势理论的不完全市场是市场结构不完善导致的最终产品市场竞争的不完全；内部化理论则认为市场的不完全是由信息不对称、非理性、利己行为导致的市场失灵，而且不仅存在于最终产品市场，要素市场和中间产品市场也是存在不完全竞争的。根据内部化理论，企业通过对外直接投资将外部市场内部化，可以以企业内部科层的形式协调和组织生产销售，以内部交易代替外部交易，从而成功避免了外部市场不完全给企业经营带来的不确定，尤其有利于保护知识产权，如技术、工艺、专利、管理等。这是因为这类产品的研发投入资源特别大，产品价格没有标准，保护好了能为拥有者带来垄断优势，如果保护不力就将沦为公共产品，内部化则可以有效防止技术流失。

企业是否会采用内部化取决于内部化行为带来的收益和成本差额。内部化的收益来源于：①统一协调企业内部业务；②制定有效的价格差别；③买卖置于内部消除不确定性；④维持内部技术优势；⑤避免政府干预。内部化的成本有：①市场分割的成本；②附加企业内部管理成本；③东道国对外资企业的管制。企业的目标是利润最大化，当内部化的长期收益大于成本时，企业就有内部化的动力，就会进行直接投资，当内部化跨出国界，就形成对外直接投资。

四　国际生产折衷理论

随着跨国直接投资活动的迅猛发展，参与直接投资的企业越来越多样化，20世纪60年代以前的对外直接投资是以美国为绝对主导的，主要流向西欧、北美和拉美等国家，国际生产集中在技术密集的制造业部门和资本密集的初级工业部门，境外投资多以独资子公司的形式存在，国际生产格局比较单一。进入70年代，随着西欧经济的恢复和日本的兴起，其成为国际投资的重要力量，投资主体日趋多元化，发达国家出现交叉投资现象，部分资本流入发展中国家和新兴工业化国家。同时对外投资的部门更加多样化，除制造业外，服务业和其他行业也有资金的流入和流出。对外投资方式上，除了独资还出现了合资、合作、特许等形式。传统的对外投资理论无法对这种国际生产和投资的格局发生的变化做出综合的、全面的解释，在这种情况下英国雷丁大学的教授约翰·邓宁（John Dunning）将垄断优势理论、内部化理论融合在一起，吸收区位理论科学的思想，建立了解释和指导国际直接投资的"通论"，就是国际生产折衷理论（The Eclectic Theory of International Production）。

国际生产折衷理论将对外直接投资的动因概括为三种优势，即所有权优势、内部化优势和区位优势，跨国经营是这三者综合作用的结果。所有权优势（Ownership Specific Advantage）就是垄断优势，也叫厂商优势，是指一国企业所拥有的而他国企业无法获得的优势，包括要素禀赋优势、专利技术优势、市场优势、劳动力优势、管理效率优势等特定的优势。内部化优势（Internalization Advantage），指企业通过对外投资将拥有的资产性所有权优势和交易性所有权优势内部化在本企业，这个内部化无法通过国内生产并出口获得，只能通过对外投资实现。在拥有所有权优势和内部化优势后，企业就具备了对外直接投资的主观条件，还要面临投资区位选择的问题。区位优势（Location Specific Advantage）是指在区位选择上的特定优势，考察的是东道国所特有的投资条件，包括要素禀赋、地理位置、投资环境、制度条件、政策法规等。东道国的投资环境越接近母国、制度环境越好，企业获得高利润的可能性就越大，企业就拥有区位优势，就越倾向选择对外投资。区位优势是企业对外直接投资的客观条件。企业开展对外直接投资时，垄断优势、内部化优势、区位优势三种优势都要具备。

五　马克思国际投资理论

马克思虽然没有针对资本主义的对外直接投资做过直接系统的研究，也没有形成关于投资的专门著作，但是马克思从资本主义的产生、发展和灭亡的规律出发，揭示了资本的运动规律，在其《资本论》对资本主义生产方式以及与之相适应的生产关系和交换关系的研究中，有关劳动分工、剩余资本、资本输出的阐述大量涉及对外投资的问题。基于马克思关于"世界市场""资本过剩""资本输出""全球性生产"等问题的论述，可以整理出一些清晰的马克思关于对外直接投资的理论阐释。

马克思关于货币运动、剩余资本、资本输出和资本国际化的思想是马克思主义政治经济学的重要组成部分，也是马克思关于对外直接投资理论的重要理论来源。货币运动实际上就是资本运动，投资就孕育在资本运动当中，是资本运动的起点和终点。马克思的商品流通公式为 $G \to W \to G'$，其中 $G \to W$ 代表货币资本转化为产业资本，通过购买生产资料和劳动力并组织生产将产业资本转化为商品资本，这是投资的第一个阶段，也是资本运动的起点。$W \to G'$ 代表通过销售商品将商品资本转化为货币资本，并实现资本的回收，也是资本运动的终点。资本的运动是不会终结的，是连续运动的，每一次循环都是一次投资过程。资本运动的过程中产生增值，剩余价值转化为资本，再进行投资。投资周而复始，资本家手中聚集了大量的资本，也造成了资本过剩。所谓的资本过剩，实质上是指那种利润率的下降不会由利润量的增加得到补偿的资本过剩。只要为了资本主义生产目的而需要的追加资本等于零，那么就会有资本的绝对过剩，实质上是指那种利润率的下降不会由利润量的增加得到补偿的资本过剩。资本追求增值的本质决定了资本要从利润低的部门向利润高的部门转移，从利润低的地区向利润高的地区转移。在本国利润相对下降的情况下，向国外输出资本从而获得高额利润就成了唯一的解决方式，也是资本主义发展的内在要求，从而也就产生了跨国投资。

列宁的对外投资思想形成于垄断资本主义时期，是在继承了马克思的投资思想基础上形成的。垄断资本主义是资本主义发展的高级阶段，垄断资本家在较长时期内获得高额垄断利润，从而形成了"过剩资本"，为了获得利润必然推动对外投资，过剩的资本必然要输出到相对落后的国家以提高利润。列宁认为，资本主义越发达，就越缺乏原料，瓜分落后地区、抢占殖民地、竞争世界原料产地和倾销市场也越激烈。于是发达资本主义国家形成了垄断联盟，资本输出也成为帝国主义对外扩张的手段，成为其控制落后国家和对落后国家进行剥削的工具。

马克思和列宁的资本输出理论形成了早期资本主义对外直接投资的理论基础，剩余资本是对外直接投资形成的物质基础，追求高额利润是对外直接投资的内在驱动，分工是对外直接投资的前提条件，世界市场的形成是对外直接投资的结果。深入地分析与研究马克思的投资理论观点和方法，对于我国今天的经济建设和投资活动仍然有很重要的理论和现实意义。改革开放以来，我国在继承马克思和列宁的对外投资思想基础上，与中国实际相结合，发展了具有中国特色的社会主义投资理论。

六　价值链理论

价值链的概念是迈克尔·波特（Michael Porter）于1985年在其所著的《竞争优势》一书中提出的，是对增加一家企业的产品或服务的实用性或价值的一系列作业活动的描述，主要包括企业内部价值链、竞争对手价值链和行业价值链三部分。波特认为，每一个企业都是在设计、生产、销售、发送和辅助其产品的过程中进行种种活动的集合体。所有这些活动可以用一个价值链来表明。企业的价值创造是通过一系列活动实现的。这些活动可分为基本活动和辅助活动两类，基本活动包括内部后勤、生产作业、外部后勤、市场和销售、服务等，而辅助活动则包括采购、技术开发、人力资源管理和企业基础设施等，这些互不相同但又相互关联的生产经营活动，构成了一个创造价值的动态过程，即价值链。

价值链在经济活动中是无处不在的，企业的价值链不是内部封闭的，而是一个两端开放的系统，上下游关联的企业与企业之间存在行业价值链，企业内部各业务单元之间也存在价值链联结。价值链上的每一项价值活动都会对企业最终能够实现多大的价值造成影响。供应商拥有创造和交付企业价值链所使用的外购输入的价值链（上游价值），企业的产品最终成为买方价值链的一部分。因此对企业来说，获取和保持竞争优势不仅取决于对企业价值链的理解，而且取决于企业如何适合于某个价值系统。

七 异质性企业贸易理论

传统贸易理论，包括古典贸易理论和新贸易理论都是用技术的绝对性和差异性来解释国际贸易的发生以及对贸易国双方福利的影响的，是从国家和产业的视角出发的，假设企业是同质的，这无法解释现实中发达国家之间的产业内贸易。20世纪90年代中期以后，国际贸易理论开始向微观层面发展，突破了传统贸易理论的企业同质性假定，以异质性企业贸易模型为代表的新新贸易理论应运而生。

企业异质性是指企业在规模、资本密集度、所有权、人力资本、组织方式、技术选择等方面特征的差异，综合体现为企业的生产率差异。由于企业在生产率等方面存在异质性，而进入国际市场需要克服巨大的沉没成本，因此只有生产率高的企业才能选择进入国际市场。生产率低的企业无法承担进入成本，只能选择在国内销售。这就解释了为什么出口企业比非出口企业的生产率高。异质性企业贸易理论同样可以解释流通企业的跨国行为。当前世界排名靠前的沃尔玛、好市多、施瓦茨、家乐福等企业在构成企业核心竞争力的控制力、组织力、服务力及文化力等方面均高于同行企业。中国流通企业要谋求"走出去"，从事国际经营活动，必须在专有技术、人力资本、人工技能、科技运用等方面投入更多资源，以提高企业的综合生产效率。

第三节　研究内容与目的

一　研究内容

本书以中国流通业对外直接投资为研究对象，首先从流通业"走出去"战略入手，分析实施流通业"走出去"战略的重要性，深入研究跨国流通企业成功实现国际化的一般经验，然后探讨在当前独特的国情和特殊的时机下我国流通企业"走出去"的实现路径。

（1）我国流通业"走出去"的战略转变研究。从国家宏观调控和企业微观经营两个层面，多角度出发阐述推动中国流通业对外直接投资的动因，论述中国流通业"走出去"的必要性。

（2）分析当前流通业国际化的趋势和发达国家与发展中国家

流通企业国际化的经验：①当前流通企业国际化的趋势；②美国、欧洲、日本等发达国家/地区流通企业国际化的历程；③美国、欧洲、日本等发达国家/地区流通企业国际化发展的现状；④美国、欧洲、日本等发达国家/地区流通企业国际化的策略；⑤以泰国为例，分析发展中国家流通企业国际化的经验。

（3）中国流通企业"走出去"的现状、机遇与挑战：①中国流通企业"走出去"的现状；②中国流通企业"走出去"面临的机遇；③中国流通企业"走出去"面临的挑战。

（4）电子商务环境下，跨境电商在中国流通企业"走出去"过程当中的角色和发展对策。

（5）提出中国流通企业"走出去"的实现路径：①宏观层面政府如何支持我国流通企业"走出去"；②中观层面相关产业如何助推我国流通企业"走出去"；③微观层面我国流通企业如何选择"走出去"的路径。

二 研究目的

流通业作为国民经济的重要部门，对引导生产、促进消费发挥至关重要的作用。流通业的健康发展对繁荣经济、扩大就业、改善民生有着重要的意义。近十几年来，世界范围内流通业国际化的趋势越来越明显，国际化的步伐也越来越快，跨国投资、并购的现象比比皆是。流通企业跨国投资也成为学术界所关注的焦点问题之一。目前我国学者对流通国际化的研究还主要集中在探讨跨国企业进入中国后对我国流通业产生的影响上，立足中国企业角度探讨中国流通业"走出去"的研究还非常少。本书拟通过对发达国家流通企业国际化过程和经验的考察，探索流通企业对外直接投资的一般规律，剖析流通企业跨国投资的动因，探寻中国流通企业国际化的道路和模式，丰富"走出去"战略的内容。

（1）探讨宏观层面政府如何支持我国流通业"走出去"，即研究政府主管部门如何制定有效的流通政策支持我国流通业"走出去"。

（2）探讨中观层面和流通相关的产业如何助推我国流通业"走出去"，即研究流通业、制造业、金融业、物流业如何相互配合助推我国流通业"走出去"。

（3）探讨微观层面我国流通企业如何选择"走出去"的路径，即研究我国流通企业"走出去"的区位选择、方式选择、业态选择等。

第四节 研究方法与思路

一 研究方法

（1）文献研究法。在收集和整理经济全球化、内外贸一体化、产业链、价值链、供应链、流通国际化理论等文献资料的基础上，经过归纳整理、分析和鉴别，对有关研究成果和进展进行叙述和分析，建立总体分析框架。

（2）数据统计分析法。依据德勤公司历年来发布的年度《全球零售力量》（*Global Powers of Retailing*）报告数据，全面分析全球零售企业跨国经营状况的变化。根据2004年以来商务部发布的年度《中国对外直接投资统计公报》数据，全面分析中国流通业对外直接投资的特点和趋势。

（3）实地考察法。对在华外资流通企业进行实地调研，了解

第一章 绪论

它们全球经营的战略和策略；对外资流通企业在我国的商务参赞机构进行调研，了解其母国政府和商务参赞机构如何支持本国流通企业开展跨国经营；对我国跨国流通企业和跨境电商企业进行实地调研，了解其跨国经营和跨境电商所面临的问题与经营的状况，以便提出切实有效的对策。

（4）案例分析法。选取美国、法国、日本、泰国各1家跨国流通企业为案例分析对象，分析它们跨国经营的成功经验与失败教训。选取国内3家代表性跨国流通企业为案例分析对象，分析它们跨国经营面临的问题和发展之道。

二 研究思路

本书采用"确定选题→研究方法→研究过程→专题研究→结论与对策"的研究思路，具体研究思路如图1-1所示。

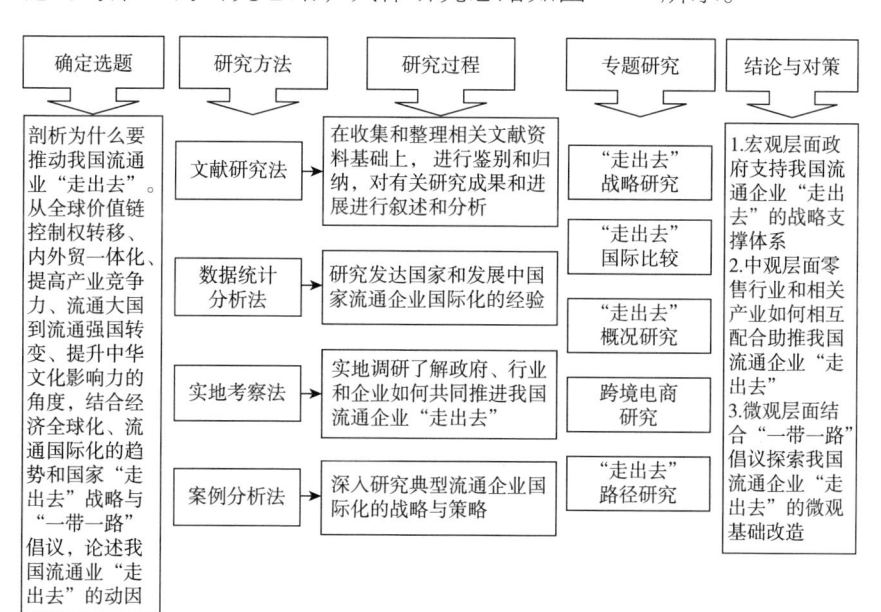

图1-1 研究思路

确定选题	研究方法	研究过程	专题研究	结论与对策
剖析为什么要推动我国流通业"走出去"。从全球价值链控制权转移、内外贸一体化、提高产业竞争力、流通大国到流通强国转变、提升中华文化影响力的角度，结合经济全球化、流通国际化的趋势和国家"走出去"战略与"一带一路"倡议，论述我国流通业"走出去"的动因	文献研究法	在收集和整理相关文献资料基础上，进行鉴别和归纳，对有关研究成果和进展进行叙述和分析	"走出去"战略研究	1.宏观层面政府支持我国流通企业"走出去"的战略支撑体系
	数据统计分析法	研究发达国家和发展中国家流通企业国际化的经验	"走出去"国际比较	2.中观层面零售行业和相关产业如何相互配合助推我国流通企业"走出去"
	实地考察法	实地调研了解政府、行业和企业如何共同推进我国流通企业"走出去"	"走出去"概况研究	
			跨境电商研究	3.微观层面结合"一带一路"倡议探索我国流通企业"走出去"的微观基础改造
	案例分析法	深入研究典型流通企业国际化的战略与策略	"走出去"路径研究	

第二章
流通企业国际化研究综述

第一节 国外流通企业国际化的相关研究综述

相对于制造业的国际化研究，流通业国际化研究还是比较新的领域。20世纪五六十年代，随着经济全球化，以西欧和北美零售企业为代表的一些流通企业（SPAR、ALDI、Sears等）开始涉足跨国经营，流通企业国际化逐渐闯入人们的视野，并引起了学术界的关注，这一时期也产生了该领域的一些早期研究成果（Hollander，1970）。直到20世纪80年代，在第三次科技革命的推动下真正意义的流通企业国际化才开始迅速开展，20世纪八九十年代一股流通企业国际化的汹涌浪潮刺激着学者们探寻这一过程的动机和决定因素（Godley and Fletcher，2001）。过去30年，不断有国家和地区向外国投资者开放，全球各地的客户喜好逐渐融合，进入新市场的机会大大增加，商业机会不断涌现，竞争也愈加激烈，流通企业不断扩大其国际业务变得越来越重要，流通国际化在全球得到广泛开展。与这些趋势相适应，理论界对于流通企业国际化的研究也迅速开展起来，近30年来，国外关于流通企业国际化的研究成果极其丰富，围绕着不断出现的新问题和新现象，学者们从不同视角分析流通企业国际化的性质和方式、态度和行为，总结并提出概念性知识，认识流通企业国际化所带来的特定价值。

一 流通企业国际化的内涵

国外对流通企业国际化的研究，主要集中在零售国际化的研究上。

关于零售国际化的内涵，众多学者提出了不同的观点，目前没有统一的定义。牛津大学零售管理学院 Treadgold（1989）提出零售企业的国际化包括"有形"和"无形"两个方面，"有形"国际化是指以新建、收购、特许经营等形式进入境外市场设立商业存在，"无形"国际化是指零售技能（专利、商标、组织能力）的跨国转移以及在全球范围内的产品和服务的跨国采购活动（Pellegrini，1994）。Dawson（1994）认为，零售国际化包含零售商跨越国界的一切行为，既有商品出口和跨国采购活动，又可以是以对外直接投资或各种合资合作方式在他国经营商业存在。而Huang 和 Sternquist（2007）则认为，零售商与制造商不同，制造商国际化可以靠出口，零售商则必须有实体存在，要有与外国客户的直接接触，使零售商具有文化特征。

Alexander（1997）从文化和国界的角度出发，认为零售国际化是零售技能超越政治、经济、社会、文化的转移。Dawson（2007）又提出，零售国际化过程中企业致力于几大核心转移，包括商业文化、商业模式和操作技术的转移。McGoldrick 和 Davies（1995）认为，零售国际化体现在零售知识、国际扩张、跨国采购、国外竞争、国际联盟五个方面，零售国际化不仅仅是单向的市场关系，还有本土市场与境外市场的互动联系。Wrigley和Lowe（2007）从跨国公司的角度阐释零售国际化，认为国际化的主体是企业，零售国际化首先要有领土的进入，同时由母国和东道国的制度、管理、文化所塑造和影响。

二 流通企业国际化的动机

国外流通企业国际化主要是零售国际化。零售国际化动机是零售商建立境外扩张机制的开始，通过与其他内部和外部复杂因素的相互作用，多方面影响着零售企业后续的境外经营，是理论界广泛关注的问题之一，也是热门领域之一（Quinn，2006）。较早关注这一问题的是荷兰的Hollander（1970），他在零售国际化的动机研究上做了开创性的工作，他认为导致零售企业国际化的原因有三种：无意的（即改变它们的国家边界）、商业目的（利润导向）和非商业目的（社会、政治、民族、道德）。White（1984）提出零售商关注境外市场的原因有三个：母国市场饱和发展受到抑制，一个新概念成功在一个国家发展而其他地方尚未广泛运用，制造商为扩大出口。20世纪90年代，一些学者开始用实证的方法检验一些假设（Alexander，1990；Williams，1991，1992）。Alexander（1990）通过对跨大西洋零售国际化活动的考察，从环境因素和组织因素，分析欧洲零售企业向美国投资的动机。欧洲方面，环境和立法的约束困扰着欧洲零售商，经济的不确定性也没有为欧洲零售商创造宽松的环境，同时欧洲人口呈下降趋势，而之所以投向美国在于美国市场的吸引力，70年代美元贬值导致美国资产被低估，同质化的市场，工资增长率比欧洲低，以及美国商业政策的稳定性。Williams（1992）将零售国际化动机分为五大类：第一类是各种与增长有关的动机，为了扩大销售和提高利润；第二类是与母国的有限机会有关，市场饱和，管制严格；第三类包括各种被动和主观动机，包括模仿竞争对手，低迷的股价，应对外资零售企业的报价，以及剩余资源；第四类动机来自一个具有国际吸引力和创新的零售理念；第五类动机与零售知识和技术的转移相关，如更高的产能利用率，规模经济效益，高层管理驱动。Vida，Reardon 和 Fairhurst（2000）以美国大型连锁零售企业的研究为基础，将影响零售国际化的因素总结为外部因素、商业环境、产业因素。

学者们还进一步对零售国际化的各种驱动因素进行了划分。从市场环境的角度将其分为推动因素和拉动因素（Kacker，1985；Treadgold，1988，1989；Davies and Treadgold，1988；Treadgold and Gibson，1989）。这两种因素在零售国际化动机的研究中被广泛提及和认可。

1. 推动因素

推动因素来自母国国内，是指在成熟的母国市场环境中不受欢迎、制约零售商发展的因素（Alexander，1997；Wrigley and Lowe，2002）。经济因素，如市场饱和、竞争激烈、业态成熟（Huang，2007；Treadgold，1988）、国内市场规模小；社会结构因素，如人口增长缓慢或人口下降、老龄化严重，致使消费乏力（Quinn，2006）；制度因素，如政策不稳定、严格的管制、金融限制等，都会促使零售企业向境外转移。

受推动因素影响而向境外扩张的被称为被动国际化。由于母国市场趋于饱和，国内市场狭小，竞争加剧，限制了零售商的发展，零售企业不得不向境外扩张（Hollander，1970；Kracker，

1985）；还有一些小国受限于本国国土的狭小，如荷兰，市场规模有限，零售商要想发展，必须国际化（Sternquist，1997）。

2. 拉动因素

拉动因素来自外部市场或东道国具有吸引力。经济方面体现在潜在的市场空间大，利润高，成本低（Alexander，1997；Quinn，1999）；社会结构上的拉动因素如有魅力的人口结构、稳定的社会环境和良好的基础设施；政治因素有稳定的经济政策、宽松的商业环境和进入管制；还有文化因素，东道国若有和母国同质的文化或相似的消费习惯，将有利于零售企业零售专业技能的有效转移，对零售商具有极大的吸引力。

受拉动因素影响而向境外扩张的被称为主动国际化。零售商在本国发展尚未受到限制时，境外市场出现有利的发展机会，而进行跨国经营，就是源于开发国际市场的意愿而主动扩张（Alexander，1990；Williams，1992）。White（1984）认为主动国际化还源于两个因素，一是扩大出口，二是零售商具有某种比较优势，这种优势可能是技术优势、管理优势或者规模优势，这种优势转移至境外会助其在东道国树立垄断地位（Williams，1992）。

早期的研究认为，大多数零售商的国际化都是属于被动式的扩张，90年代的研究表明，零售商国际化决策时更多关心东道国的因素，也就是拉动因素（Alexander，1990，1994，1995，1996），零售商国际化更重要的背后因素是零售商自身的经营和应对国际增长的能力（Williams 1991，1992）。Huang和Sternquist（2007）通过与制造企业国际化是为了获得原材料和低成本的对比提出，零售商获得的是最终产品，是用于消费的，所以零售商国际化的目的是直接的市场。无论本国市场是否饱和，只要外部市场提供好的零售条件，零售商都有国际化的欲望。

除了推动因素和拉动因素，Wrigley 和 Lowe（2002）还给出了第三种因素——便利化因素，源自企业自身所具有的有力条件，能够帮助企业客服国际化中的障碍（Huang and Sternquist，2007），如雄厚的资本、先进的零售技术、企业家的远见等。零售国际化是受到多种动机共同影响的，在不同的时期起重要作用的因素也是不同的（Quinn，2006）。推动因素决定企业是否要国际化，拉动因素指明零售企业国际化的目的市场，而便利化因素决定企业是否具有实现国际化的能力。

三　流通企业国际化的区位选择

科学理性的目标市场选择是企业国际化的基础（Stobaugh，1969；Young and Hood，1976）。企业进入某个国家是为了利用该国的一些有利条件（Sternquist，1997），如该国消费市场规模、收入水平、基础设施条件等（Mooij and Hofstede，2002）。从这一目的出发，企业倾向于选择有较高吸引力、低风险的市场，从而可以充分施展企业的竞争优势。Pelligrini（1992）和 Sternquist（1997）引用邓宁的国际生产折衷理论（OLI）指出，一个国家之所以能吸引零售商的投资就在于该国的市场规模、人口结构、基础设施及其他便利条件。

还有学者从风险角度解释零售国际化的区位选择，零售商进入一个陌生的环境经营，不仅要承担较高的成本还面临不确定性风险。Chan, Finnegan 和 Sternquist（2011）认为零售国际化的一个潜在的风险就是经营的环境是不确定的，这体现为国家的风险因素，如政策的透明度和稳定性，包括政治、法律、金融和监管系统。Coe（2004）认为由于零售企业的特殊性，很多零售优势都是透明的，很难采取保护措施，每进入一个新市场都有被竞争对手复制的风险，为降低风险，刚刚涉足零售国际化的企业通常先进入一个人均收入、消费行为、偏好、法律制度、语言等和母国相似度高的市场，随着国际化经验的积累再逐步进入差异较大市场，通常是发达国家企业进入发展中国家市场（Eroglu，1992；Pellegrini，1994），或者延迟国际化直至它们认为风险不会阻滞销售的增长（Evans et al.，2008）。

1. 影响零售商国际化区位选择的因素

根据现有的研究可以总结出影响零售国际化方向选择的主要有地理因素、心理因素和市场因素（Burt，1993；Alexander，1997）。

（1）地理因素

地理因素的假设是指跨国零售商进行境外扩张时会优先选择与母国地理邻近的市场，一方面方便运输、节省运输费用，另一方面地理邻近的国家在经济水平和消费习惯上也会有相似之处（Treadgold，1988）。零售国际化的实践也支持了这一观点，北美零售商国际化的境外市场首选是北美自由贸易区内部，如美国企业首先选择进入加拿大、墨西哥，其次是拉丁美洲，然后是南美的巴西、智利等国家。欧洲零售商偏爱与母国邻近的市场，如法国、德国、英国的零售商都会选择进入邻近的南欧或中东欧市场，很多企业都是采取"边境跳跃"的方式进入邻近的国家，如宜家在欧洲的扩张。

（2）心理因素

Alexander（2007）将心理因素视为国际化市场选择的关键因素，认为心理因素既是国际扩张的驱动因素，也对市场的选择和扩张的方向有重要影响，零售商一般向心理临近的市场扩张。为说明心理临近，一些学者引入心理距离（Psychic Distance）的概念（Beckerman，1956；Dupuis and Prime，1996；Swift，1999），虽然被学者们反复定义，但是目前学术界对于心理距离还没有一个统一的解释，其中 Vahlne 和 Wiedersheim（1973）将心理距离定义为"阻止或干扰信息在潜在/实际的供应商和顾客之间正常传递的因素"。Nordstrom 和 Vahlne（1994）重新定义心理距离为"防止或干扰公司的学习和了解一个外国的环境的因素"。与心理距离近截然不同的观点是"心理距离悖论"（Psychic Distance Paradox）：心理距离会对零售商跨国经营产生负面影响。Evans（2000）认为零售商在心理距离近的市场上经营会自满，而心理距离远的话，零售商会充分准备，这样会带来成功。这种观点就被称为"心理距离悖论"。Evans 和 Mavondo（2002）进一步通过实证研究证明了心理距离对零售绩效影响很大，并且有积极意义。

（3）市场因素

零售商还会考虑目标国家的制度、经济发展水平、市场结构和发展潜力等，Alexander 等（2011）运用引力模型证明了零售国际化活动中市场结构的重要性。Quinn（1999）认为，公司通常以目标国市场的大小和成长潜力来评估投资价值。Makino 等（2002）认为，人口规模大是非常有吸引力的因素，哪怕像中国或印度这样人均收入不高的国家，只要人口基数大，也能创造出巨大的需求，但要有较好的基础设施支持有效的物流，从而能够享受规模经济和范围经济带来的好处（Alexander, Rhodes and Myers, 2007）。持相反意见的学者认为，人口不是衡量一个市场大小的合理标准，因为人口多并不代表购买力大，但可以用城市人口来衡量（Alon and McKee, 1999）。

（4）国际化经验

无论是地理邻近还是心理临近都是在伊始阶段影响零售商国

际化，企业会随着国际化取得初步成果而变得更加有野心，目标市场开始多样化（Treadgold，1988），更少考虑经济、地理、文化临近等因素（Alexander and Myers，2000），其扩张路径就不仅仅局限在地理或心理临近的国家了，目标市场的选择受多种因素的影响，管理者要综合考虑内外部因素再决策（Koch，2001）。

2. 零售商境外扩张的新方向

国际化的初期，各大零售商都是来自西欧、北美、日本等发达地区，传统的零售国际化也都在发达国家之间或发达国家与次发达国家之间进行（Java et al.，2007），因此它们国际化的目标市场也局限于发达经济体内。但20世纪90年代以后，零售国际化出现了新现象，大批来自发达国家的跨国零售商开始向亚洲、中东欧、拉丁美洲等新兴市场扩张，尤其是中国和印度这样大的市场，以惊人的速度成长着。两方面的原因导致了这种现象：一方面是随着新兴国家经济的发展，消费市场显现实力，出现了市场机会，并且在经济全球化趋势下，一些新兴市场国家调整了对跨国公司的政策，全部或部分开放了零售市场，迎接国际资本进入本国流通业；另一方面是发达国家经济和竞争条件的改变促使国际化方向发生转变（Alexander and Silva，2002）。新兴市场通常被定义为"低收入、快速增长的国家，将经济自由化作为增长的主要动力"（Hoskisson et al.，2000），其环境特点是比发达国家经济发展水平较低等（Welsh et al.，2006）。

四 流通企业国际化的进入方式

企业进入外国市场前必须做出关于市场进入方式的重要战略决策，根据Root（1995）的研究，零售企业的境外市场进入方式是当零售商第一次进入国外市场以实施其经营战略时所采取的一

第二章 流通企业国际化研究综述

种制度安排，考虑到时间和资源的投入，初始进入方式是不容易更改的，因此非常重要。这里强调的是首次进入一个国家，要和零售商在一个境外国家经营了一段时间后的运作方式区别开来（Benito et al.，2009）。

可以将进入方式看作一家零售商境外市场投入资源和控制程度以及境外市场经营利益的函数，投入资源和控制程度成正比。零售市场进入方式可以按控制的程度由强到弱依次分为：①自我进入/独资（Self Entry/Sole Venture），企业以设立全资子公司的形式在别国市场直接设立商业存在，发展销售网络，投入成本最高；②兼并和收购（Mergers and Acquisitions），两家或两家以上的企业合并为一家企业，通常由一家企业主导以控制另一家企业的方式进入该国市场，是一种快捷但成本较高的方式。当本地企业比较强大，而外国零售商又对其所拥有的无形资产有较高的需要时，收购比绿地建设的方式更合适（Meyer et al. 2009）；③合资企业（Joint Ventures），通过参股当地企业的方法进入该国市场，有很多优点，如获取本地知识、降低风险、加快市场进入、更容易得到政府批准等；④特许经营（Franchising），授权外国企业有偿使用商标、技术和管理方法等无形资产，既对境外企业有一定控制又减少支出、降低风险，非食品零售商如餐饮、时尚或奢侈品类零售商多爱采用此种方式；⑤许可协议（Licensing Agreements）。在以往的文献中，这几种进入方式的优劣势也被反复研究（Doherty，1999，2000；Moore et al.，2010；Swoboda and Schwarz，2006）。Alexander（1990）发现在他的80个样本中，超过一半的零售商偏爱有机增长或并购。Burt（2010）分析了210家来自西欧的国际零售商，它们中的大部分喜欢有机成长、并购，其次是合资。Vida（2000）采用对80家美国零售商调研的方法得出相对于少数股权合资和许可，全资子公司、多数股权合资是被普遍采用的方式。

按有无直接投资又可以将进入方式分为股权模式和非股权模式，非股权模式如许可和特许经营，股权模式有合资企业或全资子公司。这些模式各有显著的资源投入和风险方面的特点，股权模式控制程度最高，风险水平也最高。对于外国投资者而言，进入模式的选择是至关重要的，在某些情况下，错误的选择甚至可能威胁到企业的生存。

邓宁的国际生产折衷理论（OLI）为解释影响市场进入方式选择的因素提供了很好的框架，很多此类问题的分析都是建立在该框架之上的。Park和Sternquist（2008）提出，零售商境外进入方式选择主要受所有权优势、内部化优势和先行优势影响。具备所有权优势如优势品牌、管理能力和内部化优势如高风险合同、资源和经验的可用性的企业，可采用全资子公司形式，特许协议的使用取决于开拓优势，如快速扩张时使用。当存在所有权优势、内部化优势且资源、经验分别是可用的时，企业更倾向于采用控制度较高的全资子公司方式。相比之下，如果先行优势超过了这一点，实施特许协议更好。

1. 企业所有权优势

为了克服外部市场的种种不利因素并与东道国企业竞争，企业必须拥有能获得高经济租金的特定内部优势，这直接影响零售商国际化的进入方式。

（1）零售企业规模

规模大意味着有更多可供支配的资源和更强的吸收成本的能力（Kumar，1984）。一般认为，企业的规模与其境外市场进入方式，特别是选择独资和合资方式正相关，规模越大越倾向于采用控制度高的方式进入（Yu and Ito，1988；Terpstra and Yu，1988）。

(2) 国际化经验

一家企业的跨国经验，也被证明影响进入方式的选择。没有外国市场经验的企业在经营管理上可能会有更大的问题，它们会夸大已经观察到的潜在的风险，低估在国外市场经营的潜在收益而选择非投资模式（Gatignon and Anderson，1988；Terpstra and Yu，1988），相反，具有较丰富的跨国经验的公司可能倾向于以投资方式进入。刚刚涉足国际化的企业会采取更加谨慎的态度，采取风险小、控制程度低的方式，随着跨国经验的积累和知识的增加，会采取多样化更灵活的方式。

(3) 零售专业技能

零售企业的专业技能具有特殊性，很多零售优势都是透明的，很难对其采取保护措施，每进入一个新市场都有被竞争对手模仿的风险（Coe，2004），因此具有很强零售技能的跨国零售企业倾向于采用控制度高的方式以确保这些资产不被竞争对手模仿。

2. 东道国的区位优势

(1) 市场潜力

市场潜力（规模和成长）是境外投资的一个重要决定因素。在市场潜力高的国家，股权模式有望为企业提供更大的长期盈利能力。

(2) 投资风险

东道国的投资风险反映了当前经济政治条件和政府政策的不确定性，对企业的生存和盈利能力至关重要，研究认为控制模式和投资风险成反比。进入高风险市场的企业倾向于采用特许经营或许可等非投资模式，反之则倾向于采用合资、全资子公司等投资模式。

（3）制度因素

零售国际化采取何种方式进入境外市场还受东道国管制的影响。有些东道国法律对外资的投资方式、股权比例有明确规定，那么零售商就要严格执行。Huang 和 Sternquist（2007）用制度理论提出了零售商进入模式的选择必须符合内外部制度环境的要求。由于受到东道国管制的限制，跨国零售商和东道国企业之间就存在不平等竞争，此时零售商倾向于采用合资来降低风险，反之则采用控制程度更高的模式。

3. 内部化优势

一方面，内部化可以将零售商的专有财产、核心竞争能力控制在企业内部从而不被东道国的竞争对手模仿；另一方面，在一个文化和制度与母国不同的市场里，将企业交易限制在企业内部可以节省交易费用，减少外部的不确定性，保障企业的正常运行。因此，企业的资产专用性越强越倾向于选用控制程度高的进入方式。

实际上，零售国际化境外进入方式的选择不是哪种因素单独作用的结果，而是同时受多种因素的影响（Picot-Coupey，2006），并且这些影响因素都是动态的而不是一成不变的（Alexander and Doherty，2004）。Doherty（2000）探讨了七家英国时尚零售商的国际化进入方式选择，提供了新的见解，指出进入方式选择特别依赖公司的内部特征，也随时间而变化。当零售商具备资产、品牌、经验优势，并且市场潜力大时，倾向于采用控制程度高的方式；当公司财务能力低、东道国风险大、文化距离大、政府管制严格、市场竞争激烈时，宜采用合资的方式（Lu，Karpova and Fiore，2011）。

五 流通企业的标准化与本土化

标准化和本土化最早产生于国际广告政策中（Elinder，1961；Fatt，1964），现在成为流通国际化的一个热议话题。零售标准化是指一家零售商在实施国际化过程中的营销政策、专业技能、流通业态、管理模式在母国和东道国之间的相似程度极高。本土化也叫适应化，是指营销组合和政策根据国家或地区之间的差异做出调整。

标准化支持者的主要论点基于全球需求同质化的假设。Levitt（1983）提出，在全球化的驱动下，技术越来越具有同质性，消费者偏好质优价廉的商品，市场营销应当利用这一特点而采用标准化的策略。企业可以利用技术，通过采用一个标准化的方法，以高品质和低成本产品来满足世界市场的需求。持本土化观点的人认为标准化的证据是单薄的，标准化不满足在全球市场竞争的需要，即使在市场或文化明显相似的地区，如欧盟内部，客户需求仍存在差异，在看似客户需求相似的市场，也有不同的标准（Fournis，1962）。

Salmon 和 Tordjman（1989）依据国际化战略是标准化还是本土化将零售商分为全球零售商（Global Retailer）和跨国零售商（Multinational Retailer）。全球零售商，以标准化模式进行复制，每一家店看起来都一样，在全球化过程中学习很少，很多全球零售商通常通过纵向整合来销售自己的品牌。跨国零售商，会根据客户和文化的差异改变战略以适应所进入的不同国家，管理一般是分散化的，这一战略需要大量的学习，扩张速度慢于全球零售商，通常是先集中填满一个地区再进入另一个地区。零售商类型的不同会影响国际化战略的选择，非食品零售商通常选择全球战略（标准化），食品零售商往往选择跨国战略（本土化）（Alexander and Myers，2000；Hutchinson et al.，2009）。战略的选择会影响零售商国际化进入的模式和绩效（Sternquist，1997；Swoboda et al.，2012），如全球零售商偏好选择独资，跨国零售商就偏好在东道国选择合资的伙伴。

六 流通企业国际化的撤资

流通企业国际化并不总是遵循一个向上的成长轨迹，国际化失败、撤资和退出同样是流通企业国际化的一个组成部分。以往的文献都集中于零售企业持续性的国际经营活动，撤资是很少触及的领域（Alexander and Quinn，2000，2001）。然而撤资也是企业国际化过程中的一种现象，随着越来越多的国家和企业参与到国际化中，在国际市场竞争日趋激烈的情况下，撤资的重要性日益增加，零售国际化的撤资也成为常态。

在目前的文献中，国际零售撤资以各种形式出现。Alexander、Quinn 和 Cairns（2005）提出的撤资形式有连锁点出售/关闭（Chain Sale/Closure）、店铺出售/关闭［Store（s）Sale/Closure］、终止协议（Termination of Agreement）、出售金融利益（Sale of Financial Interests）、利益瘦身（Downsizing of Interest）如全资子公司变成特许经营；Palmer 和 Quinn（2007）提出的撤资类型有店铺资本空间转换（Spatial Switching of Store Capital）、零售品牌撤资（Retail Brand Divestment）、遵守监管要求撤资（Conciliatory Regulatory Divestment）、接管（Take-over Predation）、回避竞争对手（Pompetitor Avoidance）、退出市场（Market Withdrawal）。

大多数关于零售国际化撤资的研究都集中在个别公司的经验层面，如 Burt（1986）和 Tordjman（1988）研究了家乐福从某些国际市场战略撤资问题。Burt（1993）研究了1950~1990年46宗英国百货公司的撤资或从外国合资公司中减持股份的活动。Alexander和Quinn（2002），Burt等（2002，2003），Palmer（2002）等都对零售商退出国际市场，至少是减少在国际零售市场的份额进行了案例分析。

早期一些关于国际零售商部分或完全退出国际市场业务的案例研究，将撤资解释为国际化失败的结果（Lord et al.，1989；Treadgold，1990），Burt等（2002）用产业组织理论和组织研究理论研究失败的原因，通过对英国玛莎（Marks & Spencer）撤资的研究，认为撤资是消极的，在这之后Burt等（2003）继续用与失败有关的各种行为，如撤资、关闭、退出来解释零售国际化的失败。

也有学者认为撤资并不总是市场失败的标志，它常常是一种新兴的战略行动（Alexander and Quinn，2002）。撤资活动和市场退出也可以看作一个主动而非被动的战略决策，腾出资源用于世界上的其他地方（Alexander，Quinn and Cairns，2005）。Wrigley（1999）的研究表明，在某些情况下，撤资可能是那些寻求多元化的国际化过程中不可避免的一部分。Balto（2001）以阿霍德在美国的撤资为案例提出，根据美国联邦贸易委员会（FTC）的规定，在收购之前减少一些横向市场的重叠可以避免反垄断调查，在这种意义上讲，撤资为今后的并购铺平了道路，撤资活动并不总是国际化失败的消极后果，而是可以作为一个积极的扩张过程的一部分发生。撤资活动应该在国际投资过程的大背景下考虑，撤资可以因各种原因发生，并不一定是消极的，大型国际零售商撤资可能代表一个可行的战略选择，而不是强迫或强制行动。

第二节 国内流通企业国际化的相关研究综述

一 "走出去"战略研究

1. "走出去"战略的含义

"走出去"是一个形象的说法,指中国的企业到国外投资,利用国外的各种生产要素进行生产制造、研发设计、经济合作、贸易营销等经营活动。对于"走出去"战略的内涵,学术界没有统一观点,卢进勇(2001)认为"走出去"与"引进来"是相互对应的,共同构成了中国对外开放的两个方面。"走出去"战略也称为跨国经营战略、国际化经营战略、境外经营战略或全球化经营战略,可以分为两个层次:第一个层次是商品输出层面,主要是货物、服务和生产要素的对外出口,主要涉及货物贸易、服务贸易、技术贸易以及承包劳务等;第二个层次是资本输出层面,就是对外直接投资,主要是以合资合作、兼并收购、绿地建设等方式在境外投资办企业,是"走出去"的高级形式。姚望(2005)认为"走出去"是具有鲜明中国特色的语言表达,是中国参与世界经济全球化,利用国际国内两个市场两种资源的过程,也有两个层面的解释:从政府层面解释就是鼓励企业利用多种途径积极扩大对外投资和对外经济合作,促进国内产业结构调整和资源置换;一般层面的理解就是通过资本、技术等生产要素的输出在境外投资办企业,将产业链向国外延伸,将中国的商品推向国际市场,参与国际竞争。2000年,江泽民同志首次把"走出去"战略上升到"关系我国发展全局和前途的重大战略之举"

的高度，并于同年2月在广东考察工作时指出："当今世界经济的发展，要求我们必须勇于和善于参与经济全球化的竞争，充分利用好国外和国内两种资源、两个市场。随着我国经济水平的提高和现代化建设的推进，我们必须加快实施'走出去'的战略。这同西部大开发一样，也是关系我国经济和整个现代化建设发展全局的战略"。

2."走出去"战略实施的动因

中国企业"走出去"，开展对外直接投资的目的主要有资源寻求、技术获取、市场获取、降低生产成本等。尹作敬和刘缉川（2005）从投资区位差异上分析了中国企业对外直接投资的动机。我国对外直接投资刚刚起步时一般倾向于选择地理较近、人文环境相似的港澳地区和东南亚国家，目的在于积累对外投资经验，降低投资风险。投资发达国家是为了获得发达国家的先进技术，提升本企业的技术水平。投资一些发展中国家和欠发达地区的一个基本动机是寻求资源，保障我国能源安全。祁春凌、黄晓玲和樊瑛（2013）利用2003~2009年我国对16个发达国家对外直接投资的面板数据，建立单边投资引力模型，对我国技术寻求型对外直接投资进行了实证研究，研究发现技术寻求是我国对高技术水平的发达国家进行直接投资的主要动机。同时，发达国家对我国技术转让和高技术产品出口的限制越多，我国对其进行的技术寻求型OFDI就越多。技术寻求型OFDI是近年来我国应对外国对华技术转让和高技术产品出口限制，提升产业技术高度的一个途径。宋勇超（2013）指出，近年来我国资源类产品需求不断扩大，进口价格也在不断上涨，通过资源类对外直接投资可以有效控制外部资源，保障我国的资源供给。张娟和刘钻石（2012）通过基于承包工程的典型中非网络关系，解释了中国在非洲的资源寻求型对外直接投资行为，认为伴随中国对能源和矿产的持续需求以及资源寻求战略的形成，非洲丰裕的自然资源提高了其对中国资本的吸引力，国有企业的活动主要受国家战略利益的驱动。余官胜和林俐（2014）利用温州民营企业微观层面对外直接投资数据，构建了二值选择模型对此进行实证研究，发现民营企业针对发达国家的对外直接投资仅具有市场开拓动机，针对发展中国家的对外直接投资同时具有市场开拓与生产转移动机。

3. "走出去"的区位选择

郭建中（2002）分析了我国对外直接投资的区位分布呈现相对集中的特征。程惠芳、阮翔（2004）等人的研究都是通过建立引力模型、一般的计量经济模型或者空间计量经济模型，选取多个中国对外直接投资的样本国家或地区，对中国对外投资流量或存量数据进行横截面回归分析或者面板数据分析，进而考察影响中国对外直接投资区位选择的因素。阎大颖（2013）通过实证分析解释了对外直接投资区位选择的若干主要决定因素：在区位优势方面，东道国的市场潜力、廉价劳动力、自然资源和战略资产禀赋均对吸引外资有较大的影响作用；在制度因素方面，东道国的经济制度对跨国公司对外直接投资的区位选择决策的影响最明显；此外，东道国的服务业发展水平、通信能力和外资开放度对对外直接投资的区位选择也有重要影响。持同样观点的还有王永钦（2014）、宋维佳和许宏伟（2012）、王胜和田涛（2013）等。

4. "走出去"的风险

境外经营充满各种不确定性因素，随着中国企业对外直接投资规模和区域的扩大，跨国企业面临的风险也在上升。聂明华（2009）总结中国企业对外投资所面临的风险主要表现在 7 个方面，即国家政治风险、恐怖主义或民族主义风险、政治与法律变动风险、汇率与汇兑风险、投资决策与经营风险、文化冲突风险、管理体制与道德风险，各种风险相互交织，互相影响。其中尤以国家政治风险复杂多变、覆盖面广、影响直接，因此对跨国企业的威胁最大（聂明华，2011）。王海军（2012）利用2003～2012年的中国企业对外投资数据、东道国及母国政治风险指数进行实证分析，结论支持了政治风险对对外投资有负面影响且影响显著的观点。政治风险会影响"走出去"区位选择，企业会偏好到政治风险小的国家或地区投资。影响境外经营业绩的主要是外汇风险，包括折算风险、交易风险和经济风险，企业要调动内部和外部资源，合理利用各种金融工具管控外汇风险（王月永和张旭，2008）。刘宏和汪段泳（2010）认为，规避和抵制各种风险是提高我国企业"走出去"的积极性、保障境外利益的前提。刘学和张阳（2015）提出，要从政府、中介和企业三个层面完善中国企业"走出去"的风险防范机制，提高民营企业对外投资的战略风险管理水平。

二　国内流通产业的地位和贡献

改革开放以来，随着社会主义商品经济建设的开展，流通产业的地位不断提升。黄国雄（2003）从社会化、就业率、贡献比、关联度和不可替代性五大方面论述流通产业是国民经济的基础产业。洪涛（2003）认为，流通产业符合基础产业的特征且具有基础产业的市场和社会效应。刘国光（1999）提出，改革开放以来流通领域的十大变化使流通产业上升为先导产业。冉净斐和文启湘（2005）从竞争力、增长潜力、贡献和产业安全角度提出流通产业是战略产业。曹金栋（2005）用实证方法支持了流通产业的战略产业论。

三 国内学者对流通企业国际化的研究

1. 对国外流通企业国际化的研究

流通企业国际化始于欧美，来自欧洲和北美的跨国零售商仍然是目前流通企业国际化的主要力量，国外关于流通企业国际化实践的研究文献十分丰富。国内在流通国际化领域的研究起步较晚，但随着中国商品市场的开放，跨国流通企业登陆中国，形成"国际竞争国内化"的局面，流通国际化研究逐渐丰富，代表学者有汪旭晖、李飞、夏春玉、赵萍等人。他们在深入研究国外关于流通企业国际化文献的基础上，以大型外资零售企业为对象，通过多案例比较探索了跨国零售商全球扩张的实践经验。汪旭晖（2006）全面系统研究了欧美零售企业国际化的动因、时机、区位、模式等问题，并根据组织学习理论提出了国际化—绩效关系的四个调节变量，解释了零售企业国际化与绩效之间的关系，构建了组织学习视角下国际化与绩效动态关系的整合框架（汪旭晖，2007），分析了其国际化成功经验或失败教训（汪旭晖，2008；赵萍，2006）。樊秀峰（2009）从零售企业的性质和资源特征出发，以沃尔玛为范例，用邓宁的国际生产折衷理论分析了零售商实施国际化战略的决定性因素，提出了零售国际化的一般分析框架。史伟等（2016）使用国家地理模型证明了地理、文化、经济及商业治理距离对零售企业对外投资目标市场选择的影响。汪旭晖（2007）认为，零售国际化也是零售专业技能跨国转移的过程，零售的标准化和本土化都是围绕零售专业技能展开的，专业技能能否成功实现本土化对零售国际化的成败起到至关重要的作用。兰传海（2014）从扩张顺序、扩张规模和扩张业态三个层面对零售企业境外扩张进行研究，对零售企业境外扩张的进入方式、业态选择、扩张模式通过模型进行了定量分析，提出了零售企业境外扩张模式的新思路。

除欧美外，日本是世界零售市场的一支重要力量，夏春玉（2003，2004）提出，日本零售企业进入境外市场的动机与决策过程因进入市场、进入时期、业态形式的不同而不同，同时分析了影响日本零售企业跨国经营的因素，日本零售企业进入境外市场的动机及经营绩效不佳的原因。李丁（2007）研究了日本流通业近十年的变革，即日本流通业在指导观念、经营形式、国际化程度等方面都发生了引人注目的变化，指出零售创新、信息科技的应用、规模经济、强化管理是值得借鉴的经验。

2. 外资流通企业在中国的发展

2004年12月，我国履行入世承诺，全面放开外资在中国分销领域的地域、股权限制，外资流通企业在我国获得空前快速的发展，从一线城市迅速向二、三线城市甚至西部地区扩张，学术界对流通国际化的关注度逐步提升。一些学者以沃尔玛、家乐福、大润发、TESCO、阿霍德等外资零售企业在中国市场的扩张为例，研究了外资零售企业的进入模式、区位选择（汪旭晖和刘勇，2008；贺灿飞等，2011）、成长策略（费明胜等，2008；冯国珍，2008）、物流配送（宫海博，2011；汪旭晖和李燕艳，2012）、经营绩效等（汪旭晖和王夏扬，2011；丁涛和杨宜苗，2010；周煊和许梦露，2011；汪旭晖和夏春玉，2005；傅龙成，2012；汪旭晖和郑治，2013），并分析了其国际化成功经验或失败教训，揭示了对中国零售企业国际化的启示。

3. 外资流通企业进入对中国企业的影响

目前，国内学者对流通国际化的研究集中在外资零售的进入，尤其是2004年分销全面开放后外资零售企业进入中国对本土企业的影响上。

(1) 对中国流通业的影响

部分学者认为,外资零售企业进入中国凭借雄厚的资金实力和先进的运营能力对中国商品市场造成了负面冲击,挤压了本土零售企业的市场份额,诱发恶性竞争,导致并购加剧,集中度上升,提高进入壁垒,使企业利润下滑,使本土零售企业面临困境(荆林波,2005;李仙德等,2009;缪琨,2010)。持不同意见者则认为,跨国零售商的进入虽然在一定程度上对本土企业造成了冲击,但也有正面影响。一方面,外资零售企业特别是优秀企业的进入也带来了先进的技术、业态和管理经验,本土企业通过和外商合资合作可以直接有效地学习先进的经营方式、管理模式,引入新的业态,培养优秀人才。另一方面,外资零售企业给本土企业带来竞争压力,迫使其不断学习、创新、转变观念、转换职能、改善购物环境、提升竞争意识和服务意识,加速了传统零售商向现代零售商的转变。可以说,外资零售企业的进入具有"鲇鱼效应",促进了中国本土零售企业竞争力的提升,让中国零售市场充满活力(汪旭晖,2007;杨军安,2010;梅诗晔,2011;陈扬,2013;赵红洁,2014)。

(2) 对中国制造企业的影响

部分学者认为,在零售商主导的供应链中,外资零售企业凭借其规模采购、渠道和信息垄断、滥用市场地位,通过收取通道费、延长占用货款及品牌控制等方式纵向控制上下游企业,紧张零供关系,挤压制造商的利润和生存空间(杨海丽,2007;赵亚平等,2008;王平和赵亚平,2008;魏花和李骏阳,2008;董丽丽,2011)。另一部分学者认为,外资零售商扩大在华采购,拓展制造企业的销售渠道,降低销售成本,通过跨国零售商获知国际市场的供求信息减少生产的盲目性，借助零售商的渠道扩大产品出口，实现中国企业"借船出海"，有利于传播"中国制造"形象，给制造企业带来机遇（苏朝晖，2004；张丽淑和魏修建，2013；申风平等，2009）。周霄雪和王永进（2015）运用11家跨国零售企业在中国的分布数据和1998~2007年中国工业企业数据证明了，跨国零售商的高采购标准促使制造商增加研发投入，提高产品质量，增加产品多样性，实现制造业转型升级，对制造业创新有正面的激励作用，但随着零售商势力的增强这种作用会减弱。

（3）对中国经济安全的影响

部分学者认为，我国是一个快速发展的市场，已经形成由消费者主导的买方市场，但本土零售企业发育并不成熟，这种情况下外资企业大举入侵一旦形成控制之势必然会对本土零售乃至制造业造成严重冲击，对国民经济构成严重威胁（杜丹清，2005；宋则，2012；樊秀峰，2010）。还有学者持谨慎乐观态度，认为我国流通业的开放还处于安全警戒限度内，外资零售企业的扩张不足以影响中国经济安全，相反，却激励了本土零售企业，优化了零售结构，可以说实现了双赢（李飞和汪旭晖，2006；牛华勇等，2015）。

四 中国流通企业"走出去"

中国流通业"走出去"的步伐远远落后于制造业，与此相对应，学术界关于中国企业对外直接投资的研究也主要集中在制造业上，对于流通业"走出去"关注度不够，研究也相对匮乏。伴随经济全球化深入推进、生产方式和流通方式的变革以及中国"走出去"战略的推进，部分学者意识到了推动中国流通业"走出去"的必要性和紧迫性（路红艳，2014）。

很多国内流通领域的专家从流通角度对"走出去"进行了研究。就中国流通业"走出去"的状况，赵萍（2010）认为我国流通企业"走出去"的主体低端，商品档次低劣，经营业绩不佳，"走出去"尚处于探索阶段，象征意义大于实际意义。祝合良（2015）指出，我国流通业的对外投资呈稳步发展的态势，成为中国企业"走出去"的重要力量，但是存在空间分布集中、境外经营业态单一、国际化水平低、竞争力不足等问题，面临缺乏政策支持和资金支持的困境，要提高我国流通业"走出去"的水平除了要提升企业自身能力外，还要完善政府的支撑体系。入世之后，随着我国流通业的全面开放，国内零售市场竞争日趋激烈，形成了"国际竞争国内化"的局面，部分学者倡导推动中国流通业"走出去"，开展对外直接投资。学者们通过对外国零售企业跨国实践的考察，提出应借鉴国外经验促进我国零售企业"走出去"（郑后建，2004），研究了零售国际化的动因、境外市场选择、进入方式和经营策略等（汪旭晖，2008），对中国流通业境外扩张的必要性和可行性进行了分析（毕克贵，2013），并总结了我国零售企业境外经营尝试的成功经验和失败教训（汪旭晖，2006；赵萍，2006），对中国流通业对外投资提出对策和建议（郑后建，2007；刘文纲，2011）。朱瑞庭和尹卫华（2014）认为，基于流通业对外投资的重大意义，应该把中国流通业"走出去"提升为国家战略，并在国家层面构建完善的政策支撑体系。也有学者从价值链角度研究我国零售企业如何更加有效率地"走出去"（朱瑞庭和尹卫华，2014；丁宁，2015），将我国零售企业的跨国发展纳入更宽的研究领域，并针对境外经营风险，提出建立流通业对外投资保障制度（徐磊和朱瑞庭，2015）。朱瑞庭（2016）主张将零售企业"走出去"与"一带一路"倡议联动发展，最大限度地发挥国家战略的效应。在"走出去"的模式上，关立欣（2011）提出商贸流通业要集群式"走出去"的新观点。

第三节 文献述评

总体看来，国外对于流通企业国际化已有几十年的研究，基本形成了比较系统完整的研究体系，比较关注零售国际化的基本理论研究，研究方法上比较重视案例分析和实证研究，从不同视角考察了零售国际化，已经形成了系统的研究成果。在部分问题上，如心理距离对零售国际化的影响，学者们还存在分歧，有待后续探讨。另外，国外零售国际化的研究对象以西方发达国家的跨国零售企业为主，很少涉及发展中国家零售企业跨国投资的实践，这是该领域研究的一大缺陷。随着世界经济一体化的推进和新兴经济体的异军突起，发展中国家的零售商将成为零售国际化舞台上的一支重要力量，对其跨国投资的研究将是今后零售国际化研究的一个新方向。

国内关于流通企业国际化研究的起步较晚，已有的研究成果多建立在国外流通企业"引进来"的经验借鉴和国外理论吸收的基础之上。关于"走出去"国内学者的焦点还集中在制造业的对外直接投资上，对于流通企业"走出去"的研究可以说才刚刚起步，研究角度、深度和方法上也多有不足，缺乏系统深入的研究，没有展开对流通业"走出去"的路径和布局上的探索，缺乏切实可行的对策和方案。本书将从深化对外开放和落实"一带一路"倡议的高度，以流通主导价值链为现实背景，从宏观、中观和微观三个层面系统论述中国流通企业"走出去"的实现路径。

第三章
中国流通企业"走出去"的状况与影响因素

全球化是世界经济发展的重要趋势,一个显著的特征就是越来越多的企业进入国际市场,从事国际化经营,在全球化大潮的席卷和科技进步的推动下,一向被认为是区域产业的流通业也走上了国际化道路。20世纪六七十年代后,随着国内市场饱和,竞争日益加剧,发达国家的流通企业率先走上向境外扩张的道路。国际化给流通企业提供了更丰富的资源和更广阔的市场,一些企业充分利用了国际化的机会,不断壮大规模、提高知名度,如沃尔玛、家乐福、TESCO等通过国际化成长为有影响力的大型跨国零售集团。对于经济全球化,中国一直是积极响应和努力参与,并大力推动包括流通企业在内的中国企业"走出去"。

第一节 中国流通企业"走出去"的状况

从2001年中国开始积极实施"走出去"战略以来,中国企业纷纷走出国门开展对外直接投资,制造业、采矿业、金融业都取得了不俗的成绩,形成了一批有实力的跨国公司和著名品牌,华为、中兴、海尔、联想已经享誉世界。相比之下,我国流通企业"走出去"步伐缓慢,真正以商业存在形式"走出去"的流通企业还处于探索阶段。

一 中国流通业对外直接投资情况

历年《中国对外直接投资统计公报》显示,自2004年有权威部门的数据发布以来,中国流通业(批发和零售业)对外直接投资以年均49.3%的速度增长,2017年的投资额为263.1亿美元,是2004年的近33倍,2018年有所下降,为122.4亿美元,2019年回升至194.7亿美元。截至2019年底中国流通业的对外直接投资存量也从78.4亿美元增加到2955.4亿美元,是2004年的37.7倍(见表3-1)。可以说无论是从流量还是存量上来看,中国流通业对外直接投资的增长速度都是非常高的。但从投资行业分布来看,中国流通业的对外直接投资在中国整体对外直接投资中所占份额并不高,2019年中国流通业的对外直接投资额只占当年我国对外直接投资流量总额1369.1亿美元的14.2%,存量也只占当年对外投资存量21988.8亿美元的13.5%,到2019年末,中国流通业的对外直接投资流量在所有行业中排第四位,存量排名第二。

表3-1 2004~2019年中国流通业对外直接投资流量与存量情况

单位:亿美元

年份	流量	存量
2004	8	78.4

续表

年份	流量	存量
2005	22.6	114.2
2006	11.1	129.6
2007	66.0	202.3
2008	65.1	298.6
2009	61.4	357.0
2010	67.3	420.1
2011	103.2	490.9
2012	130.5	682.1
2013	146.5	876.5
2014	182.9	1029.6
2015	192.2	1219.4
2016	208.9	1691.7
2017	263.1	2264.3
2018	122.4	2326.9
2019	194.7	2955.4

资料来源：2005~2020年的《中国对外直接投资统计公报》。

二 中国流通业"走出去"的空间分布情况

从投资的空间分布来看，无论是投资流量还是投资存量，目前我国流通业对外直接投资主要集中在中国香港和东盟地区，其他国家和地区很少。2019年我国流通业对外直接投资中有135亿美元流入香港地区，另有22.7亿美元流向东盟，两个地区加起来约占当年我国流通业对外直接投资总额的81%。从存量上看，香港地区共吸收我国流通业对外直接投资额1964亿美元，东盟吸收了178.1亿美元，共占我国流通业对外直接投资存量的72.5%（见表3-2）。所以，我国流通业的对外直接投资空间分布比较集中，主要在中国香港和东盟地区。

表3-2　2019年中国批发和零售业对外直接投资流向

单位：亿美元，%

国家/地区	流量	比重	存量	比重
中国香港	135	69	1964	66.5
东盟	22.7	11.7	178.1	6
欧盟	6.3	3.2	53	1.8
美国	6.5	3.3	59	2
澳大利亚	-	-	9.16	0.3
俄罗斯	-	-	3.67	0.1

资料来源：《2019年度中国对外直接投资统计公报》。

三　中国流通业"走出去"的市场主体情况

从投资主体来看，《2019年度中国对外直接投资统计公报》数据显示，我国流通业的对外直接投资额不高但是投资企业数量众多。2019年底中国境外投资企业近4.4万家，其中近1.2万家是流通企业，占到中国境外企业数量的27.3%，居所有行业的首位，比排在第二位的制造业的8630家境外企业多出近3000家（见表3-3）。但是与"走出去"的中国制造企业，如华为、海尔、海信等规模大、品牌响的企业比起来，流通企业的投资主体则小而散。《2019年度中国对外直接投资统计公报》显示，2019年末无论是按投资存量、境外资产，还是销售收入排序，境外的中国非金融类跨国公司TOP100中，没有一家流通企业。"走"出国门经营的中国流通企业多是些不成规模的个体企业、夫妻店、便利店、杂货店一类，缺乏组织性，真正具有规模的大型流通企业集团寥寥无几。

表3-3　2019年末中国境外企业的行业分布情况

单位：家，%

行业	境外企业数量	比重
批发和零售业	11993	27.3

续表

行业	境外企业数量	比重
制造业	8630	19.7
租赁和商务服务业	5812	13.2
建筑业	3628	8.3
信息传输/软件和信息技术服务业	2731	6.2
科学研究和技术服务业	2179	5.0
农/林/牧/渔业	1829	4.2
采矿业	1401	3.2
交通运输/仓储和邮政业	1237	2.8
居民服务/修理和其他服务业	936	2.1
房地产业	820	1.9
电力/热力/燃气及水的生产和供应业	726	1.7
金融业	591	1.3
文化体育和娱乐业	549	1.3
住宿和餐饮业	394	0.9
教育	195	0.4
水利/环境和公共设施管理业	132	0.3
卫生和社会工作	101	0.2
合计	43884	100

资料来源：《2019年度中国对外直接投资统计公报》。

目前，在境外经营的中国流通企业的类型主要有以下几种。

（1）境外兼营批发和流通业务的"中国城"。中国的批发市场遍及世界各地，最早的是开设于1998年的巴西中华城，1998年11月经原外经贸部批准设立，该商城由浙江中华商城有限公司独资创办，注册资本为98万美元。之后，在俄罗斯、西班牙、英国、芬兰、阿联酋、喀麦隆、埃塞俄比亚、南非、泰国、印度尼西亚、马来西亚等地陆续建起中国商品城，这其中就有著名的迪拜中国城、意大利温州商城、俄罗斯中国皮革城、南非的中华门商业中心、荷兰中国城、越南中国商贸城等。这些商贸城都是浙江福建一带的商人自筹资金建设，依托沿海生产基地的优势，将中国的商品贩运至境外再进行分销,据不完全统计,目前全世界共有200多个中国商贸城。大批沿海地区的中小企业和个体商人依托境外中国商品城这个平台"走"到境外,主要从事皮革鞋服等日用百货的经营。到目前为止,境外的中国商贸城是中国零售商"走出去"的主要形式。

(2)在境外设有分销渠道的制造商自营零售。随着联想、海尔、华为、中兴等一批有实力的中国制造企业开展国际化经营,为打通产品销往国际市场的通道,这些企业纷纷在海外开设专卖店。温州鞋业领导品牌康奈2001年1月在巴黎最繁华的商业街开设了首家专卖店,这是中国鞋业企业第一次在海外开设自主品牌的专卖店。同年6月又登陆美国,开办了其在美国的第一家专卖店,9月康奈第三家海外专卖店定在了意大利。2002年12月,康奈又在欧洲5个国家开设了5家专卖店。目前康奈集团海外专卖店已布局意大利、美国、英国、澳大利亚等20多个国家的重要城市,在海外开设的专卖店超过了100家。国内知名服装品牌"江南布衣"2005年在俄罗斯设立首家境外专卖店,进而又在东京、新加坡等地相继开店,目前已经成功进入欧洲和北美市场。

(3)大型零售企业境外开店。1999年,在莫斯科开店的天客隆是中国大型零售企业"走出去"的先行者。2003年,国美在香港九龙岛最繁华的旺角家电一条街的入口处开设了中国内地以外的第一家店。2004年,上海新天地在日本大阪开设了第一家购物中心。2005年,北京华联集团收购新加坡西友百货,迈出了中国零售企业境外并购的步伐。从国际经验看,大型零售企业在境外设立连锁门店的形式是跨国零售商境外经营最主要的方式,我国的大型零售企业在境外开连锁分店才刚刚起步。

(4)海外经营的中国餐饮店。有中国人的地方就有中餐,餐馆业是华人移民先驱最早从事的经济行业之一，海外中餐馆已经有200多年的历史。目前，许多中国知名的餐饮企业，尤其是民营的高端餐饮企业，开始在国外投资经营。其中包括开设在新加坡的谭鱼头，在美国的海底捞、眉州东坡和黄记煌。同时，中式快餐店也进军海外，2017年黄焖鸡米饭、兰州拉面开始海外经营。值得注意的是，有些餐饮企业在多国开设分店。例如，小肥羊先后在美国、加拿大、日本等地开设了20多家餐厅；全聚德于2008年在墨尔本开设了第一家分店后，又在东京等地陆续开店。有些企业在国外市场树立起良好的口碑，例如厉家菜在东京被评为亚洲第一家米其林三星餐厅。有些经营成功的企业不仅从餐饮服务提供上获得了较高回报，而且带动了国内半成品、饮品的出口。截至2018年底，海外中餐厅有近70万家，中餐已经成为海外受访者眼中最能代表中华文化的元素之一，也成为外国人了解中华文化的窗口。

四　中国流通业"走出去"的成功案例数量少

中国流通企业对于"走出去"一直在进行积极的尝试，却屡屡失败。迈出"走出去"第一步的天客隆，1999年在莫斯科开业之初辉煌一时，但随后前期准备不足导致的问题逐渐暴露出来，目标模糊、物业不清、通关不利等种种不利因素最终导致"第一个吃螃蟹"的天客隆在三年之后铩羽而归，中国流通企业第一次进军海外就遭受了沉重打击。2003年，国美电器将香港作为其"走出去"的桥头堡，"雄赳赳气昂昂"挺近香港，将门店选在了香港九龙最繁华的旺角，占地约2500平方米，与香港当地的家电卖场比，属超大型卖场，无论是产品展示还是卖场布局都要优于其他竞争对手，但也难免水土不服，在十年后全面退出。作为中国流通"走出去"最常见的形式，中国商贸城在境外经营也不算成功。这些小规模的零散商户缺乏统一管理无法形成大的力量，在境外首先面临的就是语言障碍，还有对社会、经济、法律等方面的环境极不熟悉，专业知识缺乏，流动资金不足，还会遇到当地排华势力的侵扰，导致在经营决策上走了许多弯路，失误频频发生，经营业绩不佳，相当一部分中国商贸城被迫注销关闭。

第二节　中国流通企业"走出去"的案例分析

一　天客隆投资莫斯科

天客隆集团有限责任公司是总部位于北京的一家国营贸易集团，成立于1995年，到90年代末就拥有近30家店面的连锁零售企业，"滚动式发展，渐进式管理，走国际化连锁业道路"为企业的发展战略，1999年8月在莫斯科开办了中国第一家境外连锁超市，超市位于莫斯科的核心商业区，店铺面积近6000平方米，天客隆也被业界称为"第一个吃螃蟹的人"。

之所以选择俄罗斯作为境外投资的第一站，天客隆一方面是看重俄罗斯经济前景。中国和俄罗斯是地理相邻的两个国家，历史上就有密切的经贸往来，特别是1991年苏联解体后，俄罗斯市场商品奇缺，中俄的边境贸易往来密切，中国制造的食品、针织服装等因为质量优良、价格便宜而深受俄罗斯人喜爱，不少俄罗斯商人也跑到中国内地寻找货源，北京的雅宝路就是著名的对俄货物集散地。1999年俄罗斯经济已经走出低谷，连续三年成为欧洲经济增长的亮点，纺织鞋服、食品百货和耐用消费品需求迅速增长，俄罗斯轻工业基础极差，70%的消费品都需要进口，是消费品短缺型社会，而我国在 1997 年之后就进入"过剩经济"时代，两者互补性强。另一方面，中国和俄罗斯从 1997 年开始全面落实中俄两国面向 21 世纪的战略协作伙伴关系。鉴于中俄关系的核心问题是经贸关系落后于政治关系，在世界经济走向区域集团化、一体化的时代，经济因素在国际关系中日益重要，没有牢固的经贸关系做基础，单纯的政治关系很容易因国际形势或其他因素的变动而动摇，因此有必要发展相互渗透、相互依存的经贸关系来改善"上层关系热、下层关系冷"的局面，促进政治和经济的良性互动及政府间经贸合作的进一步发展。为此中俄双方都有意愿让大型中企到俄罗斯投资。1998 年江泽民主席访问俄罗斯时，中俄两国领导人签署了《关于在俄罗斯建立中国超级市场的协议》，而将协议变成现实的正是北京天客隆。

作为第一家"走出去"的大型中国零售企业，又由于有两国政府牵头，莫斯科天客隆选址定在了莫斯科最繁华的商业中心，开业也轰动一时，北京市人大领导、中国驻俄罗斯大使、当时的国家内贸局领导还有俄方的政府官员都亲莅现场，天客隆的海外首役的成功仿佛水到渠成。开业之初天客隆的表现也让各方满意，6000 平方米的卖场陈列了 6000 多种来自中国的货物，俄罗斯消费者第一次见识到了来自正规渠道、正牌优质、物美价廉的中国商品，争相抢购，销售场面气势如虹。莫斯科天客隆超市在给北京市的汇报材料中显示：自 1999 年 8 月 2 日正式开业至 2000 年 3 月 12 日止，累计销售额约合 1633 万元，综合毛利率约 34%，比国内高出 5 倍[①]。2002 年，莫斯科天客隆的销售额在当地 600

---

① 联商网，http：//www.linkshop.com.cn/（3jqyvd450nop5d55fndznkrc）/web/Article_News.aspx? ArticleId = 51299.

多家超市中已经排名第五。初战告捷的天客隆信心满满地计划着将跨国之路进行到底，2001年在中俄边境城市绥芬河建立了一个三层的涵盖超市、旅游商品市场、服装市场和外贸公司的购物中心——绥芬河天客隆商贸有限公司，意欲以俄罗斯等远方市场为目标，"架通"北京—绥芬河—莫斯科的国际通商道路。在俄罗斯另一个城市符拉迪沃斯托克的天客隆超市也在筹备中，天客隆的总经理还计划将市场扩大到东欧以及中国澳门、澳大利亚等地。

然而就在天客隆踌躇满志之时，莫斯科天客隆开始走下坡路，各种问题接踵而至。最大的问题就是俄罗斯市场和法律不完善，有很多不利于外商投资的政策，比如高税率、高管制。当时俄罗斯的增值税是20%，关税则是中国的两到三倍，而且商检过于频繁，采用欧洲统一标准，一批货近7000多种商品都要分类检验，耗时超过5个月，屡屡造成超市商品断供、货架空置现象，影响经营。由于是正规企业、政府项目，无法采取小商贩的"灰色清关"手段，天客隆在商检上仅第一年就消耗30多万美元。其次，没有明确的市场细分和定位，商品不对路。莫斯科天客隆90%的商品来自中国，无法满足当地群众多样化的需求，价格制定不合理也引起了顾客的反感。另外，超市没有停车场，并且由于经营场地问题陷入物业纠纷。多重原因导致莫斯科天客隆在开业3年后黯然谢幕。

莫斯科天客隆失败的原因总结如下。

第一，国际化时机选择不合理。从行业的发展角度来看，中国的现代流通业在20世纪80年代才刚刚起步，90年代时还处于成长期，整个行业发展还不成熟，还处于向发达的跨国零售公司学习核心的经营理念和技术手段的阶段。根据弗农的产品生命周期理论，一个行业的成长要经过开发阶段和成熟阶段，只有在产品达到成熟阶段后，为了满足境外需求并进一步降低成本才进行对外直接投资。同样，行业也具有生命周期，在没有充分发育至成熟前，不具备对外直接投资的条件，90年代的中国零售企业尚不成熟。另外从企业角度看，发达国家的零售企业都是在本国市场充分发展并具备相当的体量后才开始国际化的，如沃尔玛成立于1962年，经过在美国国内30年的发展，在1992年开始国际化之前已经成为美国第一大零售企业，有2000多家门店遍布全美。法国的家乐福也是经过在国内的充分发育，成为法国首屈一指的零售商后才开始国际化的。反观天客隆，成立于1995年，到1999年才开了23家分店，而且仅局限于北京市内，一家尚未在全国范围内充分发展的地方性企业，在成立4年后就开始向海外拓展，无论是技术上还是管理上都不切合实际，尚需更长时间的摸索和经验积累。

　　第二，国际化的区位选择不正确。根据零售国际化的经验，国际化初始的目标市场通常选择地理和心理距离都近的地区，并综合市场潜力、投资便利以及风险程度来进行决策。从地理条件上看，俄罗斯虽与我国接壤，但大都是在气候严寒、人口稀少的远东，而俄罗斯大部分人口在欧洲部分，所以两国民间交往基础并不深。选择地理相邻的另一个原因在于交通运输的便利，但1999年的中国和俄罗斯之间无论公路还是铁路网络都不发达，北京到莫斯科的铁路7000多公里，运行5天左右，中途绕过中国东北、内蒙古、哈萨克斯坦等地，运输时效和成本都不乐观。从心理距离看，俄罗斯虽然大部分国土属于亚洲，但绝大部分人口位于欧洲，俄罗斯人从心理上认同自己是欧洲的一部分，和中国在宗教信仰、文化习俗、生活习惯等方面有很大的差别，可以说中俄两国是心理距离较远的国家。另外1991年苏联解体，俄罗斯成立之初，政局不稳，局部地区持续动荡（车臣等），市场与法律不完善、汇率不稳定,这些都给外国企业投资带来极大的风险。天客隆将国际化的首站选择在俄罗斯这样一个地理和心理距离都较远,且投资风险大的市场,失败也就不足为奇了。

第三,国际化进入方式不合理。根据零售国际化的一般经验,零售商初始国际化时所采取的进入方式与目标市场的地理距离、心理距离和企业的国际化经验成正比,与东道国的投资环境成反比。按照这样的原则,天客隆在莫斯科的投资应该采用控制程度较低的特许经营或合作、合资的形式,在当地寻找合适的合作伙伴共同经营,以尽可能地降低投资风险,而不是一开始就在企业毫无国际化经验的情况下,在陌生的俄罗斯市场采用风险最高的新建独资子公司的形式。

第四,企业投资仓促、调研不充分。企业发起投资活动,尤其是开展对外直接投资,对于企业发展是非常重要的大事,一般只有经过认真的市场调研和充分的论证后才能审慎地发起。对于零售企业来说,面对的是终端消费者,涉及几千种商品,属于特殊的国际贸易,市场调研显得格外重要。法国的家乐福、日本的华堂、荷兰的万客隆在进入中国市场之前,准备工作都做了两年以上,花费在500万美元左右。天客隆在莫斯科的投资则显得十分仓促,据总经理杨奇瑞说,天客隆在投资前仅花了六个月的准备时间,而且没有亲自调研,是由原国内贸易部在俄罗斯市场做了一段时间的市场调查,而且调查面窄极不充分,涉及海关、工商、税务等部门的信息都没有反馈。整个投资构成不像企业行为,更像政府的形象工程。

二 国美进军中国香港

国美电器是中国著名的大型民营流通企业,创立于1987年,最初只是个 100 平方米的小店，主营家电销售。国美创新供销模式，脱离中间商，采用上游厂家直供模式，让利消费者，薄利多销，销售业绩迅速上扬。国美也是业内率先采用广告宣传的企业，从 1993 年开始实施品牌经营和连锁化，1999 年走出北京一路攻城略地，迅速发展为全国知名的连锁企业，跻身中国连锁企业百强、中国企业五百强行列，2004 年国美董事长黄光裕成为第一届"胡润百富榜"的中国首富。2004 年 6 月国美在香港挂牌上市，2006 年收购永乐家电、2007 年收购大中电器，成为中国电器连锁第一品牌。中国连锁经营协会发布 2007 年连锁百强经营业绩，国美以年销售额 1023.5 亿元位列第一，再次领跑中国连锁业。2011 年 4 月，国美电子商务网站全新上线，国美率先创新出"B2C+实体店"融合的电子商务运营模式，成为业内首个以消费需求为基础的电子商务平台。截至 2016 年 6 月 30 日，包括国美、永乐、大中、蜂星在内共有门店 1186 家，遍及中国两百多个城市。

国美选择香港为其"走出去"的桥头堡，于 2003 年设立香港分部，投资 5000 万港元在旺角开设一家门店，位于香港繁华路段，有非常大的客流量，面积达 2000 多平方米，在香港属于超大型卖场。国美联合了海尔、长虹、创维等一批国产品牌，以低价策略在香港打开局面，并根据香港居民的消费特点对商品结构做了调整，国产品牌和外资品牌各占 50%。在进入香港之前，国美做了大量的市场调研和前期准备工作，之所以选择香港作为"走出去"战略的桥头堡，看中的是香港作为亚太经济中心，拥有得天独厚的地理位置和历史背景，使香港市场本身就具有国际化的特征，世界上最知名的品牌都会把最新最有竞争力的商品放到香港销售，香港也是本地区的消费前沿，是国际游客云集，特别是中国内地游客喜爱的地方，而购物是旅游的重要一项。国美选择香港，更是要将香港作为一个桥头堡聚集人才、摸索经验、树立品牌，为"走"向海外做好准备。

经过三四年的努力，国美香港在2006年开始盈利，在2007年实现了占领香港市场30%的目标，发展到最顶峰时期，国美电器在香港的门店多达20家。然而机遇与挑战向来是并存的，香港是一个成熟型的市场，原本就有丰泽、泰林、百老汇、镭射、吉之岛等已在香港耕耘数十载的本土电器连锁巨头，市场竞争十分激烈。加之香港地价昂贵，租金不断上涨，员工成本也高于内地，给经营带来很大压力。香港的消费者十分挑剔，青睐于国外高端品牌，对国内产品认知度低，在这样的市场经营更需要精细化管理，而国美似乎没有做好这样的准备。到2012年时国美已经在香港亏损2亿多美元，不得不实施战略转型，于2013年关闭了香港的6家店，全面结束香港流通业务，以香港为跳板进而进军东南亚的国际化之梦破碎。

国美折戟香港的原因总结如下。

第一，进入方式不合理。根据邓宁的OLI理论，企业对外直接投资进入方式的选择受企业所有权优势、区位优势和内部化优势影响。所有权优势包括企业规模、专业技能和经验等，国美的规模在内地家电行业中是龙头老大，但与香港本土的丰泽、百老汇等老店相比毫无规模优势。在国际化经验和专业技能上，国美与在香港这样的国际化市场前沿拼杀多年的本土企业相比，更是不能同日而语。从市场区位优势来讲，香港作为国际化大都市、亚太经济中心具有广阔的市场前景，但香港又是一个成熟的市场，竞争激烈而残酷，投资风险大。从内部化优势来讲，国美是中国内地企业，内地流通业相对于香港起步晚、开放晚，其管理和技术都是在学习模仿外资企业的基础上建立起来的，不具备内部化优势。在不占任何优势的情况下进入一个竞争高度激烈、成本极高又陌生的市场，应该选择投入小、风险低的模式，如合资或合作，而国美却采用新建自营的方式，一下就抬高了经营成本，增加了风险。

第二，内功没有练好。1993年国美统一店名，走连锁之路，仅用10年时间就成为内地最大的家电连锁企业，登上中国内地连锁百强的榜首。内地市场的成功让国美迅速膨胀，然而在家电卖方市场的情况下，国美的成功不是因为国美的强大，而是得益于市场的红利和对手的弱小。相对于中国几千亿元的电子产品销售市场，只有两亿元销售规模的国美其实是微不足道的。而且当时的国美只在一线城市布局，还没有深入二三线城市，称其为全国连锁还为时尚早。最重要的是，企业的成长并不是简单的规模扩张，而是组织能力的提高，现代化连锁零售企业不仅仅是厂家商品销售的平台，还要有整合供应商、物流商、仓储、配送，提供供应链服务的功能，以及创造需求的能力，也就是说利用零售终端的力量指挥上游的制造链条和引导下游消费链条，这才是现代连锁的价值核心。从国际上大的连锁流通企业的成长过程来看，它们都走过一段形成企业核心管理能力并以这种能力驾驭规模的过程，这种能力最好是在一个相对稳定熟悉的环境中来培育，而不要在一个跨界的环境中去获取。

国美在香港的投资意义非凡。在外资零售巨头纷纷进入中国之际，国美能够走出一条新路，除了是实力和魄力的体现外，还具备战略性眼光，是对中国商贸流通企业"走出去"的一次积极探索。正如国美总裁所言，"香港是国美进军国际市场的桥头堡，主要目的是积聚人才、积累经验、树立品牌，在条件成熟时，进而大举开拓国际市场"，从这一意义上讲，国美为今后中国流通企业"走出去"树立了榜样、积累了经验、提供了借鉴，是中国民营流通企业探索"走出去"路径的典范，虽败犹荣。

三　苏宁的国际化

苏宁电器于1990年创立于南京，是一家经营空调的专卖店，从1996年开始走连锁发展的道路，并于2002年走出江苏，向北京、天津、上海、重庆等地发展，进一步在全国范围内布局，2009年全面击败国美电器，成为中国家电连锁行业的霸主。2004年苏宁电器（002024）在深交所上市，目前是全球家电连锁流通业市值最高的企业之一。2009年苏宁网上商城正式更名为"苏宁易购"，2012年收购知名母婴用品在线商城"红孩子"，苏宁逐渐转型为包括家电、3C、母婴、化妆、食品、保健品、日用品、百货、图书在内的综合性全品类零售商。2013年苏宁易购正式更名为"苏宁云商"，"云商"模式可概括为"店商+电商+零售服务商"，其核心是以云技术为基础，整合苏宁前台后台、融合苏宁线上线下，服务全产业、服务全客群。截至2016年底，苏宁已经成功跻身中国B2C网络零售的第一梯队，与天猫、京东构成中国电商"三国演义"格局。苏宁的业绩也获得国际权威机构的认可，从2006年起连续8年登上"全球零售250强"榜单，2014财年以217亿美元的销售额成为跻身该榜单的中国零售企业中的第一位，总排名第57。

2009年是苏宁"走"向海外的元年，当年6月苏宁出资8万亿日元认购了深陷亏损泥潭的日本LAOX的27.36%的股份，成为这家有着近80年历史的电器连锁零售商的第一大股东，拉开了"走"向海外的序幕，这也是中国企业首次收购日本的上市公司。这次海外收购给苏宁带来极大利好。第一，以一个适度规模的投资给苏宁的国际化发展搭建了稳固的海外平台。LAOX成立于

1930年，诞生于日本最大的电器街秋叶原，曾经在日本家电零售行业中排名第二，是日本家电卖场的先驱，一种是兼营动漫、乐器等特色专卖店，一种是综合性电器连锁店和免税店，鼎盛时在日本有一百多家门店，有着较高的知名度和广泛的客户群。通过LAOX了解整个日本家电零售行业的情况，再经过一个适当的整合，苏宁即可在日本市场快速铺开销售网络。第二，苏宁收购LAOX可以向LAOX学习管理经验、品类的丰富度和经营模式，了解和借鉴日本家电连锁行业在商品规划、商品布陈、空间设计、店面运营、客户服务等方面的相关经营经验，促进苏宁在日本本土市场的经营创新。第三，可以形成采购协同平台：一方面，苏宁可以通过LAOX引进目前国内市场还缺少的动漫游戏、玩具模型、乐器以及大量的3C家电周边配套产品；另一方面，LAOX可以通过苏宁将物美价廉的中国产品引入日本。继2009年首次认购后，苏宁又于2010年和2011年两次增资持有了LOAX 65%的股份，实现了绝对控股。由于看好中国游客赴日旅游前景，目前苏宁将LAOX的经营放在免税店上，全面经营家电、手表、珠宝、美妆、食品等品类。随着近几年赴日外国游客人数的增加，受益于中国游客在日本的"爆买"，LOAX的销售额不断攀升，开始以惊人的速度发展，接连在新宿、冲绳、大阪等繁华街区开设新店。数据显示，LAOX 2014年度营业额同比增长了50%以上，净利润达12.43亿日元，成功实现了扭亏为盈，2015年LAOX更是实现销售规模增长84%、利润增长400%的佳绩，门店数量也从收购前的6家发展到现在的37家，成为日本最大的免税连锁店。良好的业绩进一步增强了苏宁在日投资发展的信心，LAOX计划3年内投资400亿日元，在日本境内开设50家实体店。目前，苏宁已成立了国际总部，预计境外发展进一步提速。

苏宁于2009年底以3500万港元的价格全面收购香港知名电器零售商镭射电器的品牌、业务及销售渠道。镭射公司成立于1976年，早期主营照相机，经过40多年的发展镭射已有20多家门店遍及香港各个核心商圈，镭射品牌也已深入人心。收购镭射使苏宁节省了自行开店的机会成本和时间成本，可以短时间内在香港市场快速建立一个规模化的网络和本土化的管理团队。为何选择香港作为"走出去"战略的桥头堡，第一，苏宁看中的是香港作为一个国际化大都市，有700万人口，人均收入超过2万美元，市场容量大，具备很好的发展前景；第二，香港位于世界零售市场的前沿，尤其在产品流行趋势方面有风向标的作用；第三，香港与国际市场融合度很高，可利用进入香港市场的机会积累国际化运营的经验。如今国际化起步较晚的苏宁已经建立日本和中国香港两个窗口，在国际公认的两个发展最成熟、竞争最激烈的零售市场成功实现了"逆袭"。

四 阿里巴巴的全球化

阿里巴巴集团1999年创立于杭州，现已成长为我国最大的互联网零售企业，2014年在纽约证券交易所正式挂牌上市，2019年7月22日，全球同步《财富》世界500强排行榜发布，阿里巴巴集团排名第282。阿里巴巴国际电商业务自上线以来，经过了十多年的发展，为阿里积累了全球最大的电商数据库。马云曾说，他渴望成立一家由中国人创办，但属于全世界的公司，所以阿里巴巴一直把全球化作为三大战略之一，全球化就是"立足中国，买遍全球，还要把中国产品卖出去，卖遍全球"。

速卖通（AliExpress）是阿里巴巴旗下面向全球市场打造的在线交易平台，全球速卖通通过支付宝国际账户进行担保交易，为中小企业提供支付服务，并使用国际快递发货，使其更便捷地在全球开展业务，是全球第三大英文在线购物网站。速卖通于2010年推出，2012年转型B2C平台后，海外买家开始大幅增长。截至2018年，速卖通已开通18个语种的站点，海外用户数已经超过1.5亿，覆盖全球220个国家和地区，在全球100多个国家的购物类APP下载量中排名第一。速卖通平台上56%的买家来自共建"一带一路"国家和地区，这些地区的消费者贡献了速卖通平台57%的订单量和49%的交易金额。在共建"一带一路"的很多国家以及全球的很多角落，速卖通不仅是当地最受欢迎的电商平台，还是当地电商基础设施建设的推动者。

天猫国际致力于帮助海外商家连接中国消费者。2016年，天猫国际持续引领跨境市场，保税、直邮订单总量皆保持第一，共引进来自63个国家和地区、覆盖3700个品类的14500个海外品牌，其中超过80%通过天猫国际第一次进入中国市场。2017年3月，随着丹麦国家馆的正式上线，天猫国际已与各国政府合作开启了17个国家和地区馆。这些国家和地区馆成为各国在阿里巴巴开启的"世界之窗"，帮助各国中小企业更好地进入中国市场。

作为亚洲最大的云计算平台，阿里云过去一年在海外市场的规模增速超过400%，正加速将亚洲市场领先优势扩展至全球。2017年1月，阿里云在与亚马逊、微软等巨头的激烈竞争中，成为奥运会全球顶级赞助商，将为未来6场奥运会提供独家的云计算、大数据服务。目前，阿里云已在美国西部、美国东部、澳大利亚、欧洲、中东、新加坡、中国香港等全球14个地域设立飞天数据中心，覆盖全球主要互联网市场。

2017财年，阿里巴巴所推进的不仅是自身业务的全球化，更是全球中小企业的全球化。阿里财报特别提及了马云在全球推进

eWTP（世界电子贸易平台）建设的努力成果。2017年3月，首个海外eWTP"数字中枢"落地马来西亚，这一电子自由贸易区将推出多种服务以便利跨境贸易，为中小企业降低市场壁垒。2017年5月，在阿里巴巴的推动下，马来西亚政府与杭州市政府达成合作，中马eWTP"数字中枢"实现互联互通，进一步推动了贸易便利化。eWTP实际上是一种全新的全球化观念。马云将如今的全球化视为"不完善的全球化"，他希望通过eWTP赋予中小企业和年轻人这个未能充分分享全球化利益的群体以充分参与全球化的能力。

阿里巴巴的全球化少不了关联公司，今天阿里巴巴几乎所有核心业务都包括电商、金融、物流、云计算、大文娱等板块，都在尝试更快走向国际：阿里巴巴电商业务提出实现"全球买，全球卖"；蚂蚁金服在海外不断加码支付和金融公司，其运营的支付宝正在向全球支付领域领导者迈进；菜鸟物流网络与全球各地的邮政和物流供应商对接，搭建了一张货通全球224个国家和地区的全球化物流网络；阿里云不断开辟海外新战场；UCWeb抢占了不少新兴市场份额，海外用户继续快速增长。UCWeb新闻和内容聚合器在印度、印度尼西亚市场的月度活跃用户合计1亿，未来将继续开发有精准定位的本地化内容，不断强化海外平台优势。

阿里巴巴为世界各国产品的行销全球带来了契机，几年内，各国政要首领纷纷与马云会晤，也有多国政要访问阿里巴巴，原墨西哥总统培尼亚曾表示"阿里巴巴已经不只是一家中国企业，更是一家全球化的企业"。从长远来看，阿里巴巴正在全球搭建的全球电子商务基础设施，将为全球众多小企业带来享受普惠式全球化利益的机会以及参与并享受全球化的好处。

未来的电商模式会往哪个方向过渡，阿里巴巴也在探索中。对于从"全球卖"切换到"全球买"的维度，欧美品牌商拓展海外市场的意愿非常强烈，天猫国际若能更好地接入这批商家，并抓住中国中产阶级崛起和消费升级的机会，将能服务中国消费者甚至未来到整个亚洲的用户，这里的想象空间非常大。2015年8月，阿里巴巴与美国百货零售巨头梅西百货（Macys）达成独家战略合作；一个月后，又与德国零售贸易集团麦德龙牵手，在商品供应链、跨境电商和大数据方面开展合作，满足中国消费者对优质品牌的需求。目前，阿里巴巴的天猫国际已与法国、德国、意大利、西班牙等政府合作，为欧洲多家品牌商提供快捷入口支持和线上推广支持，并借助阿里巴巴大数据积累，优先上线中国消费者最热衷购买的产品。

在中国深度参与国际贸易的过程中，相比其他科技巨头，阿里巴巴有特殊性，是完全由中国主导的中国输出。以在全球化大生产分工中的卷入程度而论，阿里巴巴在中国科技企业里跟其他巨头的差异，是由阿里巴巴的业务特点决定的。阿里巴巴提供的不是单一科技产品，而是搭建一个平台。通过过去几年在全球领域内打下的基础，阿里巴巴已经直接介入更深更广的国际商业贸易生态核心部位。

第三节 中国流通企业"走出去"的宏观影响因素分析

一 政府对海外投资的干预

从经济领域的角度来讲，政府应当减少对经济的干预，市场能干的就交给市场干,充分发挥市场的作用,减少政府对企业微观经济行为的直接干预,帮助企业减税、减费,使企业作为市场的主体。欧美国家一般奉行对外投资合作自由化政策,政府极少进行干预。如法国政府对企业境外投资合作行为原则上不以审批的方式进行管理,基本上实施境外投资申报备案制度,让企业按照市场规律自主决定和运作。美国也是如此,仅对海外技术投资行为实行较为严厉的监管。新加坡政府对海外投资合作也奉行自愿原则,既没有设立政府审批的项目,也没有设立政府审批机构,企业对外投资的项目、金额等全由企业投资对象国的法律法规决定。日本和韩国等资本输出的后来者则管制严格,内容繁多,但也随着外汇储备的增多和对外投资的快速发展而逐步放松监管。而我国政府对企业对外直接投资的各种审批权和名目繁多的资格认证被各方诟病,立项审批、外汇审批等涉及商务部、发改委、外汇管理局、国资委等众多部门,增加了企业对外投资的决策时间,提高了成本,增加了不确定性,降低了企业对外投资的意愿。同时造成了多头管理、责任不清、监管不力、审批流程长、手续多等问题。不利于包括流通企业在内的中国企业"走出去"对外投资。母国政府对企业对外投资行为干预越少,企业对外投资的阻力越小,对外投资的成本越少,企业对外投资行为越多。

二 各种投资促进政策

欧美许多国家都注重在对外投资立法中以财政、金融、保险及信息服务等方式给予本国对外投资企业以优惠政策,借以扶持本国企业的海外投资行为。如财政方面,通过签订双边协定避免双重征税,同时提供优惠税率。金融保险方面,一方面签订投资保护协定，为本国企业的海外资产提供法律上的保护；另一方面通过政策性的担保机构、金融机构为对外投资企业提供担保、保险以及优惠贷款。同时同东道国签署相关协议保护本国企业和人员的合法权益。我国在改革开放前30年以"引进来"为主，主要是吸引外商到国内投资，因此外商投资法律体系已经比较规范，但是还没有规范的对外投资法律。中国实施"走出去"战略已久，至今尚未建立上升至国家高度的旨在推动和规范境外投资，尤其是专门针对流通业对外投资的法律，因此中国境外投资领域的法律法规亟待完善。

三 东道国的市场规模

一是东道国的需求规模。由于流通业具有行业内向性特征，投资东道国市场规模的大小直接决定了其对流通业的需求程度，东道国的市场规模是影响零售企业海外投资决策的重要因素。由于流通业跨国公司在国外不熟悉的环境里经营，在建房开店、品牌宣传、发展后勤系统等方面有较大不可撤回的初期投入，为了减少这种市场风险，跨国公司通常会在市场规模较大的国家投资（Dunning，1972）。

二是东道国的竞争程度。竞争者对流通业跨国投资的影响表现在两个方面。其一，由于流通业有聚集经济的特性，竞争者集中生产的地方，会产生新的零售机会。通过观察竞争对手的投资行为，会减少自己投资收益的不确定性。其二，随着竞争对手的进入，市场竞争变得更加激烈，这对后进入者会形成一种进入障碍，对于流通业来说更是如此，竞争者的抢先进入会引起后进入者进入成本的增加（Cotterill and Haller，1992）。

第四节 中国流通企业"走出去"的微观影响因素分析

一 流通企业专业技能的转移

影响流通企业跨国经营绩效最直接的因素就是流通企业专业技能能否实现有效的转移。流通企业专业技能指流通企业在特定的经营环境下所运用和积累的商业理念、经营政策、管理手段以及技术标准。近些年,各国流通企业国际化进程加速,跨国流通企业急速扩张的同时,流通国际化失败的案例也层出不穷,如沃尔玛兵败德国、百思买退出中国、阿霍德海外市场撤退等,都与流通企业核心专业技能能否实现有效转移有关。

流通企业国际化过程中有效的专业技能转移对于企业在海外市场降低成本、实现有效扩张、提升反应速度和实现顾客价值增值起着重要的作用(Currah and Wrigley,2004)。Alexander 和 Quinn(2002)以及 Alexander,Quinn 和 Cairns(2005)也通过对跨国流通企业海外市场撤出的研究,证明了流通企业专业技能能否有效转移对流通企业海外市场扩张的绩效获得有重大的影响。海外市场不同于母国市场,流通企业所面对的是一个非"标准化"的市场,不同国家和地区的消费者无论是消费行为还是购买习惯都受不同的传统文化、生活方式、民族习惯的影响,甚至受语言特点、地理与气候环境的约束,因此流通企业在母国所形成的、成为自身优势的一套流通专业技能在一个新的环境下很难发挥作用。综上,在一个新的环境下,流通企业的专业技能不能完全复制，而必须根据东道国的特殊市场环境进行持续改进和创新，从而实现母国优势资源的高效转移。在全球各大跨国零售商逐鹿国际市场、国内零售市场竞争愈加激烈之时，中国流通企业"走出去"的紧迫感越来越强，本土企业专业技能的有效转移对其跨区域乃至跨国发展的意义重大。

影响流通企业专业技能转移的因素有以下几项。

（1）流通企业自身的知识存量，即流通企业在长期经营过程中所积累的专业技能总量，包括内部运营方面的经验、外部战略方面的经验，以及科技及硬件使用经验等。流通企业在进入新的市场时，这些经验必须结合东道国的市场环境、制度因素、文化传统以及基础设施等多种因素发挥作用，流通企业知识存量越大转移的效果越好。

（2）母公司转移技术的能力，即母公司作为技术的提供者将其所掌握的专业技能输送给海外子公司的能力，转移的能力越强，转移越顺利，转移的绩效就越高。这种转移能力受限于母公司海外战略以及母公司对子公司的控制程度。流通企业的海外战略比重越大，专业技能的转移意愿越强，转移经验越丰富，转移效果就越好。因此，母公司的海外经营比重与专业技能转移能力成正相关。流通企业对于新市场的进入方式不同，其对海外子公司的控制程度也是不同的，由强到弱依次分为自我进入/独资、兼并和收购、合资企业、特许经营、许可协议。母公司对子公司控制越强，对子公司的专业技能转移越顺畅，转移效果越好。反之，如果母公司对子公司控制越弱，子公司对母公司的战略贯彻效果就越弱，专业技能转移绩效就越差。因此，流通企业对海外子公司的控制程度与专业技能转移绩效成正相关。

（3）海外子公司对转移技能的吸收能力。子公司的吸收能力指"认识新信息的价值及将新信息吸收并运用于商业的能力",即子公司对母公司专业技能的复制、消化及实际运用,甚至根据新环境进行创新的能力(王立生、胡隆基,2007)。如果海外子公司缺乏这种吸收能力将会严重阻碍母公司对其专业技能转移。

(4)流通企业专业技能转移的渠道。专业技能转移可通过多种渠道实现,如观察模仿、经验学习、嫁接学习等。母公司和子公司之间专业技能转移的渠道越丰富,联系越紧密,转移会越顺畅,企业之间的技能转移就会越有效。

(5)母国和东道国之间的地理与文化距离。无论科技如何进步,通信如何便捷,地理距离都将影响人类信息交流与传递的效率,地理距离也会拉大心理距离,因此地理距离是专业技能转移的一个重要障碍,起着负面的作用。文化距离直接影响子公司对母公司零售专业技能转移的接受意愿和吸收能力。受东道国传统文化以及消费偏好的影响,消费者乃至子公司的当地员工在思维方式、沟通方式、价值观上都与母国有差异,子公司只有在很好地适应东道国历史和文化的基础上才能更好地实现本土化,降低零售专业技能转移的成本和难度。

(6)流通企业专业技能的社会性。流通业是具有高度的社会性特点的产业,母公司在长期的经营过程中与上游和下游产业互动融合,逐渐形成了适应该国文化的专业技能,由于社会环境的不同该技能在他国的通用性低,会增加技术运用的难度。因此,流通企业专业技能的社会性越高,越不利于专业技能的转移。

(7)东道国的硬件设施条件。流通企业专业技能的跨国转移是需要依赖转移的基础设施的,如技术、结构和文化的基础设施。比如,快捷的物流依赖于东道国的道路设施;信息传输依赖于东道国发达的通信网络。东道国的硬件设施越发达,越有利于流通企业专业技能的跨国转移。

二 流通企业的实力

（1）企业规模。一般来说，规模较大的公司会利用自己的规模优势，在大范围市场中与其他企业进行不完全竞争。因此，较大规模的流通企业比小规模企业有更强的市场交易力量，更容易获得母国各项扶持和东道国政府的优惠政策，从而使其能够优先占领市场份额以及获取其他稀有资源，并对较晚进入的新公司设置各种壁垒，阻止潜在竞争对手在该市场的发展。此外，较大的公司有更多的财政资源，有更强的抵抗财政风险的能力。因此，流通企业的规模对流通企业的海外经营至关重要，规模大的流通企业更倾向于境外投资经营。如最早开展跨境经营的沃尔玛，迈向海外之前就是美国规模最大的零售企业，家乐福在大规模向海外进军时也是法国最大的零售商，同样的还有德国的麦德龙、英国的特易购、荷兰的阿霍德等。

（2）供应链整合能力。当前的国际流通业已经进入供应链竞争的时代，在经济全球化大市场竞争环境下，任何一家企业都不可能在所有业务上都成为最杰出者，必须联合行业中其他上下游企业，建立一条经济利益相连、业务关系紧密的行业供应链以实现优势互补，共同增强市场竞争实力，在供应链统一的计划下，使产品能够及时生产、及时交付、及时配送、及时送达最终消费者手中，从而快速实现资本循环和价值链增值。国际巨头沃尔玛、家乐福之所以能形成强大的竞争实力，背后实际上是与全球优秀企业连接而成的独特的供应链体系。沃尔玛在国外基本是通过整合供应链来获利的。因而发达国家现代流通业的利润绝大多数来源于自身经营，赚取产品的购销差价，对供货商收取的促销服务费用占利润的比例很低，一般不到10%。沃尔玛的成功与其说是优秀的商业模式，不如说是沃尔玛对自身"商业零售企业"身份的超越。首先，沃尔玛不仅仅是一家等待上游厂商供货、组织配送的纯粹的商业企业，而是直接参与到上游厂商的生产计划中去，与上游厂商共同商讨和制订产品计划、供货周期，甚至帮助上游厂商进行新产品研发和质量控制方面的工作。其次，沃尔玛能够做到及时地将消费者的意见反馈到厂商，并帮助厂商对产品进行改进和完善。有经济学者指出，沃尔玛的模式已经超出了企业内部管理和与外界"沟通"的范畴，而是形成了以自身为主、连接生产厂商与顾客的全球供应链。这种供应链最关键之处在于节约时间成本、提高库存的周转率。当前成功的跨国流通企业无不具备较强的供应链管理理念和能力。因此，对于跨国流通企业来讲，供应链管理能力与海外经营业绩成正比。是否具备全球供应链整合与管理的能力也是影响流通企业跨国经营绩效的重要因素。

（3）国际化经验。国际化经验影响流通业跨国投资的进行。母公司的国际化经验积累越多，越能加强对不同文化圈经营环境的了解，进而能够有效获得投资成功。当跨国流通企业在评估外国文化、主流的商业惯例以及消费者的偏爱方面获得一定的经验时，跨国公司对其流通业国际扩张带来的预知不确定性将会减少，从而产生相对于竞争对手的比较优势（Hollensen，1998），进而倾向于跨国投资。

（4）流通企业"走出去"的意愿。影响流通企业海外投资意愿的主要因素有两点：首先是海外投资的风险，其次是海外投资的收益。很多"走出去"的中国企业，尤其是流通企业都是以失败告终的。早期"走出去"的零售企业如天客隆、国美，都因业绩较差而在海外折戟沉沙。从外国跨国流通企业国际化的经验看，如果国内零售市场饱和度高、竞争激烈，则企业更趋向于走向海外市场投资。

第五节 中国流通企业"走出去"面临的机遇和挑战

一 中国流通企业"走出去"面临的机遇

1. 经济全球化不断深入

在生产力发展和技术进步的推动下，从20世纪八九十年代开始经济全球化不断向纵深发展，尤其是进入21世纪以来，以信息技术为核心的高新技术迅猛发展，使得资源和要素在全球流动愈加频繁，各国、各地区、各经济组织之间的联系交织、相互融合在一起，形成统一的大市场，并在此之上建立起全球经济运行规则。全球化也推动了生产力的进步和世界经济的增长，包括中国在内的很多国家和地区如日本、韩国、新加坡等，都是受益于全球化才实现经济腾飞的。受2008年金融危机的影响，经济全球化受到冲击，虽局部逆全球化的现象时有发生，如英国脱欧、外资撤资、贸易保护主义抬头等，但这不可能改变全球化的大势。纵观全球发展的历史，自地理大发现开始，世界经济就开始不断融合，时至今日已经是你中有我、我中有你，越来越难以割舍了。一些以贸易立国的国家，如日本、韩国、新加坡等严重依赖国际市场，势必不遗余力地推行全球化。跨国公司的逐利性也要求其必然在全球范围内配置资源，依照各国比较优势形成的国际分工不断细化，由产业间分工发展为产品间分工，再发展到产品内分工，生产的全球化要求各经济体之间必须进行交换。

经济全球化的不断深化是中国流通业"走出去"的机遇。从20世纪80年代以来，一些国家陆续取消了对外资进入零售领域的限制。为了缓解金融危机的冲击，吸引外商投资，泰国从1999年开始放宽了流通业对外资的限制，允许外资以各种形式进入泰国的批发和零售领域，外资可持股超过49%，这一比例在2000年又被放宽至100%；印度尼西亚于2003年通过了投资法令草案，允许国外投资者在任何领域投资，也意味着对外资进入流通业解禁，经审核合格的外国投资者在印度尼西亚甚至可独资经营批发流通业；马来西亚流通业的发展主要靠外商投资，20世纪90年代后更是鼓励合资经营，吸引外资进入流通业，并提高了允许外国人经营批发零售业务的持股比例；就连对流通业一直持谨慎保护态度的印度，在全球化的大潮下也在进行改革，流通业正在逐步开放。印度于1997年开始允许外资经营批发业务，沃尔玛、家乐福以开设现购自运商场的形式进入印度市场。2006年开始，印度允许外资经营单一品牌零售，但是股权不得超过51%。2012年，印度通过了向外资开放国内零售市场的议案，根据新的准入政策，外资获准进入印度多品牌零售市场，最高持股比例可达51%，同时单一品牌流通业的外资持股比例上限也从51%提高到100%。

目前中国正积极推进"区域全面经济伙伴关系协定"（Regional Comprehensive Economic Partnership，RCEP）的谈判，已经与智利、韩国、瑞士、新西兰、冰岛、澳大利亚以及东盟十国等22个国家签署了自由贸易协定，与另外23个国家的谈判还在进行中，届时协定成员国GDP总和将覆盖全球GDP总量的1/3，所包括的区域将成为世界上最大的自由贸易区。伙伴之间将降低关税，部分国家之间甚至可实现零关税，相互开放市场，密切经济合作。开放的市场环境意味着投资壁垒的降低、要素流动障碍的减少，这将极大地促进对外直接投资的发展，为零售企业的海外投资打开方便之门，有利于中国零售企业"走出去"。

2. 人民币国际化促进中国企业对外投资便利

在国家的积极努力下，近几年人民币国际化的进程不断加快向前推进。2007年首支人民币债券登陆香港，2008年中韩签署1800亿元的货币互换协议，2009年跨境贸易人民币结算试点正式启动，2011年智利、泰国、巴西和委内瑞拉将人民币纳入储备货币，2012年开启日元对人民币直接报价，2013年6月中英签署2300亿英镑的双边本币互换协议，2013年9月中欧签署3500亿元的货币互换协议，2014年人民币实现与英镑、欧元直接交易，2016年10月人民币正式被纳入国际货币基金组织特别提款权（SDR）货币篮子。

人民币的国际化将进一步促进中国企业对外直接投资的便利化。第一，可降低企业的对外直接投资成本。以往美元是唯一的国际货币，中国企业到境外开展投资活动先要将本币换成美元或投资国货币，才能进行支付，这将增加企业的购汇成本和时间成本，尤其是进行对外直接投资时，企业的活动可能涉及企业收购、基建建设、设备购买、原材料采购等多项活动，交易越多成本越高。如果人民币可以直接作为投资货币，则可使用本币直接支付，将为企业节省大笔手续费开支。第二，企业在每次本外币兑换时都要面临汇率的变动导致蒙受损失的风险，尤其是东道国的货币稳定性较差时，风险更大，因而限制了企业的投资区域。人民币成为国际货币后，企业对外投资的报价、支付和结算都将使用本币，从而有助于彻底摆脱汇率风险。第三，人民币国际化能拓宽企业对外投资融资渠道。人民币国际化之前，中国企业对外投资都要动用外汇储备，面临融资技术和体制的困难，同时增加了融资的成本与风险。在人民币成为国际货币后，企业对外投资既可以通过本国金融机构融资，也可以通过外国的金融机构融资，有利于拓宽企业融资渠道，降低融资成本，提高投融资的效率，促进企业海外投资。同时，人民币实现国际化也进一步说明，中国在构建国际经济新秩序中话语权越来越强，尤其是随着经济进一步崛起和国际地位逐步提升，中国经济在更深、更高层次上对世界经济格局产生重大影响，这将极大地改善中国企业对外直接投资的环境，企业在海外的投资利益会受到国家强有力的保护，增强了企业对外投资的信心。

3. 国内产业链的完善和发达

中国有强大的生产制造实力，是拥有联合国产业分类中全部工业门类的国家，是举世公认的制造业大国，中国的商品种类丰富、物美价廉，深受各国消费者喜爱。2013年中国成为世界第一货物贸易大国[1]，2019年中国货物出口额达到17.23万亿元[2]，中国制造了相当多的电脑、手机、相机、家用电器、家居家纺、服装箱包，很多国家都离不开中国制造，也都受益于中国制造。很多跨国零售商也都极为依赖中国的制造商，沃尔玛2001年将全球采购中心设置在中国深圳，采购量每年以两位数递增，中国已经成为其全球供应链中最大的供应国。全球最大的家具家居用品商——瑞典的宜家家居也在中国设置了采购中心。同时，中国也是家乐福、TESCO、GAP等多家跨国连锁零售商的采购中心。中国强大的制造实力构成了中国零售企业"走出去"的特有优势，

---

[1] 中国政府网 http://www.gov.cn/xinwen/2014-03/01/content_2626353.htm。
[2] 数据来自国家统计局网站。

中国零售企业在本土采购商品必然会大大节省资金成本、交易成本，并缩短交易时间，从而形成中国零售企业的商品优势和价格优势，提高消费者的可选择度，在国际竞争中提升中国零售商的竞争力。随着"走出去"战略和"一带一路"倡议的推进，中国的制造业陆续走出国门，在欧洲、美洲、非洲等地建立生产基地，便利了中国零售企业在海外直接采购，针对当地市场的本土化采购使得商品更易被当地消费者接受。

4. 后金融危机时代的有利时机

2008年的金融危机对世界经济造成了极大冲击，西方国家至今未能实现真正复苏，国民收入下降，居民消费不振，很多知名企业陷入经营困境甚至破产，这其中也包含相当一部分零售企业。2014年，拥有40年发展历史的美国女装零售商Cache向法院申请破产保护，该公司拥有218家门店，大约2652名员工，已连续9个季度亏损，成为当时三个月内美国第五家申请破产的服装零售商；2015年2月，美国第二大电子产品零售商RadioShack退出历史舞台，2400家门店待价而沽；2014年，英国高街服饰零售商Internacionale进入破产管理，全英97家门店将会关闭，导致超过1500名员工失业；极限运动用品零售商Quiksilver 2015财年收入持续萎缩连续五年出现亏损并进入破产重组，Quiksilver 1969年成立于澳大利亚，全球销售点约700个，超过一半收入来自海外市场。欧美经济处于低潮之中，正是中国零售企业出手收购海外优质资产的好时机，这些零售企业都有悠久的历史、知名的品牌、稳定的销售网络和成熟的管理经验，此时出手正如当年亚洲金融危机后，欧美跨国零售商以较低的价格收购东南亚的零售企业一样，具有事半功倍的效果，加以整合即可形成自有的优良资产，并取得在海外市场快速布局的效果。

5. 中国逐步参与国际经济规则制定

二战后,以美国为首的西方国家建立起以世界银行(WB)、国际货币基金组织(IMF)和世界贸易组织(WTO)为核心的世界经济体系,这是以二战后形成的既有权利结构为基础构建的一种世界经济秩序,发达国家通过主导国际经济规则的制定使自己处于国际贸易的有利位置。美国通过垄断国际贸易规则获得巨大的利益。通过摆脱黄金枷锁并与石油交易挂钩,美元成为世界货币,进而通过控制美元的升值和贬值控制世界资本的流动,影响大宗商品流向,或干预他国的货币政策。美国以贸易规则、劳工保护、环境保护等为由,对竞争对手加以诸多限制。现行的贸易规则是为美国霸权服务的,是有利于极少数发达国家的经济规则。对于发展中国家而言,如果与发达国家产生了贸易摩擦或争端,想通过协商、谈判、仲裁等机制解决问题,将很难得到令人满意的结果。2016年,中国共遭遇来自27个国家(地区)发起的119起贸易救济调查案件,其中反倾销91起,反补贴19起,保障措施9起。其中,近半数的贸易救济案件针对中国钢铁产品,21个国家(地区)发起立案调查49起,涉案金额达78.95亿美元,案件数量和金额同比分别上升32.4%、63.1%[1]。被反倾销产品包括农产品、服装、鞋类、轮胎、打火机、化工、钢铁、五金机械、家用电器等4000多个品类,涉及商品、劳务、投资、知识产权等几乎所有领域,且有向范围更广、幅度更大发展的趋势。美国等西方国家还多次以国家安全、反垄断等为借口,否决中国企业的海外收购案。2016年8月,澳大利亚政府拒绝了中国国家电网公司和香港公司长江基建买下该国最大配电网络76亿美

---

[1] 新浪财经 http://finance.sina.com.cn/roll/2017-01-05/doc-ifxzkfuh5510765.shtml。

元控股股权。美国飞兆半导体（Fairchild Semiconductor）拒绝了华润集团和清芯华创出价26亿美元的收购。德国政府撤回对于中资企业收购本国芯片设备制造商爱思强（Aixtron）的批准。中国企业对欧司朗（Osram）旗下灯泡部门Ledvance的收购请求也被德国政府拒绝。中国行业研究网统计数据显示，中国海外并购失败率高达50%～70%。

作为日益崛起的发展中国家，中国的国际影响力越来越强大，与世界经济融合越来越深，企业界和学术界要求中国参与世界经济治理，重构国际贸易规则，改变世界秩序的呼声越来越强烈，中国也积极谋求在国际事务中发挥与自身经济体量相称的作用，正从被动的规则接受者逐渐转变为主动的规则创建者。"十三五"规划建议提出"积极参与全球经济治理。推动国际经济治理体系改革完善，积极引导全球经济议程，促进国际经济秩序朝着平等公正、合作共赢的方向发展。加强宏观经济政策国际协调，促进全球经济平衡、金融安全、经济稳定增长。积极参与网络、深海、极地、空天等新领域国际规则制定。"

2013年中国提出"一带一路"倡议和发起创办亚洲基础设施投资银行，就是中国对现有国际经济规则进行的一次创新。"一带一路"倡议下，贸易、金融、能源、投资、航运等很多贸易条款和争端解决机制都突破了传统贸易规则，被视为对西方国家经济围堵的一个突破。中国连续举办世界互联网大会、主持G20杭州峰会、举办中非合作论坛，都是参与国际经济治理、在国际议题中提高中国声音的体现。中国所倡导的更加包容与开放的合作理念被绝大多数国家所接受，国际社会对中国参与全球经济治理的期待呼声也日益高涨。目前，美国用来围堵中国的TPP已几近被废，而RCEP正稳步推进，"一带一路"倡议顺利实施，与相关国家签署投资保护协定，完善领事保护制度，为中国企业的对外投资保驾护航。中国流通业对外投资迎来"走出去"的好时机，流通企业"走出去"恰逢其时。

二 中国流通企业"走出去"面临的挑战

1. 国际市场竞争激烈

当今世界的流通业由发达国家主导，从进入"全球零售250强"的名单看，超过半壁江山已经被美、日、英、法、德占据，其中美国企业独占1/3。2015财年全球零售百强企业的国际化率已经达到75%，较早进行国际化的跨国零售商已经完成在全球的布局。沃尔玛全球11000多家门店中有55%位于美国本土之外的27个国家，家乐福在全球35个国家经营，也有一半的门店位于海外。由于具有先行优势，这些国际零售巨头已经占据了全球最优质的零售资源，经过几十年的经营，已经在世界范围内形成知名的品牌、稳定的客户群、稳定的采购渠道和成熟的管理理念，具备极强的竞争力。如沃尔玛连续多年稳坐美国流通业头把交椅，同时成为巴西、阿根廷、智利等国的第一大零售商，在中国也位列零售百强前十。当前国际零售市场强手如云，零售巨头们厮杀十分激烈，激烈的竞争迫使零售商走上兼并、联合、规模化的发展道路，零售商数目不断减少，而规模越来越大，零售产业集中度越来越高，国际零售商依托强大的销售网络和资本优势已经控制了全球大部分消费品的销售和生产。在众多跨国零售商全球布局已经完成、世界零售市场瓜分快完毕之际，中国零售企业的"走出去"已经失去先发的时机，面对的是复杂多变、竞争激烈的市场环境，挑战难度之大可想而知。

2. 文化差异

与制造业的对外投资仅建立生产基地不同，流通业的对外直接投资是建立营销终端，涉及的供应链长、环节多，与东道国的各种机构联系更多，与市场联系更紧密。中国特有的文化和制度因素导致中国零售企业与东道国的管理机构、供应商、合作伙伴、竞争对手或是消费者之间产生摩擦的可能性更大。例如，由于受历史原因影响，有些国家错误判断中国零售企业拥有国企背景，阻挠中国企业投资，即便成功进入东道国也有可能受到当地政府或利益集团的干涉而影响发展。由于中国产品物美价廉、竞争力强，中国的零售企业难免会动了东道国企业的"奶酪"，从而招致竞争对手的报复，近年来，国外爆发了多起针对华人商店的打砸抢烧事件。中国独有的文化特点有时和东道国理念会有冲突，如在承担社会责任方面中方做得有些欠缺，会招致当地民众的不满，不利于中国企业良好形象的树立。另外，零售企业经营的品类多是与日常衣食住行有关的食品用品，如果没有充分了解当地风俗习惯的话可能会触及当地人的一些禁忌，造成不好的影响。中国人又不擅长同东道国相关方面进行沟通，冲突得不到有效解决，最终利益损失只能由中方自己承担。

3. 政治风险

政治风险也是中国企业"走出去"面临的风险，政治风险是指由于东道国发生政治事件，或东道国与其他国家发生矛盾冲突等重大事件，而给跨国投资者造成经济损失的风险，包括战争、政变、政治干预、东道国涉外政策调整等，是对跨国投资影响最深、覆盖面最广、破坏力最强的风险。当今世界政治格局不稳定、地缘格局持续变动、国际金融危机的影响迟迟没有散去、民粹主义抬头、恐怖主义事件频发，许多国家的政治经济动荡仍在持续，企业对外投资面临的政治风险加剧。对于初涉国际化的中国零售企业来说，资金实力、管理能力和国际经验尚有欠缺，风险识别和规避能力弱，国际投资的政治风险是对它们的严峻考验，零售企业必须做好调研工作，根据世界政治格局的变化和公司内部实际情况制定可行的投资策略，避开政治风险较高的投资区域。

第六节　中国流通企业"走出去"缓慢的原因分析

从1999年天客隆进军俄罗斯开始，不断有中国流通企业"走出去"的尝试，然而真正意义上走入国际市场的还很少，而且比较分散没有形成规模，成功的案例更是寥寥无几。深挖阻碍中国流通企业"走出去"的障碍，对于今后有针对性地推动中国流通企业"走出去"意义重大。

一　中国流通企业竞争力弱

流通企业迈出国门参与国际竞争归根结底还要依靠实力，有实力才有"走出去"的底气。西方发达国家的流通企业在开始国际化之时已经在国内市场积累了一定的管理经验，技术实力已经达到国际先进的水平，已经具备了在国际市场竞争的实力。例如，美国的沃尔玛在开始国际化之时已经是美国第一大零售企业，具备全美最高的信息化水平，拥有世界上唯一一颗商用卫星，在全球拥有11300多家分店以及电子商务网站。而中国现代流通业仅有30多年的发展历史，虽然近些年在同外资零售商竞争和合作的过程中成长很快，但是相对跨国零售巨头来说，其规模和技术实力普遍偏小和偏弱。另外由于中国市场的特殊性，很多中国零售企业还仅仅算是地方性或区域性的企业，没有成为真正意义上的全国的企业，即使在全国排名靠前的苏宁、国美、大商、华润、永辉等知名企业，也没有进入很多二三线城市尤其是西部城市，更不要说覆盖全国。流通业是规模经济显著的产业，企业的盈利能力、渠道效应乃至零售技术的应用都对规模有严重的依赖，零售商要达到一定的规模才能将采购、仓储、物流、营销的边际成本降低从而提升企业的竞争力。跨国零售巨头通过不断的兼并、收购增大体量，规模越来越大，渠道越来越多，零售技术不断更新，从而获得更高的市场份额。中国流通业缺乏这样的企业，尤其是具有国际影响力、具有供应链整合能力、主导全球价值链的大型零售企业几乎没有。

二 中国流通企业品牌影响力小

知名的品牌具有有效的推广作用，同样适用于流通企业。一家流通企业的品牌代表了该企业的市场定位、商品品质、服务质量，是企业文化的体现，消费者依靠品牌来识别服务。沃尔玛和家乐福进入中国后能迅速被中国消费者接纳很大程度上受益于他们响彻全世界的品牌效应。尤其是在进入一个比母国更成熟的市场时，一个在东道国有分量的品牌会起到事半功倍的作用。在中国零售企业"走出去"为数不多的成功案例中，苏宁在日本收购了当地知名的 LAOX 后一直沿用"LAOX"的品牌，苏宁在海外市场的成功跟品牌效应不无关系。中国零售企业没有树立起强大的品牌，在国际上没有知名度，所以在进入海外市场时自主品牌缺乏，国际影响力缺乏，渠道谈判能力弱，很难与发达国家实力强劲的跨国零售企业抗衡。发展品牌是"走出去"的重要条件之一，中国零售企业应该强化品牌意识，在品牌创建和品牌维护上投入更多的资源。

三　中国流通企业缺乏国际经验

中国流通企业长期局限在国内，没有国际化经营的经验，在"走出去"的实践中对于目标市场的选择、市场进入时机的选择、进入模式和业态的选择缺乏理论指导，投资前市场调研不充分，造成在国际化过程中的很多决策失误，最终导致海外投资失败。例如天客隆在莫斯科的投资，在企业还处于成长期时就做出了进入国际市场的决定，"走"得过于仓促，投资之前缺乏调查研究，没有考虑到中俄两国文化差异，对东道国的市场环境缺乏认识，对管理部门的运行机制了解不深，对可能遇到的困难准备不足，最终经营失败。香港市场的国际化程度很高，国美和苏宁在进入香港市场时的表现有很大差异。国美电器进军香港时对香港与内地市场的差异认识不够，对于竞争对手的实力估计不足，因此在市场进入方式上采取了最不利的自我进入方式，一进入香港就遭遇了始料未及的激烈竞争。前期决策的失误也导致国美在香港市场上的本土化进行得不成功，商业模式和经营方式在当地市场适应性差，只能是铩羽而归。在这一点上，国美的老对手苏宁就做得比较成功，同样是进入香港市场，苏宁就选择以收购香港本地老店镭射的方式进入，耗费少而见效快，镭射在香港几十年的经营底蕴使苏宁迅速融入香港市场，也更容易得到当地消费者认可。

四　中国流通企业承担汇率风险能力差

流通企业的对外直接投资面临很多风险，汇率风险是影响流通企业海外经营获利能力的最主要风险之一。汇率风险是指一个企业组织或经济实体一定时期内在对外经济、贸易管理与运营活动中，以外币表示的资产与负债因为受到外汇汇率的变动而引起企业价值的增加或减少的可能。

跨国流通企业海外经营收益要汇回母国时就面临汇率风险。加入世贸组织之后，人民币汇率受国际因素影响越来越大，国际上关于人民币汇率问题的论战不断升级，从 2005 年 7 月 21 日开始，人民币汇率不再盯住单一美元货币，改为盯住由若干种主要货币组成的一篮子货币，实行有管理的浮动汇率制，自此开始走上长达十年的升值之路，从 1 美元兑换 8.11 元人民币变化为最高达到 1 美元兑换 6.0 元人民币。这对于"走出去"的企业向国内汇回利润是极其不利的，尤其是流通业本身的利润率就不高，遇到不利的汇率变动则辛苦得来的经营成果就会遭受严重的损失。自美联储加息以来，人民币兑换美元虽然处于贬值状态，但兑换其他货币仍保持稳定甚至升值状态，零售企业对外直接投资仍然面临难化解的汇率风险，这也是中国零售企业对于"走出去"顾虑重重的重要原因。

五 中国流通企业"走出去"的政府支持少

我们国家有"重农抑商"的传统思想，历史上重生产而轻流通，认为商业不创造价值，新中国成立以来"无流通论"统治理论界很长时间，严重阻碍了商品流通的发展，直到改革开放才逐渐恢复对流通的正确认识，但是作为一个制造业大国，中国对流通业的重视程度始终没有上升到一定高度。自 2000 年实施"走出去"战略以来，国家和各级政府都将重心放在制造、采矿等行业上，频繁出台政策、发布文件，支持这些行业的企业"做大""做强"，扶持这些行业的企业"走出去"，为它们的对外直接投资创造有利条件。对于高铁、核电、钢铁、建材生产线等装备制造业，从中央到省市地方都设立支持"走出去"专项资金，对这些行业中"走出去"的企业在境外设立研发机构、建立经贸合作区、资源开发、承包工程、品牌并购等方面给予补助或贴息。对于这些支持，流通业却很难获得，尤其是流通业以民营企业居多，从政府渠道获得资金、补助、补贴的渠道少，还面临税费重、融资难、上市难等问题，这也是零售企业"走出去"面临的困难。

第四章
发达国家和发展中国家的
流通企业国际化经验
——以零售企业为例

  流通国际化始于 20 世纪五六十年代，当时只是零散的几家零售企业尝试性地涉足海外经营，国际化还只是一种新现象。直至 20 世纪八九十年代，受困于国内市场的饱和以及政府严厉监管对大企业发展的不利，发达国家的零售商开始大规模地跨越国界到海外市场寻求机会，并且这种国际化的发展势头愈加强劲。到 90 年代以后，随着新兴市场国家经济的迅速发展，流通企业国际化又出现了新现象，大批来自发达国家的跨国零售商开始向亚洲、中东欧、拉丁美洲等新兴市场扩张，以期在未来享受新兴市场长期的回报（Wrigley，2001）。同时，来自发展中国家的零售企业正快速地成长，在国内市场竞争日益激烈的背景下，也试图通过国际化来扩大市场份额。

第四章 发达国家和发展中国家的流通企业国际化经验

第一节 全球流通业的发展情况和国际化状况

流通业是连接生产和消费的中间环节，也是重要的就业渠道，与人民的生活息息相关，对于一个国家/地区经济的健康运行有重要的意义，流通业的繁荣或萧条直接反映该国/地区的经济活跃与否，人民生活水平的高低，可以说流通业是经济的晴雨表。在全球化时代，在网络技术和通信技术的助推下，流通企业纷纷走出国门参与国际竞争，成为世界经济舞台上一支重要力量，其中零售企业表现更为突出。

一 全球零售业的总体发展情况

网络调研公司 eMarketer 的数据显示，2019 年全球零售（包括实体店零售和网络零售）销售额达到 25 万亿美元（见图 4-1），预计未来几年全球零售市场将继续保持 4.5% 左右的稳定增长。与此同时，零售企业的成长也十分迅速，2018 财年全球最大的 250 家零售企业总收入达到 4.73 万亿美元，而其中的前十强就贡献了 32.2%。在 1993 年还没有零售企业被列入全球一百大跨国公司名单，到了 2019 年就有 36 家了，其中美国著名的零售企业沃尔玛公司自 2002 年首次荣登《财富》世界 500 强榜首后至 2019 年有 14 次位居世界 500 强之首。

二 零售商的市场主导能力

在传统的产业链中制造厂商是决策中心，随着生产力的发展，20 世纪 80 年代以来，世界经济由短缺经济转变为过剩经济，

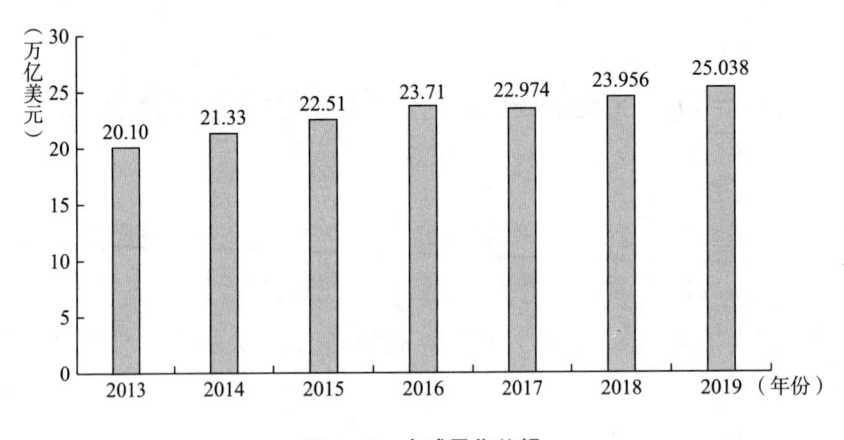

图 4-1 全球零售总额

资料来源：网络调研公司 eMarketer。

商品的丰富使消费者变得更加主动和个性化，不再是由生产决定消费，反过来是由消费决定生产，市场力量向零售商倾斜，大型零售商作为销售终端的优势逐渐显现出来，成为产业链的主导。制造厂商的统治地位发生了动摇，其生产决策和商品实现越来越依赖零售企业。零售企业在这一转变中变得更加积极，由原来被动等待制造厂商提供产品变为积极收集市场信息，分析市场需求，独立做出决策，主动要求制造厂商提供符合市场需求的产品，以及时满足消费者。在这一过程中零售商凭借其市场前沿的地位，通过自有品牌、产品定制、自建生产基地、参股上游企业等策略，加强对制造企业的控制，将市场交易内部化，达到缩短供应链、降低交易成本、提高交易效率的目的，成为产业链中最活跃的环节，链上的其他企业都必须更靠近零售商才能获得生存和发展的机会，零售商的谈判实力和市场控制力得到空前的提升。

三 发达国家跨国零售企业的主导地位

伴随经济全球化的深入，跨国公司越来越成为市场活动的主

第四章　发达国家和发展中国家的流通企业国际化经验

体，国际流通业也表现为跨国公司之间的竞争。在经济危机的重新洗牌中，兼并、收购、国际化成为跨国零售商快速扩张的手段。目前，世界零售格局仍然是发达国家的大型零售商居于绝对主导地位，2018 财年的"全球零售 250 强"中 208 家是发达国家/地区的零售商，占总数的 83.2%，前 50 强中除中国的京东和俄罗斯的一家企业外全部来自发达国家/地区，美国的沃尔玛公司连续十几年稳居第一的位置，麦德龙、克罗格、TESCO、施瓦茨集团等也始终位于前十。在经营绩效方面，美国、欧洲、日本三大传统零售强国/地区的营业收入分别占"全球零售 250 强"总收入的 44.8%、34.4%、6.7%。可以说，发达国家依然是全球零售市场最主要的力量，美国、欧洲、日本以绝对优势处于不可撼动的霸主地位。图 4-2 为 2018 财年"全球零售 250 强"的地理分布。

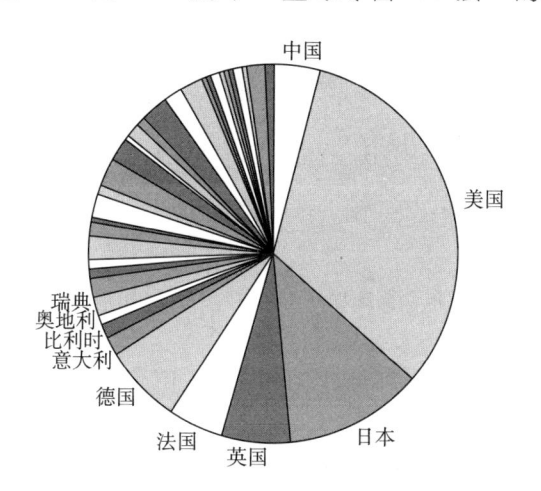

图 4-2　2018 财年"全球零售 250 强"地理分布
资料来源：德勤 Global Powers of Retailing 2020。

四　发展中国家零售业的总体发展情况

发展中国家零售业的发展水平整体上落后于发达国家，但是发展速度非常快。在受经济危机影响全球经济衰退、发达国家消费疲软的情况下，受益于日益壮大的中产阶级和青年人口的增长，新兴市场和转型经济体的零售企业收入仍然实现较大幅度增长，过去十年发展中国家在人口增长、零售面积和流通业绩增长上的速度都高于发达国家。2003 财年，仅有 10 家来自发展中国家的企业进入"全球零售 250 强"，到 2018 财年就有 42 家发展中国家的企业跻身其中（见表 4-1、表 4-2）。2018 财年"全球增长最快的 50 家零售企业"中有 20 家来自发展中国家，而 2003 财年才仅仅有 4 家（见表 4-3）。德勤公司的全球零售领导人维奇·恩格称，"中国等大型新兴市场的增长预计每年为全球新增至少 7000 万名中产阶级消费者，至 2020 年将新增 5 亿中产消费者，将为消费带来巨大的机会"。中国无疑是新兴市场中表现最突出的，2019 年社会消费品零售总额为 40.8 万亿元，比上年名义增长 8%，由于看好中国市场的消费潜力，"全球零售 250 强"中已有超过 30 家进入中国市场。在全球经济不景气的情况下，发展中国家迸发出的活力有望带旺全球零售市场。

表 4-1 2018 财年"全球零售 250 强"中发达国家/地区的企业数量

单位：家

序号	所在国家/地区	企业数量	序号	所在国家/地区	企业数量
1	美国	77	10	意大利	4
2	日本	29	11	瑞典	3
3	德国	19	12	瑞士	4
4	英国	14	13	韩国	5
5	法国	12	14	比利时	2
6	加拿大	7	15	丹麦	3
7	荷兰	5	16	挪威	3
8	西班牙	5	17	奥地利	3
9	中国香港	4	18	芬兰	2

续表

序号	所在国家/地区	企业数量	序号	所在国家/地区	企业数量
19	葡萄牙	2	21	中国台湾	1
20	澳大利亚	4		合计	208

资料来源：德勤 Global Powers of Retailing 2020。

表4-2 2003~2018财年"全球零售250强"中来自发展中国家的企业数量

单位：家

年份	2003	2004	2005	2006	2007	2008	2009	2010
企业数量	10	12	14	21	23	26	28	28
年份	2011	2012	2013	2014	2015	2016	2017	2018
企业数量	31	32	31	37	37	41	38	42

表4-3 2003~2018财年"全球增长最快的50家零售企业"
中来自发展中国家的企业数量

单位：家

年份	2003	2004	2005	2006	2007	2008	2009	2010
企业数量	4	5	9	13	13	19	18	18
年份	2011	2012	2013	2014	2015	2016	2017	2018
企业数量	20	22	25	24	26	21	23	20

五 零售业的业态创新和多样化

经济的发展和技术的进步无时无刻不在改变人们的生活方式和消费观念，零售商也都加快改革的步伐以适应消费者需求的变化，并反映在流通业态的不断创新上。1852年，第一家百货商场在巴黎诞生，结束了细小分散的零售，提高了销售效率，满足了消费者对舒适环境和低廉价格的要求，被称为第一次零售革命。之后第二、第三次零售革命分别诞生了连锁商店和超级市场。20世纪70年代以后，专卖店、便利店、购物中心、无店铺销售等新型流通业态层出不穷，从不同方面为消费者提供方便和各种附加服务。近几年电子信息技术和互联网的发展催生了第四次零售革命，电子商务、网络零售在全球迅速发展，网上商店使零售从订单到支付、物流、消费乃至生产都发生了翻天覆地的变化，越来越受到消费者的欢迎，正以迅猛的速度发展着。

为了扩大市场份额，吸引不同类型的消费者，大型零售企业不再像以前的单一业态经营，而是同时发展几种业态，业态的融合和多样化成为当今世界流通业的一大特点和趋势。像沃尔玛、家乐福都同时拥有大卖场、现购自运店、超级市场、折扣店、便利店等多种经营业态，分别发挥各种业态的长处，满足消费者需求的多样性和多层次性。

六 零售业经营国际化

在全球化时代，国际化是世界流通业的一个重要特征。受到经济发展、人口结构、政策管制的约束，零售商在本土的发展受到限制，纷纷向海外发展寻求出路，20世纪八九十年代开始形成一股国际化的高潮。21世纪，各大跨国零售商更是通过收购、兼并等方式不断进行渗透和重组，向新的市场延伸，国际化活动已经成为流通业司空见惯的行为。为了进一步描述全球零售企业国际化现状，根据德勤公司发布的 *Global Powers of Retailing 2020* 所公布的"世界零售250强"数据对全球零售企业的国际化状况进行统计分析。2018财年"全球零售250强"分布在35个国家和地区（见表4-4），在两个或两个以上国家或地区经营的企业达到162家，国际化率达到64.8%，这一比例在2005财年仅为57.2%，如图4-3所示，"全球零售250强"的国际化率除2008年和2009年受金融危机影响有所下降外，整体呈上升趋势。随着

第四章　发达国家和发展中国家的流通企业国际化经验

表4-4　2018财年"全球零售250强"所在国家/地区分布

单位：家

序号	所在国家/地区	企业数量	序号	所在国家/地区	企业数量
1	美国	77	19	丹麦	3
2	日本	29	20	挪威	3
3	英国	14	21	奥地利	3
4	德国	19	22	芬兰	2
5	法国	12	23	葡萄牙	2
6	中国	9	24	澳大利亚	4
7	加拿大	7	25	巴西	4
8	俄罗斯	5	26	智利	2
9	意大利	4	27	泰国	2
10	荷兰	5	28	阿联酋	2
11	墨西哥	5	29	中国台湾	1
12	中国香港	4	30	土耳其	2
13	南非	5	31	印度尼西亚	2
14	西班牙	5	32	克罗地亚	1
15	瑞典	3	33	印度	1
16	瑞士	4	34	菲律宾	1
17	比利时	2	35	立陶宛	1
18	韩国	5		合计	250

资料来源：德勤 Global Powers of Retailing 2020。

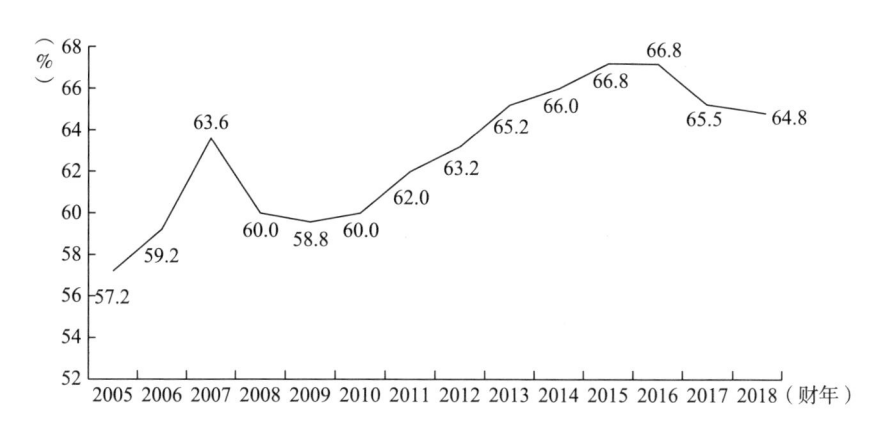

图4-3　2005~2018财年"全球零售250强"国际化率
（2005: 57.2; 2006: 59.2; 2007: 63.6; 2008: 60.0; 2009: 58.8; 2010: 60.0; 2011: 62.0; 2012: 63.2; 2013: 65.2; 2014: 66.0; 2015: 66.8; 2016: 66.8; 2017: 65.5; 2018: 64.8）

全球经济一体化的不断推进，零售国际化也由原来仅在发达国家之间进行发展为发达国家向发展中国家渗透，中国、巴西、印度、俄罗斯等新兴市场成为零售国际化的目标市场，各大零售商不断掀起并购整合的浪潮。随着发展中国家流通业的蓬勃发展，发展中国家的零售企业也都主动或被动地加入国际化的浪潮，跨国经营成为当今世界零售领域的一个普遍行为。

七　流通业的零售数字化

电子商务的异军突起和迅猛发展着实令人惊讶，经济、便捷的购物方式越来越受到消费者，尤其是年轻消费者的喜爱，网络零售的商品种类、比重、区域、范围越来越大。国内知名电商智库网经社电子商务研究中心发布的《2019年全球电子商务数据报告》的数据显示，2018年全球网络零售交易额达2.97万亿美元，其中中国13095亿美元、美国5200亿美元、英国2910亿美元、日本1790亿美元、德国1305亿美元。另外，中国网络零售交易规模占28国总交易规模的44%。就网购消费者数量而言，前十大电商市场分别是中国、美国、日本、德国、英国、巴西、俄罗斯、法国、韩国和印度，电子商务成为未来流通业增长的新的驱动力。在数字化大潮下，在新型电子商务零售企业的挑战下，传统的零售商不得不加入电子网络零售领域，沃尔玛、梅西百货、TESCO、卡西诺等都开通了在线流通业务，中国企业中进入"全球零售250强"的就有京东、苏宁、唯品会三家电商。

中国是全球最大的B2C电商市场，B2C销售额和网购消费者数量都是最高的。网经社电子商务研究中心（100ec.cn）监测数据显示，2018年中国网络零售市场交易规模就达8.56万亿元，同比增长19.38%，占社会消费品零售总额的22.5%。2018年中国网购用户规模为5.7亿人,较上年增长6.94%。

在目前全球互联网普及率还不足50%的情况下,全球电商市场仍有巨大的发展潜力,随着以印度、巴西等发展中国家为代表的新兴电商市场的进一步开启,发达国家电商不断地往这些新兴市场输送经验、人才和资本,全球电商发展将迎来前所未有的空间,市场规模也将再上一个新台阶。

第二节 发达国家的零售国际化

流通国际化主要表现为零售国际化。零售国际化起始于发达国家,资本主义国家很早就确立了市场经济制度,主张自由竞争,企业按照利润最大化原则在全世界配置资源,当国内效率低下时自然就会向国外扩张,零售国际化就是一个突破国界限制、向外部市场寻求规模经济、提高资源配置效率的过程。

一 美国零售国际化

美国拥有3.2亿人口,2019年人均收入4万美元,是世界上最大的发达国家,也是流通业最发达的国家,有世界上最庞大的零售产业,培育出了多家国际首屈一指的大型零售企业,领导了多次零售领域的革新,连锁商店和超级市场均诞生于美国,美国至今仍引领世界零售潮流。

1. 美国零售业的发展阶段

第一阶段,殖民时期。独立战争以前,北美13个州作为英国的殖民地主要功能是向英国输送大宗产品,局限于当时的人口数量和生产环境,许多生活必需品都是自给自足的,殖民地内部的贸易微乎其微，主要是当地的一些手工艺品和从英国进口的制成品。当时还没有产生大城市，移民据点而居，商业形式主要是流动商贩，他们用马车载货，从一个移民点到另一个移民点，大多数是以物易物。后来逐渐由一些英国商人雇用当地人为代理，在个别移民据点建立零售店，逐渐形成集进口、批发、零售、运输功能于一身的坐商。

第二阶段，从美国建国到南北战争时期。建国后美国确立了联邦制，由国会全权协调各州之间贸易，货物和要素可以自由流动，形成了统一的国内市场，西部的开发形成了辛辛那提、匹兹堡等一批重要城市，北方工业化进程开始启动，制造业开始蓬勃发展，东北部成为制造业和金融业的中心，公路、铁路的修筑和水路交通的发达加快了城市间的沟通，人口也迅速膨胀，这些都预示着美国国内商业的兴起。在大城市，进口商、批发商、零售商、经济公司已经独立出来，出现了专业的商人，杂货店依然占据主导地位，但已经不能满足人们的需求，专业的五金店、服饰店、食品店等开始显现优势。

第三阶段，南北战争结束到20世纪中叶。南北战争结束，资本主义生产关系在全美建立起来，美国加快了工业发展的速度。19世纪70年代以电力的广泛使用为标志的第二次工业革命爆发，铁路和电报的运用加快了物流和商业信息传播的速度，为大公司的成长提供了条件，也促使一大批巨型制造企业得以诞生，到80年代中期美国的工业产值就赶上了英国，20世纪初美国的工业产值就占到世界工业总产值的30%。生产力的进步带来了物质的丰富，之后美国出现了大规模生产和大批量消费，与此相适应，流通领域也建立了大规模的分销体制，大批发商一度在商业中占据主导地位。19世纪后期，一些制造业企业开始设立自己的批发和分销体系，一些大型零售企业也开始直接向制造商购买，再卖给终端消费者，批发商的地位逐渐下降。流通业大型化是这一时期的特点，百货公司、邮购、连锁店、超级市场都在这一时期诞生，新型业态大获成功，这一时期被认为是美国现代流通业形成的时期。

第四阶段，20世纪50年代至今。美国战后经济的恢复和"婴儿潮"的到来带来了异常活跃的大众消费市场，流通业也经历了一个快速成长的时期。连锁店在美国国内获得空前的发展，百货公司、药店、超级市场都以连锁形式在全美扩张。新型流通业态不断涌现，折扣百货店、大型仓储俱乐部、购物中心都对传统的零售形式发起了挑战，网上购物的出现指引了未来零售发展的方向。当今美国知名的大型零售企业，如梅西百货、卡马特、J. C. 彭尼、克罗格、沃尔玛等，在这一时期均已诞生或已有了较好的发展。在现代信息技术和通信技术的支持下，这些大零售商不断进行着突破和创新，成长为商业巨人，最终走出国门参与国际竞争，影响商品和资本在国际市场上的流向。

2. 美国零售业的特点

（1）国内市场容量大

美国成为世界上流通业最为发达的国家之一，得益于其国内强大的消费市场。美国是世界上经济最发达的国家，也是全世界最大的消费品市场。2016年美国的GDP是18.6万亿美元，人均收入超过3万美元，美国人极少储蓄，消费意识强，喜欢购物。经济体量大，国内购买力强，能够带给零售企业规模经济效应，有利于培养超大型的零售企业，更快地积累资本和经验，从而具备扩大规模和技术创新的能力，提高了美国零售企业的竞争力。美国有世界上最多的知名零售企业，2018财年全球最大的十家零售企业中有六家来自美国,分别是沃尔玛(Wal-Mart)、好市多(Costco)、克罗格(Kroger)、沃尔格林(Walgreen)、家得宝(The Home Depot)、亚马逊(Amazon),它们的绝大部分利润来自美国国内,其中克罗格完全在美国国内经营。

(2) 文化多元化和需求多样化

美国是一个由移民组成的国家,有欧洲裔、非洲裔、亚洲裔、西班牙裔和土著的印第安人等,形成一个多元文化的国度,不同族裔有不同的需求,零售商不得不特别注意少数族裔的特殊需求。近些年,美国零售市场的增长很重要的一部分来自拉美裔、西班牙裔和亚裔美国人的市场,不同族裔的居民带来文化的多元化和需求的多样化,形成有利于国内零售企业发展的环境。

(3) 信用消费普遍

美国是典型的消费主导的经济增长模式,认为消费才是推动经济发展的法宝。近年来,美国的个人消费一直占 GDP 的 70% 以上,而且美国人提前消费意识很强,信用卡在美国使用得十分普遍,美国人均持卡 2.9 张,大到购物中心、仓储超市,小到街边买杯咖啡都可以刷卡消费。为鼓励消费,美国的信用卡花样百出,几乎每个商家,如梅西百货、GAP、BANANA REPUBLIC 等都有自己的联名信用卡,为了维护客户的忠诚度,刷卡消费都会给予 5%~20% 不等的优惠,信用卡积分还会获得一定额度的返现。存款利息低再加上信用卡优惠的刺激使美国民众都积极地花钱消费。除此之外,美国还有各种消费信贷,如助学贷款、汽车贷款、耐用消费品贷款、二次住房抵押等充分满足了消费者对消费信贷多样化的需求。

(4) 持续创新,引领世界

美国的零售史本身就是一部创新史。现代流通业的业态更

第四章 发达国家和发展中国家的流通企业国际化经验

迭、新技术应用、先进的零售理念大部分产生于美国。一方面，美国居民消费能力强，对商品要求高，挑剔的顾客激励零售企业不断创新以满足市场需求，世界上第一家超级市场、连锁店、购物中心、无店铺销售等都诞生在美国。另一方面，美国零售企业数量众多，竞争异常激烈，为在竞争中生存企业不得不提高效率、降低成本、应用新技术、改进管理方法，"一站式购物"、顾客体验、顾客协助、节日促销都是美国零售企业最先采用的营销策略，如今在全世界被广泛采用。近百年来，美国零售企业一直引领世界零售的潮流。

3. 美国零售企业国际化的实践

连锁店的诞生是 20 世纪流通业一项最伟大的变革，它使零售突破了规模和地域的限制，零售企业不再被商圈所圈定，通过复制不仅可以在全国开店，还可以走出国界将店铺开到全世界。伍尔沃思（Woolworth）于 1907 年在美国以外开设第一家分店，是美国零售企业国际化的开始，但直到 20 世纪五六十年代国际化才正式展开。依靠强大国内市场成长起来的美国零售企业无论在商品、规模还是技术上都领先于他国的竞争者，具有较强的竞争力，一直走在国际化的前列，是零售国际化的主流。

（1）沃尔玛的国际化

沃尔玛是当今世界排名第一的零售企业，于 1962 年成立于美国阿肯色州的罗杰斯城。创始人山姆·沃尔顿是流通业内具有传奇色彩的人物，出生于美国大萧条时期，经历过战争的沃尔顿十分注重节俭，他倡导的"平价"理念一手缔造了沃尔玛这个世界级的零售巨头。截至 2017 年沃尔玛已经实现在北美、拉美、欧洲、亚洲和太平洋地区的 30 个国家和地区经营，在全球开设了超过 11000 家门店，全球雇员超过 220 万，每周光临沃尔玛实体店和网店的顾客达 2.6 亿人次，2018 财年沃尔玛实现净销售额 5003.43 亿美元。2001 年沃尔玛首次荣登美国《财富》杂志评选的世界 500 强企业排行榜的首位，此后又多次蝉联第一。

沃尔玛国际化的启动晚于欧洲竞争者，但是发展很快。20 世纪 90 年代之前，沃尔玛的业务重心都集中于美国国内市场，直到 1991 年美国境外的第一家店铺在墨西哥的墨西哥城开业才开始了漫漫国际征程。沃尔玛海外扩张的速度非常快，1992 年沃尔玛海外商店只有 10 家，不到全部门店的 0.5%，仅用了 3 年时间到 1995 年就达到了 223 家，接近其门店总数的 8%，2000 年海外门店就已经超过了 1000 家，占门店总数的 25%，2011 年沃尔玛海外门店为 4557 家，首次超过了美国国内门店数 4413 家。到了 2019 年 12 月，沃尔玛已经在加拿大、墨西哥、智利、阿根廷、英国、中国、印度等国家和地区经营 5993 家海外门店（见表 4-5），占其店铺总数 11361 家的 52.8%（见表 4-6、图 4-4、图 4-5）。

表 4-5 2019 年沃尔玛海外店铺分布情况

单位：家

国家/地区	零售	批发	其他	总计
非洲（13 国）	346	90	—	436
阿根廷	92	—	—	92
加拿大	411	—	—	411
中美洲（5 国）	811	—	—	811
智利	363	8	—	371
中国	420	23	—	443
印度	—	22	—	22
日本	332	—	—	332
墨西哥	2279	163	—	2442

第四章 发达国家和发展中国家的流通企业国际化经验

续表

国家/地区	零售	批发	其他	总计
英国	615	—	18	633
总计	5669	306	18	5993

资料来源：*Walmart 2019 Annual Report*。

表4-6 沃尔玛门店数量统计

单位：家

年份	美国门店	海外门店	门店总数
1995	2610	223	2833
1996	2667	276	2943
1997	2740	314	3054
1998	2805	601	3406
1999	2884	868	3752
2000	2985	1004	3989
2001	3118	1071	4189
2002	3244	1170	4414
2003	3400	1288	4688
2004	3551	1355	4906
2005	3702	1587	5289
2006	3856	2285	6141
2007	4022	2757	6779
2008	4141	3121	7262
2009	4258	3615	7873
2010	4304	4112	8416
2011	4413	4557	8970
2012	4479	5651	10130
2013	4625	6148	10773
2014	4835	6107	10942
2015	5163	6290	11453
2016	5229	6299	11528
2017	5332	6363	11695
2018	5358	6360	11718
2019	5368	5993	11361

资料来源：*Walmart 2019 Annual Report*。

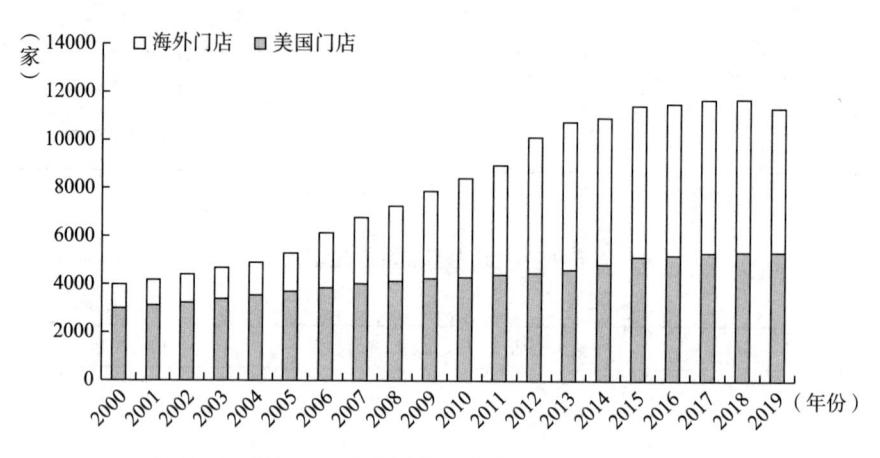

图 4-4　2000~2019 年沃尔玛国内和海外门店数量对比

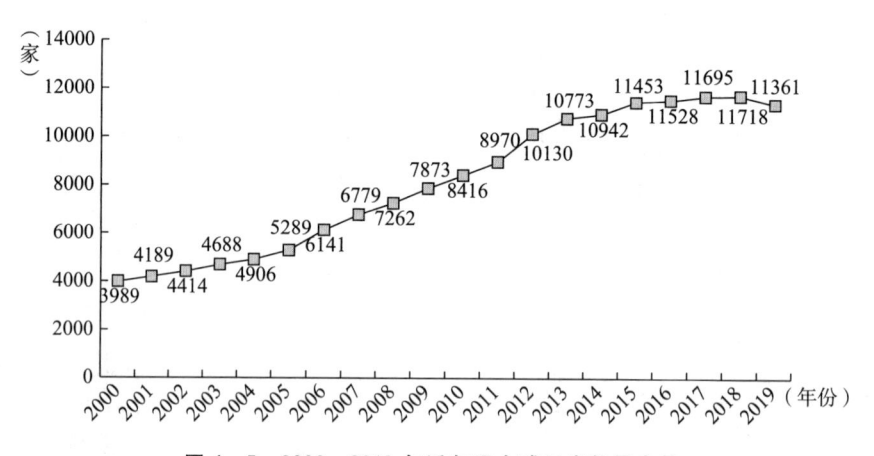

图 4-5　2000~2019 年沃尔玛全球门店数量走势

海外扩张也给沃尔玛带来了可观的收益，成为其市场份额的重要组成部分，海外市场的拓展对沃尔玛整个企业的贡献率不断提高。在国际化元年即 1991 年，沃尔玛的净销售额只有 32602 万美元，2000 年就达到了 165013 万美元，增长了 4 倍，其中来自海外的净销售额为 22728 万美元（不含山姆会员店），占总销售额的 13.78%，此后的 2013 年和 2014 年海外市场的贡献率最高达到 29%（见图 4-6、图 4-7）。

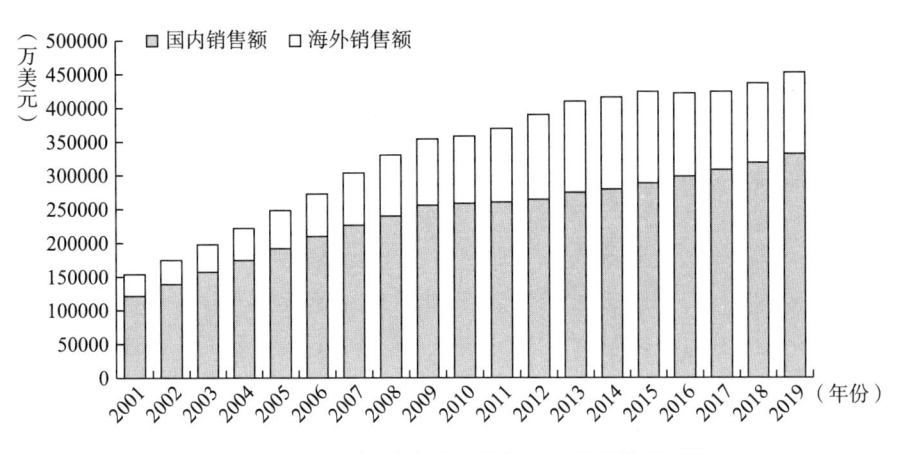

第四章　发达国家和发展中国家的流通企业国际化经验

图4-6　2001~2019年沃尔玛国内、外销售额对比

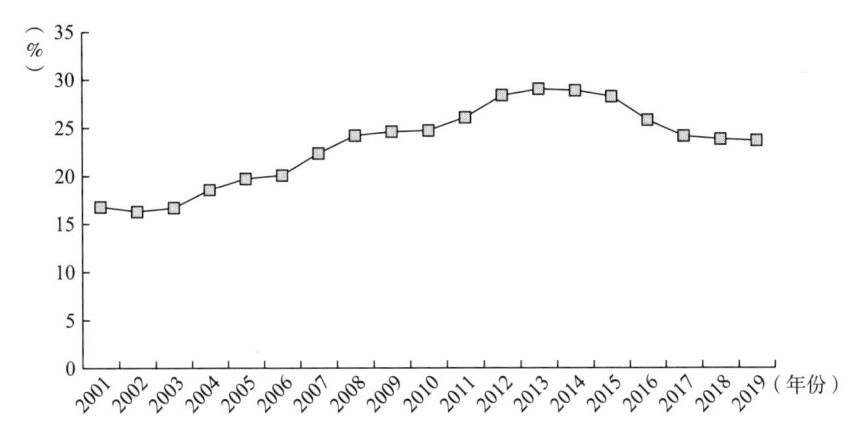

图4-7　2001~2019年沃尔玛海外市场销售贡献率

立足国内市场，发展海外市场，沃尔玛在全球化过程中逐步成为世界零售巨头，从2002年开始14次荣登《财富》世界500强的榜首，成为世界上最大的也是最赚钱的零售商，无论是销售额还是净利润都居世界第一，稳坐全球流通业第一把交椅（见表4-7）。

表 4－7　2001～2019 年沃尔玛进入《财富》世界 500 强情况

单位：万美元

年份	排名	营业收入	利润
2001	2	193295	6295
2002	1	219812	6671
2003	1	246525	8039
2004	1	263009	9054
2005	1	287989	10267
2006	2	315654	11231
2007	1	351139	11284
2008	1	388799	12731
2009	3	405607	13400
2010	1	408214	14335
2011	1	421849	16389
2012	3	446950	15699
2013	2	469162	16999
2014	1	476294	16022
2015	1	485651	16363
2016	1	482130	14694
2017	1	485873	16899
2018	1	500343	9862
2019	1	514405	6670

（2）沃尔玛国际化历程

沃尔玛的国际化过程可以分为四个阶段。1991～1994 年是第一阶段，进入邻近的市场（加拿大、墨西哥、波多黎各）。第二阶段是从 1993 年沃尔玛国际部正式成立到 1998 年，这一阶段基本上以世界市场为重点，各种市场进入（巴西、阿根廷、中国、印度尼西亚、德国、韩国）使用不同的方法，并开发不同的模式。第三阶段是 1998～2011 年，更多考虑的是以结果为导向的更经济的开发。第四阶段是 2011 年以后，经过金融危机洗礼后在全球进

第四章 发达国家和发展中国家的流通企业国际化经验

行深度调整。

①1991年,同墨西哥本土零售商西弗拉(Cifra)合资开设了山姆会员店。1997年控股西弗拉,沃尔玛在墨西哥市场发展得比较顺利,是最主要的海外市场。

②1992年,进入波多黎各等中美洲国家。

③1993年,沃尔玛国际部成立,波比·马丁出任首任总裁兼首席执行官。

④1994年,与泰国易初莲花公司(现更名卜蜂莲花)合资,打进香港市场,开设了3家ValueClub折扣店。

⑤1994年,沃尔玛并购加拿大伍尔科(Woolco)公司,获得了伍尔科的122家店铺,并成功进军加拿大市场。

⑥1995年,收购巴西的Bompreco公司的118家商店,2005年收购了巴西Sonae公司,沃尔玛一跃成为巴西第三大零售商,同时计划于1996年在巴西新开80~90家门店。

⑦1995年,进入阿根廷市场。

⑧1996年,在亚洲积累了一定经验的沃尔玛决定进入亚洲最重要的市场——中国内地,考虑到中国的购买力水平,沃尔玛选择了折扣店。

⑨1998年,收购德国维特考夫(Wertkauf)的21家连锁店,进入德国,为实施快速扩张1999年又收购了施帕尔贸易公司(Spar Handels)的80家店,突入欧洲。

⑩1998年,沃尔玛兼并韩国一家小型零售商进入韩国市场,1999~2004年,沃尔玛又在韩国开设了16家卖场。

⑪1999年,收购英国的连锁超市集团阿斯达(Asda),开启了在英国的成功经营。2002年,收购英国著名连锁公司西夫伟(Safeway),后来沃尔玛相机撤出德国、法国,英国成为其在欧洲

的唯一阵地，同时也是沃尔玛最大的海外收入来源地。到2015年，沃尔玛在英国共有门店592家。

⑫2002年收购日本西友公司部分股份，进入日本。

⑬2005年，沃尔玛从阿霍德（Ahold）手中收购中美洲零售控股公司51%的股权，改名为"沃尔玛中美洲公司"，进入中美洲的哥斯达黎加、萨尔瓦多、洪都拉斯、危地马拉和尼加拉瓜五国。沃尔玛在该地区的经营颇为成功，是沃尔玛稳定的利润来源地区，2015年该地区已经拥有690家沃尔玛门店。

⑭2007年，进入印度市场。尽管印度还没有开放零售市场，沃尔玛与本土的巴蒂集团（Bharti Group）合资成立一家公司，开设现购自运店。

（3）沃尔玛国际化的时机选择

沃尔玛将国际化的时机选择在已经在国内取得了非常辉煌的成功之后。截至1991年1月31日，沃尔玛已经在美国国内有1573家店铺和148家山姆会员店，遍及美国35个州，平均每个州拥有49.17家沃尔玛商店。在此之前，1982年沃尔玛跻身《商业观察》评选全美管理最佳的5家公司榜单；1985年沃尔玛创始人山姆·沃尔顿被《福布斯》杂志评为全美第一富豪；1988年被《财富》杂志评为全美十大最卓越公司中的第九名，1989年上升至第五名；1990年沃尔玛实现销售额326亿美元，较上年实现26%的增长，比三年前翻了一番，凭借这一业绩沃尔玛击败了最大的竞争对手百年老店西尔斯百货（Sears），成为美国第一大零售商。可以说沃尔玛已经在美国国内取得了成功。欧洲大多数零售商早已开始了国际化征程，同样诞生于20世纪60年代的家乐福早在70年代中期就开始了国际化征程，并于1989年进入美国，在费城开设了首家超市。在荷兰，阿霍德1974年就把目光投向了西班牙，并陆续在英国、法国、德国开了多家店。宜家、TESCO、麦德龙也都已经迈出了国际化的一步。

（4）沃尔玛国际化海外市场扩张的路径

沃尔玛在美国国内的扩张战略就是"农村包围城市"，立足小镇，先在小镇取得成功，再以此为据点向周边扩张，使沃尔玛遍布整个州，当州市场做到饱和时，再向外扩张，逐步将整个地区做到饱和，再由本地区向全美国发展，就这样像"滚雪球"一样，稳扎稳打，逐渐将市场填满，这被称为"市场饱和"战略。沃尔玛海外扩张路径也遵循了这一战略，将地理和市场临近的拉美作为海外市场的突破口，将国际化的风险和阻力降至最低，因此国际化的第一站即选择了同属北美自贸区的邻国墨西哥（1991年），随后在1994年收购加拿大零售商伍尔科（Woolco）进入另一个邻国加拿大。地理空间、文化以及收入水平的接近使沃尔玛在墨西哥和加拿大的经营得心应手，国际化取得初步成果。完成对邻国市场的占领后，带着初步积累的国际经验，沃尔玛又将目标指向巴西（1995年）、阿根廷（1995年）以及中美洲国家和地区（波多黎各，1992年）。接下来，以日本（1992年）和中国香港（1994年）为跳板打入亚洲市场，1996年进入中国内地。1998年借道德国进入竞争最为激烈的欧洲市场。可见，沃尔玛国际化是遵循由近及远、由易到难、从熟悉到陌生的步骤逐步进行的。

（5）沃尔玛国际化的进入方式

沃尔玛进入国际市场的方式主要有三种：①合资，寻找当地合作伙伴；②收购，对市场中现存的零售商进行全部或部分收购；③自营，通过自行组建分店的形式进入一个国家（见表4-8）。沃尔玛根据目标市场的经济发展水平、地理距离的远近、文化习俗及消费习惯的相似程度,针对不同的目标市场,分别采取不同的进入方式。对于与美国相似程度高的市场,采用控制程度高的方式;对于与美国差异大的市场,采用控制程度低的方式。

表4-8 沃尔玛国际化的进入时间和进入方式

地区	国家/地区	进入时间	进入方式
美洲	墨西哥	1991年11月	合资
	波多黎各	1992年8月	自营
	加拿大	1994年11月	收购
	巴西	1995年5月	收购
	阿根廷	1995年8月	自营
	哥斯达黎加	2005年9月	收购
	萨尔瓦多	2005年9月	收购
	危地马拉	2005年9月	收购
	尼加拉瓜	2005年9月	收购
	洪都拉斯	2005年9月	收购
	智利	2009年1月	收购
欧洲	德国	1998年	收购
	英国	1999年7月	收购
亚洲	中国内地	1996年8月	合资
	韩国	1998年7月	收购
	日本	2002年3月	收购
	印度	2007年8月	合资

二 欧洲的零售国际化

欧洲零售业历史久远,历史上曾多次引领零售业变革的潮流,如19世纪20年代的"新奇物品商店"(Novelty shop),1829年的"第三区"(Aux Trois Quartiers),1924年的"美丽园丁"(La Belle Jardiniere),掀起了全球第一次零售业高潮。1852年,

第四章 发达国家和发展中国家的流通企业国际化经验

世界上第一家百货商场波马尔谢商店（Bon Marche）在巴黎诞生，获得了巨大的成功，成为第一次零售革命的标志，此后在自由和充分竞争的欧洲市场上零售业得到了充分的发展。受二战的影响，战后欧洲的零售业受到重创，逐渐被美国超越，但如今零售业在欧洲的国民经济中仍占有较高的份额，对促进欧洲经济发展发挥着重要的作用。2013年，欧盟零售与批发行业年产值占欧盟GDP的11%，提供近3000万个就业岗位，占欧盟总就业人数的15%。流通业竞争力的提升对于确保欧盟经济增长和就业至关重要，欧洲市场也培育了数量众多的知名零售商（见表4-9），它们的规模和影响力都很大，因此政府和消费者对流通业都很关注。

表4-9　2018财年"世界零售百强"中的欧洲零售商

排名	公司名称	国家	主营业态
4	施瓦茨集团	德国	折扣店
8	阿尔迪公司	德国	折扣店
10	特易购	英国	超级市场/超级购物中心/大型超市
12	阿霍德集团	荷兰	超市
16	艾德卡公司	德国	超市
18	欧尚集团	法国	超级市场/超级购物中心/大型超市
20	雷韦集团	德国	超市
21	勒克莱尔公司	法国	超级市场/超级购物中心/大型超市
22	卡西诺公司	法国	超级市场/超级购物中心/大型超市
25	宜家家居公司	荷兰	其他营业项目
27	轩尼诗-路易·威登集团	法国	其他项目
28	桑斯博里公司	英国	超市
29	ITM集团	法国	超市
33	印第纺织集团	西班牙	服装/鞋类
34	麦德龙	德国	现金交易/仓库式俱乐部
36	梅尔卡多纳公司	西班牙	超市

— 111 —

续表

排名	公司名称	国家	主营业态
38	Ceconomy AG	德国	电器项目
39	Migros 公司	瑞士	超级市场/超级购物中心/大型超市
42	X5 零售集团	俄罗斯	折扣店
43	H&M 公司	瑞典	服装/鞋类
44	U 氏连锁商场集团	法国	超市
45	威廉莫里斯超市连锁公司	英国	超市
46	COOP 集团	瑞士	超市
47	安达屋集团	法国	家居装饰
50	Jerónimo Martins	葡萄牙	折扣店
51	PJSC	俄罗斯	便利店/网边店
61	翠丰集团	英国	家居装饰
65	英国宫百货公司	西班牙	百货公司
69	Conad 连锁超市公司	意大利	超市
71	科波集团	意大利	超级市场/超级购物中心/大型超市
74	约翰·路易斯百货公司	英国	超市
75	玛莎百货	英国	百货公司
76	Dixons Carphone Plc	英国	电器项目
77	迪卡侬	法国	其他项目
80	ICA 连锁	瑞士	超市
81	SPAR 公司	奥地利	超市
83	S 公司	芬兰	超市
84	Kering S. A.	法国	服装/鞋类
85	奥托集团	德国	无店铺
95	德克罗斯曼公司	德国	药店/药房
96	Compagnie Financière	瑞士	其他项目
98	DM	德国	药店/药房

资料来源：德勤 Global Powers of Retailing 2020。

1. 欧洲零售业的特点

（1）整体零售市场庞大，但存在市场分割，既有相似性又有

差异性

欧洲经济发达，拥有世界上最多的发达经济体，居民收入高，中产阶级队伍庞大，消费能力非常强，是流通业发展的理想市场，也是零售商必争之地。欧洲各国历来就经贸往来密切，二战后欧洲一体化进程不断推进，欧盟成员国已经实现商品、人员、资本和服务的自由流动，经济政策和商业法规也有明显的趋同性，欧洲已基本形成一个没有边界的统一市场。整个欧洲的生活水平和消费习惯也大致相同，欧洲各国的分销系统也变得越来越相似，可以说欧洲一体化孕育了一个庞大的单一的市场，极大地促进了欧洲流通业的发展。然而由于欧洲覆盖众多国家，每个国家都有独特的背景和历史文化。因此，尽管欧洲一体化已经推行多年，人们已经将欧洲看作一个整体，但是各成员国的市场仍有很大的差异性。而且欧洲还有像瑞士、俄罗斯这样的非欧盟成员，流通业在分销效率、零售结构、政策监管上还存在一定的分歧。各国消费者对百货店、超市、便利店的偏好也不同，比如德国人乐意去折扣店，这种偏好促成了这种业态在德国的成功，而在英国，折扣店的市场份额要小得多。这种相对分割也更分散的市场，限制了零售商的开发潜力。

（2）欧洲零售业的集中度高

欧洲零售业的集中化程度很高，其中德国、英国和法国的零售业最为发达，大型的零售集团也主要集中在这三个国家，大公司的增长速度比整个行业快得多。2018 财年的欧洲零售前 10 强企业中有 4 家德国企业、3 家法国企业、2 家荷兰企业，还有 1 家来自英国，其中德国施瓦茨集团（Schwarz）以超过 1210 亿美元的营业收入居于榜首，德国的阿尔迪和英国的特易购公司分列第二、第三位。前 10 家企业 2018 财年的总营业收入为 6915.53 亿美元，占欧洲 88 家企业营业总收入 16313.44 亿美元的 42.4%，可见集中度是相当高的。

(3) 国际化程度高

欧洲国家国土普遍狭小，市场有限，又由于很多欧洲国际国内立法为保护中小零售商，对大型零售商在店铺数量和面积上进行限制，迫使很多零售商不得不向海外寻找机会，因此欧洲零售商很早就开始国际化。例如，麦德龙 1971 年就开设了第一家海外店，家乐福 1975 年开始国际化，瑞典的宜家家居早在 1956 年就在挪威的奥斯陆开设了第一家境外商场。如今，欧洲也是国际化程度最高的地区，这些企业不但在欧洲内部国家之间相互渗透，也将触角伸向更远的北美、拉美和亚洲国家，通过不断地并购和重组扩大自身规模，力争占有更高的市场份额。

2. 家乐福的国际化

法国零售商家乐福成立于 1959 年，是"大卖场"（Hypermarket）概念的缔造者，是法国最大的零售连锁集团，也曾是世界第二大零售商。家乐福（Carrefour）法语是"十字路口"的意思，1959 年第一家家乐福店铺就设立在一个十字路口，从此这也成为家乐福选址的标准之一。无论在国内还是国外，家乐福店铺都设立在人口密集、交通方便的城市主干道，这与沃尔玛城乡结合的选址理念截然不同。1999 年，家乐福与另一家著名的法国零售商普美德斯（Promodes）合并，成为欧洲第一大、世界第二大零售集团。

家乐福国际化的步伐走得相当快，在成立后第十个年头的 1969 年，就在比利时开设了第一家海外店，到 2015 年底家乐福已经在全球 35 个国家和地区拥有 12296 家店铺（不包含合作企业的 1874 家店）。其中，5650 家位于法国境内（见表 4 - 10），其余全部位于法国境外，其中中国大陆 236 家，中国台湾 83 家，其

第四章 发达国家和发展中国家的流通企业国际化经验

国际化程度（投资国家和地区的数量）已经超过了行业老大沃尔玛。2008～2019年家乐福净销售额中海外市场的贡献只有在2018年比国内市场略低（见图4-8）。

表4-10 2008～2019年家乐福门店数量

单位：家

年份	法国门店	海外门店	门店总数
2008	5517	9913	15430
2009	5440	10221	15661
2010	5458	10479	15937
2011	4631	5140	9771
2012	4635	5359	9994
2013	4779	5326	10105
2014	5013	5847	10860
2015	5650	6646	12296
2016	5670	6265	11935
2017	4471	6729	11200
2018	5220	6791	12011
2019	5274	6951	12225

资料来源：2009～2020年家乐福年报。

（1）家乐福国际化的背景

家乐福走上国际扩张的道路一方面是由于法国本土零售市场趋于饱和，市场竞争异常激烈。自1963年家乐福在巴黎创建首家大卖场以来，大卖场和超级市场就在法国迅速发展起来，从1969年起大型超市开张的速度增加了两倍，直到后来《鲁瓦耶法》（*Royer Law*）颁布速度才有所下降。严格的法律压制是促使法国零售商走向国际的另一个主要原因。大型商店的快速发展使小型零售商店的生存受到冲击，为了保护中小零售商，提高就业率，法国政府出台法律限制大型超市在法国的发展。例如，1973年的

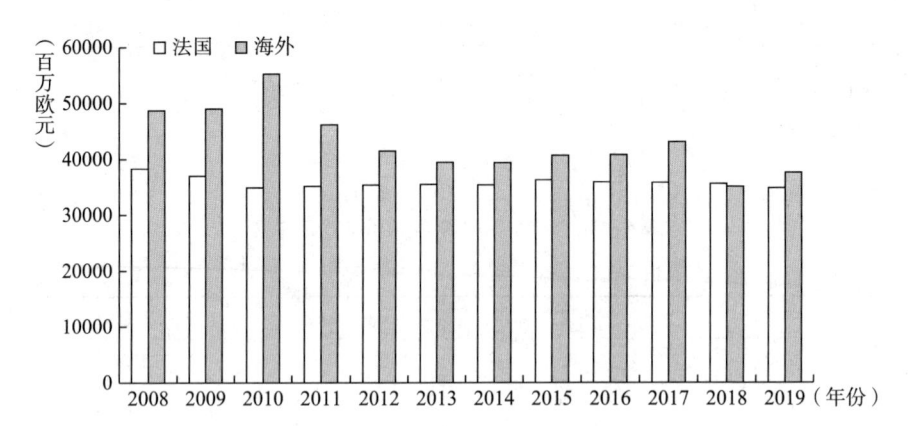

图4-8 2008~2019年家乐福净销售额来自法国和海外市场的贡献对比

《鲁瓦耶法》规定开设面积在1000平方米以上的商店必须经过授权；1996年的《拉法兰法》(Raffarin Law)要求建造或扩建任何300平方米以上的商店都要经过许可；1997年颁布的《佳朗法》(Galland Law)规定除面积在300平方米以下的杂货店或1000平方米以下的非杂货店之外，严禁以低于生产价的价格销售商品，使价格变得更加透明，并允许生产商拒绝向零售商供货。20世纪六七十年代正是大卖场迅速发展时期，家乐福基于自身发展壮大的考虑，扩张海外市场可以有更高的市场占有率，为企业寻找一个更加广阔的发展空间。

(2) 家乐福国际化的步伐

①1969年，家乐福在比利时开设第一家法国以外的店。

②1970年，与Maus成立合资公司进入瑞士（2007年退出），同年进入英国、意大利。

③1973年，家乐福在西班牙开设第一家大卖场Pryca Banner，2004年将现购自运店出售给Miquel Alimentacio集团，2007年收购了西班牙的Plus stores。

④1975年，在南美的巴西开设第一家店，1999年收购了巴西

第四章　发达国家和发展中国家的流通企业国际化经验

Lojas Americanas 的 85 家连锁店，2004 年从圣保罗 Sonae 集团手中收购了 10 家大卖场，2007 年收购了 Atacadão。

⑤1988 年，进入美国费城，1993 年全面退出美国。

⑥1989 年，进入中国台湾，2001 年收购 TESCO 的 2 家大卖场和另外 2 个项目。当年海外分店的数量超过了法国本土店铺数量。

⑦1993 年，进入土耳其，2004 年收购了两个土耳其品牌 Gima（81 家超市）和 Endi（45 家硬折扣店），2010 年收购土耳其 Ipek 连锁店。

⑧1995 年，以合资形式进入中国大陆，在北京开设第一家大卖场。同年进入马来西亚和墨西哥，但于 2004 年退出墨西哥并将全部资产（29 家大卖场）卖给 Chedraui 公司。

⑨1996 年，进入泰国、中国香港和韩国。

⑩1997 年，进入波兰，2002 年收购了阿霍德在荷兰的 113 家大卖场，2004 年收购了阿霍德 12 家大卖场，2006 年收购了阿霍德的 Polska 公司。

⑪2000 年，进入日本，2004 年剥离 8 家大卖场，以特许经营方式转让给永旺。

⑫2001 年，接管了阿根廷最大的食品零售商 Norte，2011 年收购阿根廷 Eki stores 公司；2001 年在葡萄牙收购了 Espirito Santo 集团，但在 2007 年出售了葡萄牙；2001 年进入罗马尼亚，在 2006 年获得 Hyparlo 公司的 5 家大卖场，2007 年收购了罗马尼亚的 Artima 公司。

⑬2004 年，购买了塞浦路斯 Chris Cash&Carry 控股公司的 3 家大卖场和 3 家超市。

⑭2008 年，以收购印度尼西亚 Alfa Retail 的形式进入印尼市

场。同年放弃了捷克、斯洛伐克、日本和韩国市场。2011年将在印度尼西亚的子公司出售给合作伙伴 CT Corp，使其成为家乐福的特许经营商。

⑮2010年，以合资的形式进入印度，在印度开设现购自运店。

⑯2011年，从马来西亚、哥伦比亚撤资。

⑰2013年，与西非法国公司集团 CFAO 组成合资公司开发西非和中非的市场。

三 日本的零售国际化

从1904年东京的三越百货公司设立开始，日本的现代流通业已有100多年的历史，其间伴随日本社会政治的动荡经历了多次的跌宕起伏。第二次世界大战日本战败，经济几近崩溃，流通业亦遭到重创，战后重建以效仿美国为主，各种流通业态和零售方法都由向美国学习而来，并结合日本的历史、国情不断创新，这使得日本流通业在半个多世纪内迅速复兴、发展直至繁荣。如今的日本零售业在全世界零售领域独树一帜，在亚洲更是首屈一指。2006~2018财年，日本进入"全球零售250强"的企业数量一直维持在30家左右（见表4-11）。

表4-11 主要发达国家2006~2018财年进入"全球零售250强"企业数量对比

单位：家

国家	2006年	2007年	2008年	2009年	2010年	2011年	2012年	2013年	2014年	2015年	2016年	2017年	2018年
美国	93	87	84	84	82	76	82	85	78	81	80	79	77
日本	29	24	31	32	38	40	39	41	28	30	32	31	29
德国	18	21	19	19	19	18	17	18	16	17	17	19	19
英国	20	21	18	15	14	15	14	15	16	15	12	12	14
法国	13	13	13	13	13	13	12	13	15	12	12	14	12

资料来源：2008~2020年德勤 Global Powers of Retailing。

1. 日本流通业的特点

(1) 国际化与本土化结合

日本流通业很重视向西方学习，很多先进流通业态和零售技能都是从美国引进的。20世纪50年代日本从美国引进超市，受到广大消费者欢迎，1957年创办的"主妇之店大荣"后来发展成为日本流通业的航母大荣公司。70年代又效仿美国开设购物中心，成为吸引消费人潮的集中地。始创于美国的"7-11"在70年代被引进到日本并获得了最持久也最有影响力的发展，如今在日本经营得最红火。但是在引进和学习的过程中，日本零售商没有照抄照搬，而是与本国的历史文化、现实国情、产业结构、生活方式以及消费习惯做了很好的结合并不断创新，充分实现了国际化与本土化的融合，这是日本流通业鲜明的特点。

(2) 业态多样化，连锁形式普遍

日本零售商注重对市场的细分，针对不同的市场采用不同的业态经营，因此日本零售的业态极其丰富，百货店、购物中心、超市、折扣店、便利店、专业店、无店铺销售、电子商务都有很好的发展。由于国土狭小，城市集中，人口密度大，小型的便利店、专业店和专卖店因购物方便、服务周到、营业时间长而深受日本消费者欢迎，在日本流通业的地位举足轻重。日本的零售企业普遍采用连锁的组织方式，覆盖了几乎所有的商业形式，无论是在国内还是国外，日本零售企业都是以连锁的方式扩张，而且成立了行业组织"自由连锁协会"，正式会员有一百多家，大荣、永旺、西友等都是该组织的会员。

(3) 管制严格，流通业受政策影响大

日本流通业的发展刻有深深的政府烙印，日本政府综合运用经济、法律和行政等手段对零售市场采取了较严的管制，日本零售各种业态的衰落和兴起都与政府政策的影响息息相关，政府的零售政策也根据不同历史时期商业发展情况和经济调控需要不断调整和完善。战后为了重建市场秩序、复兴商业和促进就业，日本颁布了《百货店法》和《零售商业调整特别措施法》，百货店在这一时期获得快速发展。60年代的重点是缓和百货店和中小企业的矛盾，整顿、提高中小企业，于是就有了《中小企业现代化促进法》《中小企业基本法》《中小企业指导法》等。1973年，为调控大规模零售店，出台了《大规模零售商店法》（简称《大店法》），保护中小企业免受大型购物中心、量贩店和其他大型店的竞争冲击，1978年又公布了《修正的〈大店法〉》，进一步强化对新建和扩建大型零售店的限制。此后这部《大店法》又经1990年、1992年和1994年多次修订，成为影响日本流通业最久也最深刻的一部法律。90年代中期以后日本泡沫经济破灭和亚洲金融危机相继发生，大批零售商店破产倒闭，一些国际零售商也陆续登陆日本，流通业的大竞争时代到来。《大店法》逐渐成为流通业的枷锁，不再适合日本社会经济发展的需要，于2000年被正式废止，同时出台《大店立地法》，终结了对小企业的保护转而鼓励竞争，提高产业竞争力，这标志着日本零售政策的全面转变。

（4）日本流通业的封闭性高

日本政府极为重视流通业，对零售市场有严格的管制，特别是对外商进行种种限制，导致日本的零售市场较为封闭。尤其是《大店法》对开店条件和店铺营业面积的要求限制了欧美企业进入日本市场，这也导致了美日的贸易争端，美国不断对日本施压，要求日本提高市场自由化程度，开放日本市场，这也成为日本废止《大店法》的原因之一。尽管扫除了政策的障碍，但由于日本独特的文化背景、消费习惯与欧美国家相去甚远，再加上日本国民保守的民族特性,外来的零售企业在日本经营仍然表现出水土不服,包括家乐福在内的很多欧美知名零售商在进入日本几年后都铩羽而归,时至今日日本零售市场仍旧表现出很高的封闭性。

2. 日本零售企业的国际化

二战后,日本经济几近崩溃,战后经历了十年的恢复后迅速实现了腾飞,日本的流通业也在此期间快速崛起,20世纪80年代,已经涌现出了一批有实力的大型零售商,像大荣、伊藤洋华堂、永旺、高岛屋等企业已经具有相当强大的实力。90年代日本泡沫经济破裂,经济增速开始下跌,消费大幅紧缩,国内流通业竞争日益激烈,恰逢欧美零售企业横扫全世界,对日本市场虎视眈眈,日本的零售商也不得不考虑国际化经营。事实上,一些有远见的企业早已迈出国门,如伊藤洋华堂早在1973年就进入美国市场,永旺在70年代就在中国开创事业,1987年在香港开设实体店,1988年进入美国市场。90年代以后,更多日本零售商凭借地缘优势进入亚洲的中国内地、韩国、泰国、马来西亚市场。德勤公司每年公布一次的 *Global Powers of Retailing* 显示,从2003财年开始,进入"全球零售250强"的日本企业为24~41家,数量仅次于美国,高出英、法、德,排在第二位。2014财年有28家日本零售商闯入"全球零售250强",其中有17家企业在两个或两个以上国家或地区经营,国际化率高达61%。2018财年,有29家日本零售商闯入"全球零售250强"(见表4-12)。

表4-12 2018财年进入"全球零售250强"的日本零售商

序号	排名	零售商	主营业态	经营国家数量
1	13	永旺集团	超级市场/超级购物中心/大型超市	11

续表

序号	排名	零售商	主营业态	经营国家数量
2	19	7-11	便利店/网边店	18
3	52	迅销公司	服装/鞋类	21
4	67	山田电机	电器项目	5
5	92	Don Quijote Holdings	折扣店	5
6	101	三越伊势丹控股	百货公司	9
7	133	水芝澳零售公司	百货公司	2
8	135	Beisia 集团	家居装饰	2
9	137	比酷相机公司	电器项目	1
10	140	高岛屋百货公司	百货公司	5
11	151	Tsuruha Holdings	药店/药房	2
12	163	Edion Corporation	电器项目	1
13	168	生命有限公司	超市	1
14	169	Izumi Co.，Ltd.	超级市场/超级购物中心/大型超市	1
15	172	友都八喜公司	电器项目	1
16	174	K's Holdings	电器项目	1
17	185	全家超市公司	超市	8
18	186	Cosmos	药店/药房	1
19	187	Nitori Holdings	其他项目	4
20	164	罗森	便利店/网边店	1
21	192	Sundrug Co.，Ltd.	药店/药房	1
22	199	Matsumoto Kiyoshi	药店/药房	4
23	208	Shimamura Co.，Ltd.	服装/鞋类	3
24	212	Valor 控股	超市	2
25	217	East Japan Railway	便利店/网边店	1
26	221	Arcs Co.，Ltd.	超市	1
27	230	Sugi Holdings	药店/药房	1
28	242	Nojima Corporation	电器项目	1
29	247	Daiso Industries	折扣店	29

资料来源：德勤 Global Powers of Retailing 2020。

3. 永旺的国际化

永旺株式会社是日本最大的零售集团之一，其历史可以追溯到250年前，前身是1758年冈田右卫门在日本四日市建立的冈田屋，最初只是贩卖布料和化妆品的杂货店，1926年冈田屋的第六代传人成立了株式会社，将冈田屋改组为冈田吴服店（和服店）。二战期间冈田吴服店被摧毁，1946年第七代继承人冈田卓也就任冈田株式会社总裁重整家族企业，1969年与二木公司、西罗公司合并，更名为佳世客（JUSCO）。之后又经过一系列的兼并重组，规模和实力逐渐壮大，2001年正式更名为"永旺株式会社"。目前，永旺集团旗下拥有 JUSCO 吉之岛综合百货超市、MAXVALU 食品超市、WELCIA 医药超市、MINISTOP 便利店、DIAMONDCITY 商业开发、品牌专卖店以及 AEON 金融业务等多种业态，集团流通业务遍及中国和东南亚等多个国家和地区。2014年以81767亿日元的营业额，连续五年位居日本流通业第一名。

永旺是日本较早开展国际化经营的零售企业，20世纪70年代中日恢复建交后就到中国开展业务，1984年成立泰国佳世客，80年代还积极与英国乡村时装店"ROLLERASHURE"、英国化妆品公司"The Body Shop"、美国流行首饰"KUREAS"、美国体育用品公司"The Sports Authority"等专门店展开合作。本书简单罗列了日本永旺在国际化进程中的一些重要事件，如表4-13所示。发展至今，永旺已经是在11个国家和地区拥有899家店铺，52万员工的跨国零售企业。

表4-13 日本永旺国际化步伐

时期	事件
1984年9月	在马来西亚设立 Jaya JUSCO Stores
1984年10月	与英国罗兰爱思公司达成业务合作协议
1984年12月	泰国佳世客（Siam Jusco）成立
1985年6月	在马来西亚，海外1号店 Jaya JUSCO Stores 达亚布米店开业

续表

时期	事件
1986 年 2 月	与英国罗兰爱思公司合资设立罗兰爱思日本株式会社
1988 年 6 月	美国妇女服装专卖连锁店 Talbots 公司加入集团
1990 年 4 月	与英国 The Body Shop 达成业务合作协议
1990 年 8 月	永旺集团参加英国罗兰爱思集团的经营
1993 年 11 月	美国 Talbots 公司在纽约证券交易所正式上市
1994 年 2 月	JUSCO Stores Hong Kong 在香港证券交易所正式上市
1994 年 7 月	与美国 Claire's Stores 公司达成业务合作协议
1994 年 11 月	MINISTOP 株式会社与菲律宾 MCA 公司缔结海外地区特许经营合同
1995 年 12 月	设立广东吉之岛天贸百货有限公司
1996 年 3 月	设立青岛东泰 JUSCO
1996 年 7 月	广东吉之岛天贸百货有限公司在广东省广州市开设中国 1 号店 "JUSCO 天河城"
1996 年 12 月	Jaya JUSCO Stores 在吉隆坡证券交易所主盘正式上市
1998 年 7 月	JUSCO 与美国时装专卖连锁店 Liz Claiborne 公司达成合作协议
2001 年 12 月	AEON THANA SINSAP（THAILAND）公司在泰国证券交易所正式上市
2002 年 5 月	在中国广东省设立深圳 JUSCO（现深圳永旺）
2003 年 4 月	美国 Talbots 男装 1 号店在美国康涅狄格州韦斯特波特开业
2003 年 7 月	永旺台湾开设 1 号店 JUSCO 新竹店
2004 年 9 月	在中国广东省深圳市设立永旺（中国）商业有限公司
2005 年 11 月	永旺马来西亚公司在马来西亚开设首家超市 "J-One Damansara Damai"
2007 年 11 月	永旺株式会社在北京市设立永旺商业有限公司（北京）
2007 年 12 月	AEON CREDIT SERVICE（M）BERHAD 在马来西亚证券交易所上市
2008 年 11 月	北京市内最大规模的摩尔型 SC "永旺北京国际商城购物中心" 开业
2013 年 1 月	Maxvalu 东海在广州市开设中国的 1 号店 "Maxvalu 太阳新天地店"
2013 年 6 月	永旺株式会社在湖北省和江苏省设立 GMS 事业运营公司
2014 年 1 月	在胡志明市，越南 1 号店 "永旺梦乐城 Tan Phu Celadon" 盛大开业
2013 年 6 月	永旺在柬埔寨的 1 号店 "永旺梦乐城金边" 盛大开业
2013 年 11 月	马来西亚永旺的家具・室内装饰大型专卖店 "Index Living Mall" 开张

四 发达国家零售企业国际化的一般经验

很多零售商都把国际市场视若金矿，国际化意味着获得增长的机会和速度。20世纪90年代以来，国际化成为全球流通业增长的主要推动力，过去30年里零售国际化更是浪潮翻涌，如火如荼地进行着，但是国际扩张和回报率并不存在直接联系，大部分零售企业在海外市场并没有取得成功，2000~2006年就有超过40家零售商退出国际市场，还有一些零售商在部分国家或地区取得成功，而在另一些国家或地区却铩羽而归。著名的家居零售企业家得宝在美国及北美市场都经营得风生水起，排名一度在沃尔玛、好市多、克罗格之后即美国第四位，然而来到中国后却水土不服，仅仅5年就从中国全线撤出。业界龙头沃尔玛可谓所向披靡，在德国却遇到了本土企业阿尔迪（Aldi）的顽强抵抗；家乐福征服了30多个国家和地区，但是啃不下韩国和日本。成功难能可贵，经验是宝贵财富，在激烈的国际竞争中取得成功的零售企业的经验值得总结和借鉴。

1. 正确选择进入市场的时机

企业国际化首先面临三个问题：市场进入（入口位置），如何进入（进入方式），何时进入（进入时机）。把握住好的进入时机，尽早进入目标市场，对于一家企业的海外经营获得成功至关重要。很多经济研究文献都证明了先行进入与经营绩效是正相关的。幸存的先行者能实现更高的市场份额和盈利能力，很大程度上是对经济、科技成果先行抢占的结果（Kerin et al., 1992; Lilien and Yoon, 1990）。Lambkin（1988）认为，先行者、早期跟随者和后进入者在市场表现和利润取得上都有很大的差异，平均而言，先行者在各方面的表现都要优于后来者。对于零售企业来讲，早期进入意味着获得资源选择优势，抢占有限的优质商业资源，获得当地消费者的认可，培养忠诚顾客，提高潜在竞争对手的进入壁垒。

家乐福 1995 年进入中国，抢先占领上海作为总部所在地，上海位于中国的南北中心，从地理位置上最容易实现两翼突破，有利于全国战略的开展，同时上海作为中国的经济中心，其配货条件、交通配套、市场辐射能力都要优于其他城市。晚于家乐福一年进入中国内地的沃尔玛则将总部设在了深圳，没有占据有利的位置，而且中国南方地区的供应商规模较小，配货能力差，运输条件也不及上海，从而限制了沃尔玛在中国的扩张速度。家乐福由于占尽天时和地利，得以在中国快速扩张，短短十年就已经在中国内地的 31 个城市开设了 79 家大卖场、8 家超市和 200 多家折扣店，占据了各大城市的黄金地段，迅速完成了在中国主要城市的布局。由于较早占领了中国市场，家乐福也得到了消费者的认可，在中国深入人心，在"人和"上又胜沃尔玛一筹。由于进入市场早，家乐福在中国的市场占有率一路走高，而沃尔玛却有相当长一段时间处于亏损状态。20 多年来，家乐福在中国的排名都在沃尔玛之前。全球第三大零售商英国的 TESCO 于 2004 年收购顶新旗下乐购 50% 的股份，大手笔投资中国，雄心勃勃欲将中国作为亚太重要的市场，然而姗姗来迟的 TESCO 布局已晚，先机尽失，10 年后就撤出中国了。同样，TESCO 在 2007 年进入美国后，经营业绩迟迟不见起色，这个后来者在 6 年后的 2013 年就退出了美国市场。

2. 由近及远的扩张路径

通过对发达国家零售国际化的考察发现，零售商在向国际市场扩张时都会选择市场潜力大、经营风险小的国家，第一站往往选择地理位置相邻、文化习俗相近的国家。沃尔玛初始国际化选择了北美邻国墨西哥，第一阶段的扩张也都主要围绕加拿大、中美洲和南美洲周边国家进行，然后再逐渐向欧洲和亚太地区扩

第四章　发达国家和发展中国家的流通企业国际化经验

张。还有一些国际化程度不深的美国零售商，仅围绕美国周边几个国家经营，如沃尔格林仅在美国和波多黎各经营，西夫韦（Safeway）和劳氏（Lowe's）仅活跃于美国和加拿大。欧洲本身地域狭小且国家众多，企业有天然的国际化基因，欧盟本身就经济发达，域内要素流动性好，加之各国之间地理位置接近，有共同或相似的文化背景，所以欧洲零售商的国际化都是从在欧洲内部各国间相互渗透开始的，然后再逐步进入美洲和亚太地区。家乐福首先进入的是邻国比利时和西班牙，然后才进入美国，随后是亚洲。瑞典宜家家居的第一家境外店铺开在挪威，TESCO 首先进入的外国市场是匈牙利。德国折扣商店阿尔迪在 17 个国家经营，其中 15 个在欧洲。法国勒克莱尔（Leclerc）所在的 7 个国家全部在欧洲。比利时德尔海兹（Delhaize）在 7 个国家经营，除了美国其他全部在欧洲。亚太地区零售商的情况也是如此，日本永旺最早进入马来西亚，至今主要的市场都在亚洲。澳大利亚的两家主要零售商伍尔沃斯（Woolworths）和西农集团（Wesfarmers）的市场都在本土和新西兰。

　　从这些零售企业国际化的进程（表 4-14 为 TESCO 的国际化路径与方式）发现，发达国家零售企业国际化是遵循由近及远、由易到难的路径，初始阶段都选择地理距离和心理距离近的邻国，第二阶段则以本国为中心向周边辐射，第三阶段是向更远的、文化差异大的市场，第四阶段就是全球市场的不断调整和整合。

表 4-14　TESCO 国际化的路径和方式

年份	国家	方式
1995	匈牙利	收购

续表

年份	国家	方式
1996	捷克	收购
1996	斯洛伐克	收购
1997	波兰	收购
1997	爱尔兰	收购
1998	泰国	合资
1999	韩国	合资
2002	马来西亚	合资
2003	土耳其	收购
2004	中国	收购
2008	印度	特许经营
2012	沙特	特许经营

3. 科学的进入方式

零售国际化的进入方式是指当零售商第一次进入国外市场以实施其经营战略时所采取的一种制度安排，考虑到时间和资源的投入，初始进入方式是不容易更改的，因此非常重要。依据控制程度由弱到强，进入方式主要有许可、租约或附属经营、特许经营、合资、收购、新建等形式。根据 Evans 等（2008）的研究，对于心理距离近的目标市场，29%采用绿地建设，27%采用并购，21%选择合资；对于心理距离远的市场，46%选择合资，23%选择特许经营。沃尔玛在进入美洲市场墨西哥和巴西时采用合资形式，进入加拿大是通过收购当地企业，进入亚洲的中国、印度都是通过合资的形式，在欧洲基本通过收购的方式。比较典型的还有 TESCO，其进入其他欧洲市场基本用收购当地零售商的形式，进入心理距离较远的亚洲的韩国、泰国、马来西亚都是通过合资的形式，而在文化差异更大的印度和沙特采用特许经营的方式。进入方式还受零售商规模、理念、国际经验和东道国政策的影响，规模大、国际经验丰富的零售商倾向于选择控制程度高的进入方式。有的零售企业零售技能的专有性比较强，倾向于以新建的方式进入海外市场以保证自身独有的技能不被竞争对手模仿，比如瑞典的宜家。此外，进入方式还受东道国政策左右，如2004年以前的中国和现在的印度，流通业未完全开放，对外资有股权比例的限制使得外资零售企业只能以合资的形式在当地经营。

零售企业国际化进入方式的选择关系到企业在陌生市场环境的适应程度、与当地政府和企业的合作关系、在东道国市场的扩张速度，从而直接影响到零售商在该市场的经营业绩，与企业能否在该市场持续稳健地发展下去直接相关，因此在零售商做出国际化决策以后，科学地选择一种合理的方式进入海外市场意义重大。

4. 决策前充分的市场调研

零售企业在做出国际扩张的决策之前要做充分的市场调研，搜集海外市场信息，了解目标市场政府的经济政策、法律法规，掌握竞争对手、供应商情况，调查东道国消费者的需求偏好、消费习惯，以及基础设施完善与否，资源供应能力等。调研要求一丝不苟，信息必须真实准确，因为任何信息的偏颇、数据的错误都可能导致国际投资的失败。沃尔玛之所以获得国际化成功，成为全球流通业的老大与其在投资时的谨慎态度有莫大关系，沃尔玛在决定进入一个海外市场之前都要做充分细致的市场调查，分析可行性，绝不盲目出击。在1991年进入墨西哥之前，沃尔玛曾经观望良久，事先进行了详尽的市场调查。

5. 重视本土化战略

现代零售企业之所以能够在全球迅速扩张在于其采用了连锁的形式，连锁经营的核心在于可以通过标准化，将零售企业的核心管理理念和专业技能复制到各个分店，使企业的竞争力在分店得以延续，从而在国际市场上抢占市场份额。然而世界上并不存在一个"标准化"的零售市场，各国或地区的经济文化和法律法规都表现出迥异的差别，消费者直接受东道国文化的影响，在消费权利占主导的零售市场上，能否有效地根据东道国的实际情况对经营策略和手段进行调整，成功实施本土化战略直接影响经营的成败。有研究显示，本土化与企业的经营业绩是正相关关系（Pehrsson，1995）。

沃尔玛的标准化战略横扫北美市场，初来中国继续本着标准化的复制原则，业态采用山姆会员店形式，选址郊区化，就连扩张也继续秉承美国本土的"农村包围城市"原则，舍弃一线而侧重二三线的南宁、贵阳、沈阳、长春、东莞等城市。沃尔玛的这种不适合中国国情的做法很快就让它在中国碰壁，而不得不进行调整，现在中国的山姆会员店几乎全部关闭，新开店以大卖场和折扣店为主，店内增加了中国消费者喜爱的熟食，商品组合也变得中国化，店址逐渐向城市商业中心转移，调整后的沃尔玛的经营逐渐有了起色。沃尔玛的老对手家乐福因为有了在台湾的经营经验，从进入中国大陆那一天开始就"入乡随俗"，因地制宜地进行单店管理，扩大各个门店的自主权，迅速融入中国文化，成为在中国最成功的外资零售商。流通业因忽视本土化而导致失败的例子比比皆是，沃尔玛在日本时领导体制僵化，管理层居然没有一个日本人，"天天平价"经营手段也遭到钟爱国货的挑剔的日本消费者的排斥，最终不得不关门大吉。TESCO 败走日本，家乐福兵败俄罗斯，家得宝和百思买退出中国，都因在国际化大潮中只顾迅速复制扩张而没有落实好本土化。

零售企业在国际化过程中，是采用标准化还是本土化战略一直存在争议,标准化有利于企业在全球树立统一形象,方便企业的集中管理、控制成本和快速扩张,而本土化能够帮助企业得到东道国消费者的认可,迅速在当地扎根并提高经营业绩。在消费日益个性化的今天,即使地理和心理距离很近的邻国也表现出差异性,即使一个小小的微笑在不同国家都能带来正反两种效果,本土化显得比标准化更为重要,零售企业唯有不断地学习和摸索,耐心地去适应,必要的情况下在东道国选择合作伙伴。

6. 尝试性进入大规模化扩张,控制程度由弱到强

零售商在国际化的过程中表现出从最初试探性得小规模进入,逐步到大规模扩张的特点。首先,在初始国际化的时候,由于缺乏经验,往往先从邻近的一国开始试点,逐步摸索跨国经验,待到积累一定的跨国知识以后才开始全球范围的大规模扩张。家乐福在1969年进入比利时,1970年进入英国,1973年进入西班牙,直到1988年才进入美国,中间时隔15年。之后1989年进入中国台湾,待1993年才进入意大利。90年代中后期才迎来扩张的高潮,1995年进入马来西亚,1996年同时进入泰国、韩国和中国香港,之后的2000年进入两个国家,2001年进入三个国家,迅速在全球蔓延抢占市场。沃尔玛的扩张历程也有这样的特点,最初几年每年进入1个国家,后来逐渐加快步伐,最多一次是在2005年同时进入中美洲的5个国家。

在扩张方式上,也表现出控制力由弱到强的变化,国际化伊始,为降低风险,零售商在进入海外市场时通常首先选择与东道国伙伴合资,甚至是特许经营、购销协议等方式,跨国经验成熟后,除非是受到东道国政策限制,否则无论是新进入一个市场还是在东道国市场上的再扩张都会采用控制程度更强的方式。近年来,兼并和收购成为国际零售商扩张的主流方式,沃尔玛进入加拿大、巴西、中美洲五国、阿根廷、智利、德国、英国、韩国和日本都是通过收购的形式。1995年TESCO靠着收购S-Market的26家店进入匈牙利，又通过收购卡马特（K-Mart）的店铺进入捷克和斯洛伐克，后来进入波兰、爱尔兰、土耳其和中国都是通过收购的方式。并购的方式能够让零售商在短时间内达到快速扩张的目的，缺点则是耗资不菲，需要投入大量资金，一旦决策失误就可能损失惨重。

7. 强强联合、规模至上

随着在国内国际的不断扩张，零售商的规模越来越大，扩大规模也成为零售商的一种市场战略，规模越大，越有可能控制市场，成为市场的主导者，成功的概率就越大。对于沃尔玛的成功，规模起了很重要的作用，沃尔玛每进入一个区域一定是扩大规模，先把区域填满，用规模将本地市场做到饱和，然后向其他区域扩张，其意图是即使让沃尔玛的店与店之间竞争也不将市场留给竞争对手。许多零售商通过合并的方式，强强联合，实现规模的扩大。1999年，家乐福和法国另一家实力强大的零售商普美德斯宣布合并，此次合并使得家乐福一跃成为法国第一大和世界第二大零售商，大大提升了影响力和竞争力。2013年，美国第二大办公用品零售商欧迪办公（Office Depot）与排名第三的Office-Max公司发布联合声明，宣布两公司合并，合并后的新公司价值达180亿美元，将很好地对抗来自史泰博（Staples）和亚马逊等公司的竞争。2015年，分别来自荷兰和比利时的阿霍德（Ahold）和德尔海兹（Delhaize）两家知名的食品零售商宣布合并，新公司将拥有超过6500家连锁店，每周将为超过5000万人次的顾客服务，从规模上看，阿霍德和德尔海兹合并后，将跻身全球最大的零售商行列。

8. 多业态组合

零售是以不同业态的方式体现出来的，现代流通业产生以来，流通业态不停地变迁，每一种新业态的产生都是零售的一次创新或革命，不同的流通业态体现了零售商在经营策略、目标客户、商品组合等方面的差异。业态多样化成为跨国零售商的鲜明特点，零售商首先对市场进行细分，然后通过不同的流通业态来迎合不同消费者的偏好从而获得更高的市场份额。法国的家乐福是多业态组合的代表，在全世界拥有购物中心、超级市场、大卖场、便利店、折扣店、仓储式超市等多种形式的店铺，而且还是大卖场的缔造者。同样，沃尔玛也期望通过多业态的店铺组合来形成全方位、多层次的竞争力，在中国就拥有购物广场、超级市场、山姆会员店、惠选社区店等。

9. 自有品牌战略

流通业的自有品牌兴起于20世纪70年代的法国，之后扩散到其他国家，自有品牌的诞生是流通业具有划时代意义的创新之举，成为推动世界流通业大幅增长的重要力量。零售企业采用自有品牌战略能够有效降低成本、提高边际利润；突出特色，提升产品和店铺的差异化形象，维护顾客的忠诚度；提高零售企业的谈判力量，增强零售企业对整个价值链的掌控能力。从顾客角度讲，零售企业推出自有品牌商品能够丰富产品种类，让消费者有更多的选择，得到产品质量保障，获得实惠的商品，因此，自有品牌商品被各大零售商纷纷效仿使用，自有品牌已经成为大型连锁超市的特色之一。

零售巨头沃尔玛的自有品牌达2000多种，涉及食品、服装、玩具等多个领域，其中我们熟悉的"Great Value"，中文翻译作"惠宜"的品牌覆盖了糕点、饼干、大米、面粉、食用油、液体奶、果汁、纯净水、调味酱料、啤酒、白酒、冷藏面、坚果、干货等品类。在很多品类里，沃尔玛自有品牌商品的销售额都排名靠前。近年来，沃尔玛自有品牌服装发展迅速，增长势头强劲，2010～2015年，平均增长率呈两位数。沃尔玛每年在中国的采购额有上百亿美元，这些产品被贴上"Sams' Choice""George""Kathie Lee""Catalina"标签，成为沃尔玛的自有品牌，又为沃尔玛创造了几百亿美元的销售额。中国人非常熟悉的屈臣氏几乎所有的商品品类都有自有品牌，价格通常是同类产品的5～7折，而且促销起来十分"任性"，在2013年屈臣氏品牌零售排行榜中，自有品牌"屈臣氏"以30亿元的年销售额居第一位，门店销售占比约18%，而到了2015年，屈臣氏自有品牌贡献了约36亿元的销售额，占到了销售总额的20%还多。连电子商务巨头亚马逊也已经涉足自有品牌商品业务，如阅读器领域的"Kindle"，婴儿用品和婴儿食品的"Mama Bear"，休闲食品"Wickedly Prime"，还有"Happy Belly"品牌主要包括食用油、茶叶等商品，"Presto"主要涉及洗涤剂等商品。自有品牌战略为企业创造了竞争优势，是零售商控制流通渠道和扩大市场份额的必要手段，也成为跨国零售企业普遍采用的战略。

10. 国内市场是根基

零售商在国际化之前都在本土获得了极大成功。沃尔玛在国际化之前就已经将店开满了几乎整个美国，销售收入以两位数增长，1990年成为美国的第一大零售商。TESCO是1995年开始国际化的，彼时已经是英国的第一大零售商。家乐福在国际化之际已经在法国本土经营10年，具有相当的体量。无论一家零售商在多少个国家经营，母国永远是最重要的市场，是零售商的根基所在，2014财年"全球零售250强"企业营业收入的76.6%都是来

第四章 发达国家和发展中国家的流通企业国际化经验

自母国市场的。2015年沃尔玛的全球销售额达4822.29亿美元，国内市场的贡献率就达60%（不含山姆会员店）。家乐福历年的销售来源中，法国本土的销售份额都是最多的，其次是其他欧洲市场，2015年总销售额769亿欧元，其中47%来自法国，除法国外的欧洲部分贡献率是26%，亚洲和拉美地区的贡献率分别是9%和18%。2008~2019年，家乐福净销售额来源对比情况如图4-9所示。2015财年，另一个国际零售巨头TESCO，在国内的销售额贡献率则高达70%（见表4-15）。

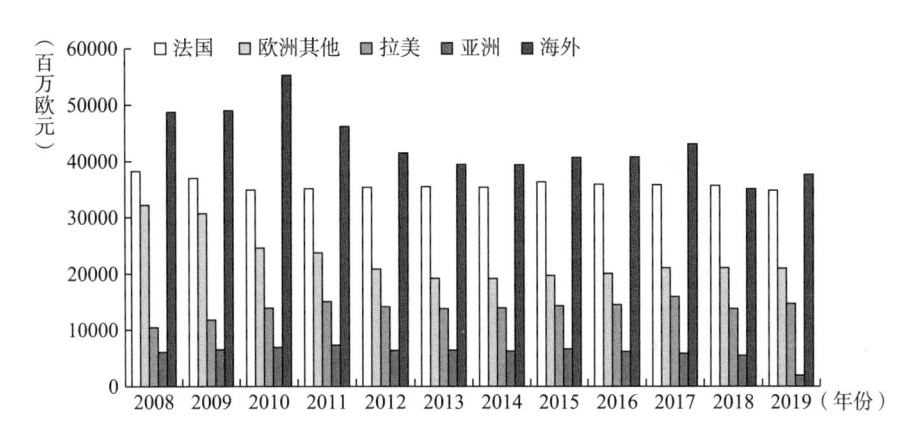

图4-9 家乐福净销售额来源对比

表4-15 2015财年各区域市场对TESCO销售额的贡献率

单位：百万美元，%

市场板块	销售额	贡献率
英国	42778	70.06
马来西亚	841	1.38
韩国	5383	8.82
泰国	3615	5.92
捷克	1175	1.92
匈牙利	1461	2.39
波兰	2114	3.46
斯洛伐克	1047	1.71

续表

市场板块	销售额	贡献率
土耳其	617	1.01
爱尔兰	2030	3.32
总计	61061	100.00

资料来源：*Tesco Annual Report and Financial Statement 2015*。

第三节　发展中国家的零售国际化
——以泰国为例

受经济发展水平的局限，发展中国家的流通业一直都落后于发达国家。直到21世纪初，新兴市场国家经济迅速发展，发展中国家的零售潜力逐渐显现出来，零售市场前景广阔，而且零售企业的规模日益扩大，实力也日益壮大，形成了一些有规模有实力的零售商，更难能可贵的是，它们也迈出了国际化的脚步，并在激烈的国际零售竞争中表现不凡。

一　发展中国家零售国际化的一般情况

1. 整体落后于发达国家，国际化程度低

发展中国家的经济发展水平落后，流通业的发展与发达国家有很大的差距，2018财年进入"全球零售250强"的发展中国家或地区的零售企业有33家，仅占总数量的13.2%（见表4-16），且没有一家跻身前50强，排名最靠前的俄罗斯PJSC公司排在第51位。2018财年这33家企业的总营业收入为3475亿美元，占"全球零售250强"企业总收入47500亿美元的7.3%。这一年进入"全球零售250强"的发展中国家零售企业有15家实现了国际化经营，国际化率为45%，低于64.8%的平均水平。

2. 国际化地域狭窄

与发达国家零售巨头横扫全世界的势头相比，发展中国家零售企业的国际化显得相当局促，一般局限于地理邻近国家的市场，如泰国正大集团旗下的卜蜂莲花和马来西亚金狮集团旗下的百盛集团仅仅在中国等地设有实体店，南非晶石集团（The SPAR Group）的国际业务基本在安哥拉、博茨瓦纳、加纳等非洲国家。

表4-16 2007~2018财年进入"全球零售250强"的
发展中国家或地区零售企业数量

单位：家

国家/地区	2007年	2008年	2009年	2010年	2011年	2012年	2013年	2014年	2015年	2016年	2017年	2018年
中国大陆	4	5	5	5	6	7	6	9	10	11	9	9
墨西哥	4	4	5	5	6	5	6	5	5	5	4	5
巴西	2	3	3	2	2	1	2	2	1	3	3	4
智利	2	3	2	2	2	3	2	2	3	2	2	2
泰国	1	1	1	1	2	2	2	2	2	2	2	2
南非	5	4	6	6	4	6	4	5	5	5	4	5
土耳其	1	2	2	2	1	1	1	1	1	2	3	2
克罗地亚	0	0	0	1	1	1	1	1	1	1	1	1
立陶宛	0	1	1	0	0	0	0	0	0	0	0	0
百慕大	0	0	0	1	1	1	1	1	1	1	0	0
阿联酋	0	0	0	0	2	1	2	2	2	1	2	2

资料来源：2009~2020年德勤 *Global Powers of Retailing*。

二 泰国流通业的国际化

流通业是泰国财政收入的主要来源之一，在泰国国民经济中举足轻重，也是泰国政府十分重视的产业。历史上泰国流通业十分落后，以小商贩为主。近代以来，尤其是第二次世界大战以后，很多中国人前往泰国从事商品倒卖活动，由于泰国国内生产能力水平低，许多商品都依赖中国的进口，中国华侨进出口商人逐渐成为泰国流通业的一支重要力量。20世纪六七十年代以后，现代流通业逐渐在泰国兴起，新的流通业态如百货商店被引进，现代零售技术和零售理念在泰国得到应用，一些本国的百货店如中央百货、The Mall陆续开业。泰国政府对流通业实施自由化管理，市场开放也较早，从60年代开始就有日本零售企业进入泰国，80年代开始，外资零售商更是大规模进军泰国市场，与泰国本土零售商合资开办百货公司、超市、便利店、购物中心等，如荷兰万客隆、法国家乐福、英国TESCO和The Body Shop，以及今天开遍泰国大街小巷的"7-11"便利超市就是在这一时期进入泰国市场的。1997年横扫亚洲的金融危机使泰国经济遭到重创，资产价值严重被低估，本土零售企业因资金链断裂，处境困难而被迫出售，部分泰国流通业的股权发生很大变化，由原来的合资变为外商独资或控股，泰国流通业受国际资本的影响加深。

1. 卜蜂莲花的国际化

泰国虽然国土面积小，经济发展水平不高，但是依托发达的旅游业，流通业的发展程度在东南亚数一数二，国际化的程度较高，不仅全球主要的大型零售企业都已进入或曾经进入泰国，而且泰国本土的零售企业也有"走出"泰国进入国际市场的，如正大集团和中央集团都已经是国际化的企业。本书以正大集团旗下的卜蜂莲花（Charoen Pokphand Group，CPG）为代表来了解泰国零售企业国际化的历程和特点。

卜蜂莲花隶属于泰国的华裔家族企业正大集团，原名"易初莲花"，引自正大集团创始人华裔企业家谢易初先生的名字。正大集团创始于1921年，是一家以农牧产品加工、销售及进出口贸易为主业的大型跨国集团，世界500强企业之一。目前正大集团在中国投资的企业有百余家，易初莲花是正大集团旗下最大的零售企业，1993年在泰国开第一家店，亚洲金融危机之后，正大集团将易初莲花80%的股份卖给了英国的TESCO，转为合资企业。在成立4年之后的1997年，易初莲花就迫不及待地进入了中国市场，与上海中商投资有限公司、上海蔬菜（集团）有限公司组成合资公司，在浦东设立第一家易初莲花连锁购物中心，拉开了易初莲花转战中国的序幕，从此集中精力在中国发展。

2. 卜蜂莲花在华扩张历程

1997年6月23日以合资方式在上海浦东开设首家购物中心，2003年后易初莲花加快了在中国的发展步伐，正大集团投资40亿元在华北、华东、华南同时发力，选择优良店址，计划3年内使中国的门店达到100家。2002、2003、2004年分别开店11家、22家、20家，基本覆盖了京津冀地区、山东地区、上海地区、四川地区、广东地区五大区域，并乘势继续向西部地区和二线城市进军。根据入世承诺，中国流通业将于2004年底全面开放，取消股权和地域的限制，在华国际零售巨头纷纷谋求独资扩张，易初莲花也计划在中国实现全面独资。2003年底，分别从合资伙伴北京兴隆公司和天津天保控股有限公司手中收回35%的股权，实现华北地区（除青岛）的独资。2007~2008年正大集团通过关联交易收购华东19家优质门店，并将旗下几家业绩不甚理想的门店出售给关联公司CPH公司，经过一系列整合后实现上海的独资。2007年，全部门店更名为卜蜂莲花，期望通过重塑品牌给消费者带来新鲜感受。

由于之前的激进式扩张、选址不当，大量新开门店业绩不佳，2007~2009年卜蜂莲花连续亏损，随后卜蜂莲花放缓开店节奏，并对亏损店面进行资产重组。在2009年底，卜蜂莲花天津子公司被正大集团以盈利不佳为由卖给了北京物美集团，物美全面接手卜蜂莲花天津4家超市。2010年，卜蜂莲花关闭了绍兴、石家庄两家门店；2011年，又关闭了杭州、嘉兴、无锡3家门店；2012年，关闭了经营7年的北京草桥店。2010年开始，卜蜂莲花陆续将部分大卖场以"超市生活馆"的商业概念进行升级改造，转战高端业态，2015年在中山、汕头、湛江和广州新开5家店，并尝试新业态，在广州开设了首家自助购物体验馆"莲花GO"。截至2015年，卜蜂莲花已经在中国25个城市有82家门店，主要集中于上海（22家店）和广东（30家）（见表4-17）。虽经历了更名求变、业态转型、门店调整，卜蜂莲花在华经营业绩仍不理想，连年亏损、摇摆前行，2012、2013、2014、2015财年分别亏损了3.92亿元、9692万元、5840万元以及1800万元。与先后进入中国的外资零售企业沃尔玛、家乐福、大润发的骄人业绩相比相去甚远，也远不及中国本土的物美、华联、永辉等。

表4-17　2015年卜蜂莲花在华门店分布

单位：家

城市	门店	城市	门店	城市	门店
北京	7	青岛	1	梅州	1
上海	22	泰安	1	阳江	1
无锡	2	郑州	2	潮州	2
徐州	2	武汉	2	揭阳	3
南通	1	长沙	1	中山	1
泰州	1	汕头	6	西安	3
温州	1	佛山	7	昆山	1
重庆	4	江门	1	广州	6
合肥	1	湛江	2	合计	82

资料来源：根据零售商网站整理。

第五章
中国流通企业"走出去"的动因分析

第一节 "走出去"战略的提出与发展情况

一 "走出去"的内涵

"走出去"战略是我国积极应对世界经济一体化的国家战略。"走出去"是一个形象的说法,指中国的企业走出国门,到国外投资,推动我国的资本、商品、技术、劳务等进入国际市场,利用国外的各种生产要素进行生产制造、研发设计、经济合作、贸易营销等经营活动,也可以叫作跨国经营或国际化经营(卢进勇,2001)。从宏观方面看,"走出去"是国家战略,是中国进一步扩大开放,更大程度上参与国际分工和国际市场竞争,进一步融入世界经济的重要途径。我们国家经过40多年改革开放和经济发展,积累了相当的物质和技术实力,在当前国际形势下,顺应国际经济一体化潮流,推动中国企业走出国门、走向世界,有利于企业利用国际资源、开拓国际市场,实施跨国经营,变被动为主动,在全球一体化进程中获得更多的利益。"走出去"将过去的商品输出转为资本输出、技术输出乃至文化输出,将进一步提高中国在全球经济中的地位,提高中国在世界经济中的话语权,进而形成有利于中国的国际资源分配格局,是具有广泛影响力的长远的国家宏观发展战略,是一项系统工程,涉及政治、经济、文化等诸多方面。从微观角度讲,企业是"走出去"的主体,符合条件的有实力的企业,在国家政策的支持下,要充分发挥比较优势,积极走出国门,主动参与国际竞争与合作,优化结构、获取资源、拓展市场空间,培育中国企业的竞争力。

二 "走出去"战略的提出和发展

1. "走出去"思想的孕育时期(20 世纪 50～80 年代)

早在 20 世纪 50 年代初期中国就有对外经济技术援助性质的对外承包工程和劳务输出,在当时特定的历史条件下这种对外合作是国家进行国际政治和外交斗争的手段,和今天意义上的以企业为主的,以赢利为目的的跨国经营活动不同,但可以看作"走出去"的萌芽,是中国企业发展对外经济交往、进行国际经济合作的最初形式,也为后来中国企业"走出去"奠定了重要的国际关系和市场基础。1978 年中国开启了改革开放,正式向世界敞开国门,以积极的姿态融入世界经济。受条件限制,此时的开放以"引进来"为主,大力吸引国外的资本和技术以弥补国内的不足,同时关注到了"走出去",1979 年国务院就提出了"出国办企业"的思路,要发展中国企业的跨国经营,中国企业也开始了"走出去"的尝试,例如中国五矿、中国国际信托投资公司等已经开始了小规模的对外投资活动。1979～1982 年,中国境外投资项目，无论何种出资方式，无论金额大小，一律需要报请国务院批准，1983 年开始，国务院授权原外经贸部为中国对外投资企业审批和管理部门，此阶段审批还只是个案审批，没有形成规范。1985 年 7 月，原外经贸部颁布《关于在境外开办非贸易性企业的审批程序和管理办法的试行规定》，对外投资从个案审批转变为规范性审批。此后直到 1997 年，我国对外投资的指导思想都是"积极稳妥、量力而行"，由于缺乏政府引导及各项服务措施，企业对"走出去"也是缺乏热情的，这期间对外直接投资无论在数量上还是规模上都很小。

2. "走出去"战略形成时期（1992～2001 年）

改革开放既包括"引进来"也包括"走出去"，二者是改革开放的两个方面，是伴着改革开放的政策应运而生的。江泽民同志一直重视中国企业的"走出去"，早在 1992 年党的十四大上，他就提出要"积极扩大我国企业的对外投资和跨国经营"。1997 年，国际政治经济形势发生变化，我国的经济发展对战略性资源和国际市场的需求增加，走出国门在全球配置资源的要求日益迫切，在当年的十五大报告中，江泽民同志又提出："更好地利用国内国外两个市场、两种资源。完善和实施涉外经济贸易的法律法规。"

1997 年 12 月，江泽民同志会见全国外资工作会议代表时提出，要积极引导和组织国内企业走出去、利用国际市场和国外资源的重要战略思想。"引进来"和"走出去"，是我们对外开放基本国策中两个紧密联系、相互促进的方面，缺一不可；不仅要积极吸引外国企业到中国投资办厂，也要积极引导和组织国内有实力的企业走出去，到国外去投资办厂，利用当地的市场和资源；视野要放开一些，既要看到欧美市场，也要看到广大发展中国家的市场；在努力扩大商品出口的同时，必须下大气力研究和部署如何走出去搞经济技术合作①。

江泽民同志作为"走出去"战略的倡导者和推动者为这一战略的孕育和形成做出了重要贡献，此后又在中共十五届二中全会、九届全国人大三次会议等多种场合不断强调"走出去"的重要性，为新形势下中国深化改革、扩大开放，参与国际竞争合作，促进我国经济迈上国际舞台，拓宽经济发展空间起到了积极的推动作用。

2001年，"走出去"作为中国今后五年重要的经济发展战略之一被正式列入"十五计划"，这是第一次将鼓励对外投资列入国家的发展纲要，凸显国家对"走出去"战略的重视，标志着"走出去"战略思想的正式形成。

3. "走出去"战略快速发展时期（2001年至今）

2001年中国正式加入世界贸易组织（WTO），中国企业也将享有多边的、稳定的最惠国待遇及国民待遇，中国企业对外直接投资获得了更加宽松的国际环境，为了抓住难得的历史机遇加快推进中国企业"走出去"，2002年"走出去"战略被写进十六大报告，提出"坚持'引进来'和'走出去'相结合，全面提高对外开放水平"。此后，为了配合"走出去"战略的推进，政府又出台了一系列政策措施，放松海外投资管制，完善投资服务体系，在金融、保险、外汇、财税、法律、出入境管理等方面出台便利化措施，为中国企业"走出去"创造条件。2005年3月十届全国人大三次会议上温家宝总理做政府工作报告，提出"要进一步实施'走出去'战略。鼓励有条件的企业对外投资和跨国经

---

① 《江泽民文选》第二卷《实施"引进来"和"走出去"相结合的开放战略》，人民出版社，2006。

营,加大信贷、保险、外汇等支持力度,加强对'走出去'企业的引导和协调。建立健全境外国有资产监管制度"。

2008年国际金融危机全面爆发,国外许多企业陷入困境,为中国企业开展对外投资、收购优质资产、扩大经营规模提供了很好的契机,中国政府也出台了很多鼓励企业到境外投资的政策。党的十七届五中全会明确指出"要实施互利共赢的开放战略,进一步提高对外开放水平,优化对外贸易结构,提高利用外资水平,加快实施'走出去'战略,积极参与全球经济治理和区域合作,以开放促发展、促改革、促创新,积极创造参与国际经济合作和竞争新优势"。2008年,在全球海外投资骤然下降15%的情况下,中国的对外投资不降反升,实现了两倍多的增长,即使在2009年全球投资下降45%的情况下,中国的对外投资也有1.1%的增长。

从十四大到十五大、十六大,江泽民同志提出的"走出去"战略思想日臻成熟和丰富,胡锦涛等新一代领导继承和发展了这一战略思想。"引进来"和"走出去"相结合的对外开放战略越来越被全国人民认同。在各项利好下,我国的对外直接投资发展迅速,"走出去"战略在"十一五"期间收到了良好的效果,"十一五"时期,我国5年累计对外直接投资达到2166亿美元,是"十五"期间对外直接投资额的3倍多,达到了"十一五"规划发展目标的3.6倍,年均增长30%。

"十二五"期间,随着"走出去"战略的大力实施,中国企业看准国际市场机遇,加快国际化发展,对外投资更是量、质齐升,"走出去"的主体更加多样,行业分布更加广泛,区域更加广阔,"走出去"的企业更加注重互利共赢,对东道国的税收和就业贡献更加显著,中国企业对外直接投资的形象得到提升。

2013年，国家主席习近平访问哈萨克斯坦和印度尼西亚时，分别提出共建"丝绸之路经济带"和"21世纪海上丝绸之路"的构想，得到国际社会的高度关注。2015年3月国务院授权国家发展改革委、外交部、商务部联合推出《推动共建丝绸之路经济带和21世纪海上丝绸之路的愿景与行动》，提出"'一带一路'是促进共同发展、实现共同繁荣的合作共赢之路，是增进理解信任、加强全方位交流的和平友谊之路。中国政府倡议，秉持和平合作、开放包容、互学互鉴、互利共赢的理念，全方位推进务实合作，打造政治互信、经济融合、文化包容的利益共同体、命运共同体和责任共同体"，通过"政策沟通、设施联通、贸易畅通、资金融通、民心相通"，携手推动更大范围、更高水平、更深层次的大开放、大交流、大融合。"一带一路"倡议是"走出去"战略的延伸，是资本、技术、要素、文化全面向外输出，标志着中国的改革开放走向一个更高的阶段，工作重心正式从"引进来"转为"走出去"。

三 中国企业"走出去"的概况

自2001年实施"走出去"战略以来，商务部、发改委、国家外汇管理局等部门密切配合，共同采取减少审批程序、简化手续、下放权限等措施改革境外投资审批工作，对促进企业对外直接投资起到了积极作用。中国的对外直接投资提速，即便是在受金融危机影响全球对外投资下滑的情况下仍然逆势上扬。

自2003年中国有关部门发布权威年度数据以来，中国对外直接投资流量已实现连续14年增长，2002~2016年的年均增长速度高达35.8%，2016年投资流量是2002年的72.6倍，但是从2017年开始到2019年连续三年有所下降（见表5-1、图5-1）。

第五章 中国流通企业"走出去"的动因分析

《2019年度中国对外直接投资统计公报》显示，2019年我国对外直接投资为1369.1亿美元，虽然投资量有所下滑，但是结构和质量进一步优化，所占全球份额连续位居世界第二，占比超过一成。从双向投资情况来看，对外直接投资规模低于引进外资规模3个百分点。截至2019年底，中国对外直接投资存量21988.8亿美元，有2.75万境内投资者在境外设立对外直接投资企业近4.4万家，分布在188个国家或地区。从投资流向来看，有1108.4亿美元流向亚洲地区，同比增长5.1%，占2019年对外直接投资总流量的80.9%，其中绝大部分，约905.5亿美元进入中国香港，约占对亚洲投资的81.7%。排在第二位的是拉丁美洲，有63.9亿美元，占当年对外直接投资流量的4.7%，主要流向英属维尔京群岛（86.8亿美元），对开曼群岛和委内瑞拉投资为负流量，分别为-43.6亿美元和-2.2亿美元。从投资存量趋势看，实施"走出去"战略后，截至2019年底中国的对外直接投资存量已达21988.8亿美元，是2002年的近73.5倍，占全世界对外直接投资存量的份额由0.4%提高到6.4%，排名也从第25位上升到第3位。从行业角度看，对外直接投资主要集中在租赁和商务服务业、制造业、金融业、批发和零售业、信息传输/软件和信息技术服务业，这几个行业占全部对外投资额的78.2%（见图5-2）。

表5-1 2002~2019年中国对外直接投资流量统计

单位：亿美元，%

年份	对外直接投资流量	对外直接投资增速
2002	27	—
2003	28.5	5.60
2004	55	93.00
2005	122.6	122.90

续表

年份	对外直接投资流量	对外直接投资增速
2006	211.6	72.60
2007	265.1	25.30
2008	559.1	110.90
2009	565.3	1.10
2010	688.1	21.70
2011	746.5	8.50
2012	878	17.60
2013	1078.4	22.80
2014	1231.2	14.20
2015	1456.7	18.30
2016	1961.5	34.7
2017	1582.9	-19.3
2018	1430.4	-9.6
2019	1369.1	-4.3

资料来源：2003~2020年《中国对外直接投资统计公报》。

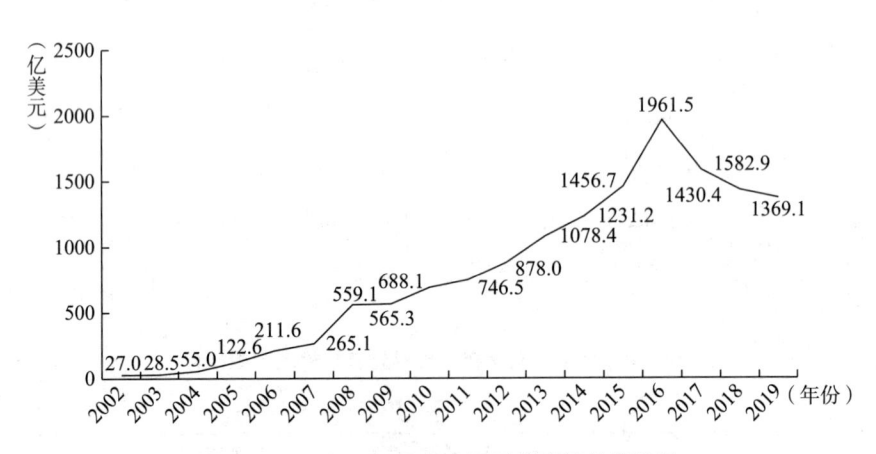

图5-1 2002~2019年中国对外直接投资流量

中国正以前所未有之势开展对外直接投资，国际上对中国的资本输出也从质疑转为欢迎，在全球经济举步维艰的今天，中国资本被视为经济发展的福音，成为世界各国竞相角逐的目标。

第五章　中国流通企业"走出去"的动因分析

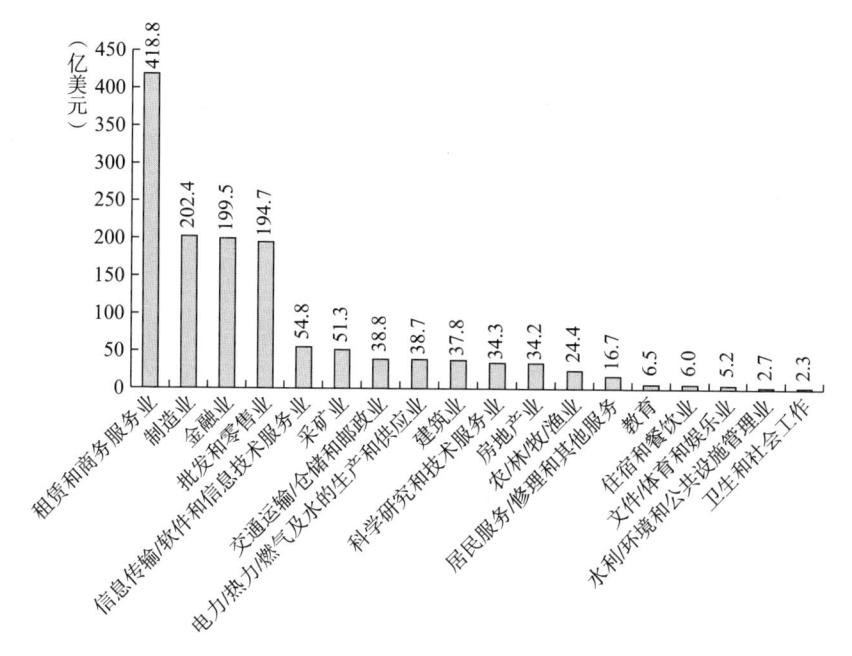

图 5-2　2019 年中国对外直接投资流量行业分布

第二节　中国流通企业"走出去"的宏观动因分析

流通业是中国改革开放的前沿，也是受益于改革开放最多的产业之一，加入世贸组织后更是得到迅速的发展，目前流通业已经成为中国开放程度最大、市场化程度最高、最具竞争活力的产业之一。2018 年，批发和零售业实际利用外资 97.67 亿美元，"全球零售 50 强"中实现国际化经营的 38 家企业中有一半已经或曾经进入过中国市场，中国商品市场已经呈现"国际竞争国内化"的局面。但是相对于"引进来"的速度，中国流通企业"走出去"的步伐明显缓慢，真正以商业存在形式"走出去"的流通

— 149 —

业还处于探索阶段，虽然流通业对外投资数额庞大且增长迅速，但是还存在投资主体弱、投资规模小、投资地域窄、商品档次低劣、经营业态低端等问题，中国流通企业在国际上的竞争力和影响力都较弱。德勤公司公布的 *Global Powers of Retailing 2020* 显示，2018 财年"全球零售 250 强"中美国有 77 家企业入选，德国有 19 家、英国有 14 家、法国有 12 家，中国大陆有 9 家企业入榜。现代流通业是国民经济的基础产业和先导产业，推动流通业"走出去"已经成为构建国家开放经济不可回避的问题。

一 积极应对经济全球化趋势与提高流通业竞争力的需要

从 20 世纪六七十年代开始，社会化大生产就超出了国界的限制，从资源供给和市场营销两方面看，任何一个经济体都越来越需要从国际上寻找机会，在世界范围内进行资源优化配置既是各国经济发展的客观需要，也是跨国公司生存发展的需要。在此基础上，各国都在商品、服务和资本的自由流动方面逐渐达成共识，政策越来越朝着降低贸易和投资壁垒的方向前进。在这一过程中，经济、市场、技术与通信形式都越来越具有全球特征，民族性和地方性在减少，全球化成为世界经济的显著特点和发展趋势。经过半个世纪的发展，在全球化机制的推动下世界经济已经实现高度融合，经济全球化已呈不可逆转的趋势。

经济全球化适应了生产力进一步发展的要求，社会分工得以在更大范围内进行，资源在全球范围内加速流动，国际贸易和投资的规模和数量都大幅度扩大，促进了全球经济的较快发展。在这一过程中，积极主动适应全球化趋势，利用全球化规则，无论是发达国家还是发展中国家都获得了较快发展，从欧洲的战后复兴到日本经济重建，到亚洲四小龙的奇迹，再到中国经济的崛起,乃至东南亚制造业的兴起都是源于充分融入世界经济,受益于经济全球化获得的分工利益,而任何排斥全球化、被全球化边缘化的国家都成为时代的弃儿,经济发展裹足不前。

为进一步顺应全球化趋势,中国从2001年开始实施"走出去"战略,鼓励中国企业走出国门,制造业、采矿业在"走出去"上取得了丰硕的成果。相对来讲,流通业仍是我国"走出去"的短板,绝大多数流通企业仅限于国内经营,尤其是大型的零售企业仅有少数几家尝试过"走出去",而且成功案例很少。2018财年进入"全球零售250强"的9家中国大陆零售商中只有苏宁1家是跨国企业,国际化率仅为11%,且仅在2个国家或地区经营。而同期德国的国际化率是95%,韩国和日本是60%和55%,法国则达到100%(见表5-2)。"全球零售250强"榜单中,中国企业排名最靠前的是第15位的京东,2018财年销售额是628.75亿美元,而排名第一的沃尔玛公司年销售额为5144.05亿美元,是京东的8.2倍。鉴于现代流通业是沟通生产和消费的桥梁,在国民经济发展中发挥着特殊重要的作用,中国零售企业"走出去"裹足不前,在国际上缺乏影响力也在一定程度上影响了中国整体对外投资的效果。在经济全球化的大环境下,流通业有必要顺应时代发展的趋势,扬长避短、趋利避害,积极主动地"走出去",利用更广阔的资源和市场快速成长,提升国际竞争力。

表5-2 2018财年部分国家/地区零售企业的国际化率

单位:家,%

国家/地区	进入"全球零售250强"的企业数量	进入"全球零售250强"的跨国企业数量	国际化率
美国	77	45	58

续表

国家/地区	进入"全球零售250强"的企业数量	进入"全球零售250强"的跨国企业数量	国际化率
德国	19	18	95
法国	12	12	100
韩国	5	3	60
日本	29	16	55
中国大陆	9	1	11

资料来源：德勤 Global Powers of Retailing 2020。

二 掌握全球价值链与助力制造业实现价值链升级的需要

中国是当之无愧的"世界工厂"，也是全球产业链上一支重要的力量，但是由于缺乏自主销售渠道，产品的增值空间都被跨国公司把持，中国企业只能为其做外包或 OEM（Original Equipment Manufacture）生产，处于"U"形价值链的底端，获得最少的价值链回报。在全球价值链治理下，我国以严重的重复建设、环境污染、能源消耗、结构失衡为代价换来了30多年的经济增长，这种以 GDP 高速增长为核心的发展模式饱受诟病，如果继续走以出口为导向的加工经济的旧路无异于饮鸩止渴，这必然导致产业国际竞争力下降，科技创新能力受到抑制，国家经济安全受到威胁，将自己驱赶上一条通向贫困和俘获型经济的道路，中国制造业要想有出路就必须寻求突破，价值链升级迫在眉睫。在流通主导价值链的今天，制造业对流通业的依赖程度不断加深，中国制造在国际市场上已经形成了对国际采购商的路径依赖，在没有自主流通体系介入的情况下，单靠制造业本身很难实现突破，大制造需要大流通，发展"中国制造2025"，必须发展遍及全球的中国自主流通网络，中国制造业的价值链升级迫切需要中国流通业

第五章 中国流通企业"走出去"的动因分析

"走出去",通过提升自主流通能力来拉动。

当今世界对市场的竞争实质上就是对流通渠道的竞争,对流通环节的掌控是发达国家维系全球价值链霸权体系的关键,它们通过遍布世界的跨国零售公司建立影响全球的销售网络,控制着全球商品的价值实现,站在价值链顶端剥削发展中国家。中国零售企业"走出去"在世界范围内建立自己的销售网络,可以从三方面改善我国在全球价值链中的活动能力,促进本国制造的产品更加顺利地销往国际市场。第一,拥有自主销售渠道,打破跨国公司对商品流通领域的垄断,从而推翻发达国家的霸权,改善贸易条件,绕开国际买家,夺回商品定价权,提高商品附加值,增加中国企业的利润。第二,零售企业直接与消费者接触,最能及时敏锐地捕捉市场信息,只有通过对消费趋势的把握,透过收入结构、性别结构、年龄结构等的变化预测未来的消费走势,并以此为依据进行研发的决策和调整,生产出的产品才是被市场接受的,才能更快地实现商品价值,获得高利润的回报。中国的零售企业"走出去"会起到连接消费与生产的作用,及时反馈国际上消费需求的最新信息可以为中国制造业提供研发和生产的依据,开发出适销对路的产品、被市场广泛接受的产品,一方面可以实现扩大出口,另一方面也可以促进中国游客的境外销售回流国内。第三,我国零售企业在世界范围内建立起销售网络后,就能提升在价值链中的地位,对上下游企业有更大的影响力,有利于中国企业在全球范围内整合资源、聚集要素优势,提升中国企业在国际商品和原料采购上的话语权,增强对整个价值链的控制能力。因此,要实现中国制造业的全球价值链升级必须重视流通环节的建设,尤其是流通业,要推动中国零售企业走出国门,引导我国制造业优势资源向价值链的核心环节聚集,形成自己掌握的价值链体系。

三　顺应对外经济发展规律的需要

现代经济是建立在生产力发展的基础上，遵照一定的经济规律发展的，其本质是交换的经济和开放的经济，是建立在与外部广泛联系的基础上，在更广阔空间内配置资源的一种经济方式，要求实施对外开放、参与国际分工、利用国际资源、融入国际市场、参与国际竞争。从发达国家的经济发展历程来看，开放型经济的发展形态大致经历三个阶段：商品输出、资本输出和品牌输出。

商品输出是开放型经济发展的最早期形态，也是最低级的形态。通过向其他国家和地区输出工业制成品来扩大对外经济交往，使出口商品多样化，推动一国工业和经济的发展。老牌资本主义国家英国是商品输出的典型代表。新航路开辟以后，对外交往打破了自给自足的封闭经济，摆脱了对土地的依赖，商品输出也成为自由资本主义时期对外扩张的手段。19世纪中期，英国率先完成了工业革命，商品生产能力大大增强，本国狭小的市场已经无法满足资本主义的发展，英国的资本家将目光转向海外，占领更广阔的市场也成为英国进行殖民扩张的动力，把掠夺的原材料运回本国加工，然后出售到殖民地获得高额利润，成为帝国主义殖民掠夺的重要手段，也将整个世界卷入了资本主义世界市场。

随着商品输出的不断发展，西方国家出现了大量的过剩资本，资本的本质是要追逐利润的，越来越多的货币需要寻找投资场所，随着资本主义向帝国主义阶段的过渡，早期垄断组织出现，发达资本主义国家的过剩资本也达到了前所未有的规模。第二次工业革命后，资本主义社会就由商品输出转为资本输出。资本输出是一种更高级的经济掠夺手段，表现为借贷资本和生产资本等形式。借贷资本的输出，即由帝国主义国家的政府、企业或者银行出面，把资本贷给其他国家的政府、企业或银行。垄断资产阶级采取借贷资本的形式输出资本，为的是索取利息，并借此向输入国提出各种条件，特别是要求输入国为其生产资本输出和商品输出提供有利条件。生产资本的输出，即由帝国主义国家的政府、企业或者银行直接投资，在国外或者独立创办企业，或者与外国资本联合创办企业，或者低价收买外国已有的各种企业。垄断资产阶级采取生产资本形式输出资本，为的是以远比本国低的价格在输入国购买原材料和劳动力进行生产，就地销售，以取得垄断高额利润。尤其是第二次世界大战后，西欧各国受到战争破坏，美国作为资本主义强国开展了大规模的针对西欧的资本输出，如有代表性的马歇尔计划。资本主义国家的资本输出主要以跨国公司的形式。20 世纪 60 年代后从战争中恢复过来的日本也经历了由商品输出阶段向资本输出阶段的转变。

品牌输出是指企业通过提供品牌使用权、品牌塑造、品牌运营、联合开发产品、传输管理经验和人力资源等方式，联合其他企业，开发国外市场，从而达到降低成本、扩大市场份额、规避风险、提升核心竞争力等目的的投资行为。随着技术的进步，同种商品在质量、性能、价格上的差距越来越小，而消费者大都缺乏商品知识，因此在众多挑选机会面前消费者往往选择知名度高、美誉度好的商品，即名牌产品。名牌成了优质的证明、信誉的保证，消费名牌也成了财富的象征、身份的标志。品牌输出开始于发达国家的跨国企业，不仅制造类企业如耐克、可口可乐等，连酒店、餐饮业等服务类企业都开始进行品牌输出。品牌也从一个符号、一个标志，发展成一种实实在在的巨大资产。跨国公司的全球发展就是品牌全球化的过程，亦是其向全球输出品牌的过程。品牌输出已经不仅仅停留在商品或资本层面，更是一个企业或国家的文化输出。

经过商品输出到资本输出再到品牌输出，发达国家已经取得了品牌的霸主地位，逐步从产业链中低附加值的加工制造部分转移出来，牢牢地控制着研发和营销等高附加值环节，并进一步巩固了国际知名品牌对世界市场的垄断。

我国对外经济的发展也是沿着从商品输出到资本输出再到品牌输出的路线。改革开放后的中国，不断扩大与其他国家和地区的对外经贸联系，接收发达国家的资本输入，承接制造产业的转移，逐步融入世界经济一体化之中，在30多年的时间里，专注于劳动密集型和资本密集型产业的生产、加工、组装，不仅实现了中国经济的起飞，更是打造了强大的制造业，成为"世界工厂"。根据联合国工业发展组织的统计，2014年中国工业产值占全世界的22%，工业净出口居世界首位，中国提供了全世界70%的手机、80%的空调、70%的微波炉、65%的照相机，世界上一半左右的汽车、船舶、工程机械都在中国生产，中国是当之无愧的制造业大国，也是全球产业链上一支重要的力量，中国的对外贸易依存度保持在40%以上，最高达到65%。可以说，改革开放后的前30年，是中国的商品输出阶段。经济高速发展后，中国已经完成资本的积累，2006年中国的外汇储备就已经超过日本成为第一外汇储备大国，如今已经连续十多年位居外汇储备世界第一，按照规律中国应该从商品输出转为资本输出了。2003年开始，中国的对外投资流量呈快速增长的态势，中国对外直接投资连续14年增长，2002~2016年的平均增速高达35.8%，占全球的比重从2002年的0.5%上升至2016年的13.5%，从2015年开始，对外投资流量仅次于美国,排名世界第二,从2017年开始连续三年有所下降。2016年中国对外直接投资超过吸引外资,连续两年实现双向直接投资项下的资本净输出,中国已经从"靠劳动力赚钱"进入"靠资本赚钱"的阶段,迎来资本大输出的阶段。一国的经济发展归根到底取决于本国资本的积累能力和资源使用效率,依靠外来资本集聚来支撑工业化进程的格局是不能持久的,中国必须通过"走出去"拓展全球资源布局,重构中国全球价值链。

四 扩大开放与促进内外贸一体化的需要

由于特殊的历史原因,我国从1952年开始实施内贸和外贸分离的流通体制,外贸部门只专注于进出口贸易赚取外汇而不参与国内经营,内贸部门只负责国内贸易,没有进出口经营权,由专门的政府计划部门负责沟通内外贸物资及资金的调拨,内外贸不直接发生联系。随着市场经济体制的运行以及经济全球化的深入发展,中国与外部经济交往越来越多,成为举足轻重的世界贸易大国,外贸依存度不断提升,这种内外分离的流通体制就已经不适合生产关系的需要了,并成为经济发展的障碍。在多方呼吁下,直到2003年国家将原来的外经贸部和国家经贸委整合成立了商务部,才从行政管理体制上正式开始推行内外贸一体化。

然而内外贸分离体制在中国运行了长达几十年,已经积重难返,这种人为地割裂内外联通纽带的管理方式形成了内贸和外贸两套管理班子、两种管理方法,一体化管理的理论和实际进展都很缓慢,只做了形式上的一体化,实质上还是内外贸分离。2008年以后受金融危机影响,国际市场需求大幅萎缩,外商纷纷削减订单,中国商品出口受阻,大量出口订单迫切需要在短时间内在国内消化掉,外贸企业只重视和外商打交道,没有深入国内的市场，在出口要转为内销时就出现了内外贸无法实现有效对接的问题。同时，内贸企业只做国内业务没有开发国际市场，致使很多优质产品因没有出口渠道而无法在国际市场实现价值，无法提升中国制造的国际竞争力。

内外贸一体化之所以裹足不前除了有制度惯性的原因外，最主要的障碍在于国内国外流通领域的分割。流通一头连接生产一头引导消费，是经济运行的中介，国内流通与外贸流通的长期分离，形成了令人难以理解的二元流通结构，流通产业欠缺流通主导能力，直接导致内外贸长期无法实现耦合。因此，内外贸一体化的关键在于流通渠道的建设，要实现真正意义上的内外贸一体化就要首先形成内外贸一体化的流通体系，推动零售企业，尤其是大型零售企业"走出去"成为关键。作为流通产业的主体，中国的零售企业算是典型的内贸企业，国外零售企业在中国跑马圈地时，我国的零售企业绝大多数还局限于国内经营，无法形成竞争力。而推动零售企业走出国门在境外设立商业存在就是将内贸流通延伸到国外，沟通内外贸的连接渠道，能使流通业作为基础产业和先导产业的作用得到更充分的发挥，有利于实现内外贸一体化。

内贸和外贸迟迟得不到整合的另一个原因还在于我国并没有一个完整、统一的大市场。虽然改革开放已经40多年了，但内贸流通领域还受计划经济的影响，旧思想禁锢着人们，存在行政垄断、条块分割、地方市场割据的现象，或者对域外产品实施保护性的征税或征收其他费用，使其处于不利的竞争地位，以达到保护本区域经济的目的，严重影响了经济的正常发展，也使内外贸一体化无法进行。实践证明，每当国内改革推动力不足时，开放都会扮演"救驾者"的角色，在这种情况下，推动我国零售企业，尤其是大型零售企业集团走出国门，将对外开放推上一个新台阶，用开放形成倒逼机制，促进国内加速改革。零售企业"走出去"能够实现与国际规则对接，引入新信息、新观念，逐步打破旧思想、瓦解旧体制，除去制约改革的顽疾，打破国内市场存在的各种行政垄断和地方保护，激活国内流通渠道，形成全国统一的、开放的大市场、大流通格局，用国内市场与国外市场相互联动、协调发展，推动国内外要素市场与产品市场的融合，促进内外贸一体化加速实现。

五 做大做强流通企业和提高流通产业竞争力的需要

当前世界经济中，跨国公司已经成为国际贸易的主角，控制了世界90%以上的国际生产和投资，在世界经济中的影响越来越大。在零售领域大型零售企业的主导地位亦不断增强，全世界的商业体系主要控制在若干家大型跨国零售企业手中，它们主导当前和未来世界流通业的竞争格局。*Global Powers of Retailing 2020*显示，2018财年"全球零售250强"企业共实现销售额近4.74万亿美元，复合增长率达到4.1%，其中前10强的销售收入总额就接近1.53万亿美元，占32.3%。发达国家的流通影响力都是通过像沃尔玛这样的大型零售企业体现出来的，而经营规模大小关系着零售商是否能成为大型企业。零售企业的技术应用只有达到一定规模后才能实现成本最低，物流配送系统只有在达到一定经营规模后才能发挥最高的效率，品牌的建设也是在企业达到一定规模后才能进行，通过规模化发展还可以提高零售企业的资产聚合度，增强整体市场竞争能力和抗风险能力。美欧日等国家或地区都曾支持鼓励本国实力雄厚的企业不断通过并购增加体量，扩大实力，甚至不惜修改反垄断法。

经过 30 多年的发展，中国的零售企业取得了显著的成绩，也涌现出一批颇具规模的大型零售企业。2001 年华联控股股份有限公司成为首家年销售额超过 100 亿元的企业，2007 年诞生了第一家年销售额超过 1000 亿元的零售企业——国美电器有限公司。2015 年天猫又以 11440 亿元成为首家年销售额超过 1 万亿元的企业。2018 年中国零售百强企业共实现销售额 7.35 万亿元，同比增长 20.5%，前 10 名企业占百强企业整体销售规模的比重为 78%，天猫以 24520 亿元的营业收入重新成为中国最大的零售商。零售百强门槛逐渐抬高，2001 年是 71761 万元，2005 年是 12.9 亿元，2011 年是 30 亿元，2018 年就已经超过 45 亿元了。与此同时，中国零售市场的集中度也不断提高，零售企业规模不断壮大。

在国内我们凭借本土优势力压了外资零售，然而到国际上一比较就显出我们跟发达国家跨国零售公司的差距了。2018 财年位居"全球零售250强"首位的美国沃尔玛公司已经在 28 个国家和地区经营，年销售额达到 5144.05 亿美元，是京东的 8.2 倍（见表 5-3），苏宁的 14.6 倍。早在 2001 年沃尔玛就超过了多年的霸主通用电气公司（GE）在福布斯世界 500 强榜单上折桂，并蝉联第一。当前世界流通业已经被几个遍布全球的大型零售企业所主导，而且这些企业在持续快速扩张做大，跟这些跨国零售巨头比起来，我国的零售企业确实规模太小，实力太弱，在企业数量、经营业态、门店数量方面都相去甚远，制约了我国流通业竞争力和整体经济水平的提升。因此，进一步培育我国零售企业做大做强，对发挥龙头带动作用、维护经济安全、稳定供需市场、提高流通效率有积极作用。我国政府也十分重视培养大型零售集团，早在 2004 年就印发了《关于培育流通领域大公司大企业集团的意见》的通知，将培育大型流通企业视为一项具有战略意义的任务。

大型零售企业保持一定成长速度与成长率的路径主要有两条：一是跟随流通业的成长而成长；二是当流通业的成长减缓或停滞时，通过争取更大的市场份额来维持。得益于持续增长的宏观经济，第一条路径已经实现了我们零售企业在国内的成长壮大，在目前国内零售市场趋于饱和、竞争激烈的情况下我们应循着第二条路径走，推动我国的零售企业"走出去"，向海外扩张，在更广阔的国际市场上竞争，争取更大的市场份额。从世界流通业发展的历史来看，发达国家的零售企业也都是通过国际化，向海外发展才不断扩大规模，成为零售巨头的。沃尔玛公司1992年开始在墨西哥开设第一家海外门店，目前已经在全球28个国家和地区拥有超过一万家门店，其中有6000多家位于美国以外。家乐福从20世纪70年代开始国际化，目前在全球35个国家拥有1.2万多家门店，海外门店占一半以上，通过不断在海外扩张，家乐福长期占据世界零售业第二把交椅。还有英国的TESCO、德国的麦德龙等企业，在本国国土狭小、消费市场有限的情况下通过在海外市场扩大规模，竞争力不断得到提升，成为国际零售领域的领军企业。世界零售历史证明国际化是零售企业成长并实现规模化的通道，所以中国的零售企业要想提高竞争力，在国际上增强市场的主导能力，"走出去"是必经之路。

表5-3 2018财年进入"全球零售250强"中国企业与全球零售前10强企业比较

单位：百万美元，个

排名	公司名称	总部所在国	零售额	经营国家数量
1	沃尔玛百货有限公司	美国	514405	28
2	好市多公司	美国	141576	11

续表

排名	公司名称	总部所在国	零售额	经营国家数量
3	亚马逊	美国	140211	16
4	施瓦茨集团	德国	121581	30
5	克罗格	美国	117527	1
6	沃尔格林	美国	100904	10
7	家得宝	美国	108203	3
8	阿尔迪	德国	106175	19
9	CVS	美国	83989	2
10	TESCO	英国	82799	8
15	京东	中国	62875	1
32	苏宁易购	中国	35156	2
82	中国资源	中国	12239	1
87	唯品会	中国	11855	1
106	永辉超市	中国	9903	1
109	国美电器	中国	9724	1
150	上海百联	中国	7067	1
191	物美超市	中国	5311	1
250	重庆商社	中国	3907	1

资料来源：德勤 Global Powers of Retailing 2020。

六 助力实现流通大国向流通强国转变的需要

改革开放以来，尤其是2001年加入世贸组织后，我国的对外贸易和商品流通都取得了巨大成就。1978年我国的进出口总额只有206.4亿元，2002年跃升至51378亿元，2019年达到315504.75亿元，并且从2009年起至今，我国已经连续9年成为世界第一大商品出口国。在国内，零售市场繁荣，社会消费品零售总额也持续增长，2019年我国社会消费品零售总额已超过40万亿元（见表5-4），连续多年位居世界第二。从国内和对外贸易的发展情况看，我国已经成为名副其实的商品流通大国。但是，大国从来不是与强国画等号的，流通强国应该对国际国内市场都具有一定的影响力，在国际竞争中占据主导地位，从中国流通的国际影响力来看，我国与流通强国还有很大差距。

表5-4 2008~2019年我国进出口总额与社会消费品零售总额

单位：亿元，%

年份	进出口总额	增速	社会消费品零售总额	增速
2008	179921.47	7.79	110994.6	22.46
2009	150648.06	-16.27	128331.3	15.62
2010	201722.15	33.90	152083.1	18.51
2011	236401.99	17.19	179803.8	18.23
2012	244160.21	3.28	205517.3	14.30
2013	258168.89	5.74	232252.6	13.01
2014	264241.77	2.35	259487.3	11.73
2015	245502.93	-7.09	286587.8	10.44
2016	243386.46	-0.86	315806.2	10.20
2017	278099.24	14.26	347326.7	9.98
2018	305050.36	9.69	377783.1	8.77
2019	315504.75	3.43	408017.2	8.00

资料来源：国家统计局网站。

流通的国际影响力主要体现在商品出口的规模和结构、对国际市场商品价格的影响力、出口获利能力、对贸易纠纷的解决能力、对贸易风险的抵御能力以及微观主体的竞争力等方面。从出口规模看，中国的货物贸易额居全球第一；从出口结构看，以低附加值的工业制成品为主，高科技产品出口少，贸易增长方式粗放，产品不具备竞争力。由于缺乏自主流通渠道，在销售上受制于国际渠道商，对价格几乎没有影响力，缺乏竞争优势，只能依靠价格取胜，获利微薄，盈利能力差。改革开放以来，由于价格优势中国的外贸出口额不断攀升，对外贸易长期保持顺差，不断引发贸易摩擦，我国是遭受国际反倾销调查最多的国家，也是贸易保护的最大受害国。2018年1~11月，中国产品共遭遇来自28个国家和地区发起的101起贸易救济调查。其中反倾销57起，反补贴29起，涉案金额总计324亿元。与上年同期相比，案件的数量和金额分别增长了38%和108%。然而面对贸易保护，中国的应对方法有限，因为我们长期被排除在规则制定之外，缺乏反制措施，出口环境日益严峻。在贸易主体方面，我们缺乏有竞争实力的大型跨国流通企业。流通强国都有本国的大型跨国公司，这些公司掌握核心技术、拥有研发能力、拥有有影响力的自主品牌，而我国的外贸格局由外资企业主导，绝大部分出口是外资企业在中国的国际采购，中国商品在国际上的流通都是借外资流通企业的渠道进行的，中国的所谓外向型企业主要是为跨国公司采购服务的，中国的流通企业还仅限于国内经营，根本没有"走"向国际，何谈成为竞争主体！另一方面，我国还存在出口的地域结构单一问题，主要面对美国、欧洲等发达国家市场，受市场波动影响大，抵御危机和抗击风险的能力差。

在当今世界经济全球化、流通产业国际化和世界产业控制权已经从制造环节向流通环节转移的大背景下，要实现我国从商品出口大国迈向流通强国这一战略转变，提升流通产业的国际竞争力，首先就要推动中国零售企业"走"向国际，扩大中国在国际上的流通影响力。零售企业"走出去"能够从量和质上带动中国商品的出口。目前，很多国际上有影响力的大型零售企业，如沃尔玛、宜家、GAP等都在中国设有采购中心，每年从中国购买大量的商品销往全球，我国相当一部分商品出口都是通过大型跨国零售商的渠道进行的。沃尔玛的全球采购中心2001年正式落户中国深圳，在中国的采购额每年达几百亿美元，中国成为沃尔玛最大的供应国之一。全球最大的家居用品公司瑞典的宜家家居在全球设有 16 个采购中心,其中 3 个在中国,目前宜家在中国的采购量居全球第一,有超过 1/5 的商品来自中国。

2008 年金融危机以来,由于成本上升,大型跨国零售公司已经陆续把在中国的巨额采购订单转移至南亚和东南亚,致使中国制造业陷入了早已预见到的销售困境,进一步彰显了商贸流通网络、网点渠道命脉在全球供应链中的霸主地位。中国零售企业如在海外设立商业分支,必然扩大中国商品出口量。流通业"走出去"建立全球销售网络将使中国企业对国际需求更加敏感,促使制造业根据需求调整生产结构,通过贸易结构的变化推动产业结构向高级发展,从而使中国的出口商品在质上得以提高。流通业"走出去"最重要的作用是建立自己掌控的销售渠道,与制造企业组建国际供应链战略联盟,通过资源共享来强化竞争能力,提升在产业链和价值链中的地位,提高对商品价格的影响力,增强企业的获利能力,也有助于我国的零售企业做大做强,大型零售企业无论在商品采购还是销售上都具有规模优势,能直接影响上下游产业。从国际经验上看,发达国家都是通过沃尔玛、家乐福这样的大型零售企业发挥其对国际商品的流通影响力的,从这一点看,推动中国零售企业"走出去",通过连锁化、国际化、大型化对中国转型为流通强国有积极意义。流通强国应该适当进口,用增加进口来影响其他国家,而不是一味出口,中国流通企业"走出去"可以拓宽采购途径,将有特色的国外产品进口到中国,一方面能够增加中国消费者选择的多样性,另一方面可以平衡贸易顺差,避免贸易摩擦。

七 促进我国文化输出与提升中华文化影响力的需要

文化因素历来在国际关系中发挥着非常重要的作用,在古今中外各国政府的外交政策中都有体现。因为中华民族有强大的文化底蕴，中华文明才能屹立世界五千年而不倒，中华民族得以延续至今。西方文明兴起以后，欧洲人向世界各地派出传教士宣讲基督教，传播西方价值观，从思想上为欧洲征服世界做准备。二战后美国成为世界头号强国，文化输出更是其对外战略中的一项重要内容，靠意识形态输出，吹捧所谓的"普世价值"，建立符合美国利益的世界秩序和价值观，为美国利益服务。

历史上的文化输出总是伴随武力，现在则是靠经济手段来实现，一个重要的途径就是靠商品和服务的输出。商品是价值、使用价值以及文化的统一体，商品和服务是一国文化的物质承担者，商品流通是文化交流最重要的载体，商业与文化的结合，古往今来，亘古不变。古代时，中国通过开辟丝绸之路与西域和欧洲通商，中国的丝绸、茶叶、瓷器经此道传入西域、埃及、罗马，西方的香料、马匹、珠宝也由此进入中国，随着商贸往来，各种文明也汇聚于此道，丝绸之路成为沿途各国沟通交流的平台，佛教就是沿着丝绸之路传到西域，再由西域到达中原，然后在中国广为传播，同样中华文明也沿着这条丝绸之路走向世界。随着各种文化交流增多带来的相互理解，各民族之间出现相互融合的趋势，并都获得了发展进步，形成了强大辉煌的中华文明，对周边乃至世界都产生了深远的影响。近代，英国经过工业革命生产力空前强大，向全世界输出工业品，同时英国的文化也被带到了商品所到之处，尽管二战后英国的实力衰落了，但英国文化对世界影响之深至今还有所体现，英语至今仍是世界上使用最多的语言，也是许多国家的官方语言，英联邦国家以英国女王为国家元首。美国的历史虽然很短暂，但全球影响力是较大的，主要靠文化传播，我们吃麦当劳、穿牛仔裤、看美国大片、游迪士尼乐园在某种程度上就是消费美国文化。

　　文化的影响力作为一国的软实力，是一个国家文化所体现出的凝聚力和吸引力，对一个国家的长远发展至关重要，中华民族要想实现"中国梦"，首先要在文化上崛起。要提高中华文化的影响力，向世界输出和传播中国文化必不可少，文化的输出要借助商品和服务的力量，因此要推动更多的中国企业，尤其是零售企业"走出去"。零售企业走向世界不仅带动中国的商品输出，而且有服务的输出，商品和服务都凝结着一国的思想观念、社会习俗。美国依靠沃尔玛等零售企业在全世界渗透美国文化，诞生于美国的超级市场、购物中心、折扣店等经营方式已经成为各国零售商普遍采用的经营业态，一站式购物、刷卡消费、提前消费等也成为全球化的消费理念，圣诞节、情人节促销引领流通业的改革和潮流，这背后其实是美国的意识形态、政治观点和商业策略。其实中国近代也形成了徽州商帮、山西商帮、陕西商帮、宁波商帮、福建商帮等特有商帮文化，也曾辉煌一时，但是由于不够开放，或是偏隅一方或是限于特定的区域和范围内活动，没有形成广泛的影响力，最终趋于没落。因此，在全球化的今天，必须推动中国零售企业"走出去"，通过加快中国商品流通来传播中国商业的文化价值，提升中国文化的影响力，只有在文化上崛起了，才能实现中华民族真正的崛起。

第三节　中国流通企业"走出去"的微观动因分析

　　零售企业是否采取国际化战略取决于企业自身的经营需要，也取决于国内外环境是否有利于零售企业的发展。西方学者将零售企业国际化的动机归为三类：推动因素、拉动因素和便利化因素。推动因素来自母国内部，尤指那些国内不利于零售企业发展的，迫使零售企业不得不向海外扩张的因素。拉动因素来自海外市场，如东道国的优惠政策、市场空间、经济结构、消费潜力等吸引零售企业前去投资的因素。便利化因素有来自企业自身的因素，如企业自身所具备的、能够帮助企业克服国际化中的障碍的有利因素，还有客观经济环境中有利于企业进行对外投资的便利条件。中国流通业"走出去"的驱动因素分类也适用于以上三种，基于不同国情、不同背景，既有普遍适用的因素，也有中国流通业特殊的因素。

一 中国流通企业"走出去"的推动因素

1. 国内市场竞争激烈

改革开放以来，受益于中国宏观经济的高速发展和国家流通体制的改革，零售市场的活力逐渐释放出来，个体、国营、外资等各种社会投资不断涌向流通业，中国流通业的规模在过去30年内不断扩大，社会消费品零售总额连年攀升，零售企业数量、门店数量、经营面积、营业收入和就业人数都呈上升趋势，竞争日趋激烈。尤其是2004年流通业全面对外开放后，外资零售迫不及待地在中国展开扩张。2005年是全面开放的第一年，仅这一年商务部批准设立的外资商业企业就有1027家，是2004年以前的3.27倍，批发和零售业利用外资10.39亿美元，比上年增长了40%，2006年的增速更是高达72%。根据统计，2005~2017年，批发和零售业实际利用外资额的平均增长速度达25.65%，外资零售企业的快速涌入进一步加大了国内零售企业的竞争压力。随着外资零售企业的到来，从20世纪90年代开始各种新鲜的零售业态陆续登陆中国，由传统的百货经营转为多元化经营，20多年的时间内完成了西方流通业的百年进化历程，各种业态之间处于过度竞争状态，致使某些业态提前衰退，经营陷入困境。和中国其他行业一样，流通业也存在同质化投资、千店一面现象，尤其是大型商圈及附近的优质地段，同时有多家业态相同的店铺，经营品种相同、促销手段相同，同质竞争严重，最后不得不进行价格搏杀，其结果只能是利润受损和效益下滑。国内行业竞争过于激烈，生存空间狭窄是迫使零售企业走向海外的重要原因之一，中国流通业经过30多年的发展也面临市场容量的瓶颈，内资零售企业要应对跨国公司的挑战就必须走出国门，投入国际化经营之中，整合全球资源构建民族资本的竞争力。

2. 消费者需求的多样化、国际化

随着经济的发展和国民收入的提高，中国居民的消费方式也由温饱型向舒适型、发展型转变，消费者不再满足于过去大众化的消费方式，个性化、多样性的消费方式成为主流。尤其是"80后"逐渐成为社会的中坚力量，年轻一代成为消费的主力，他们更加注重休闲消费、文化消费、健康消费，对国外的有机产品、保健品、化妆品、电子产品和奢侈品等有着购买需求。"90后"和"00后"新一代消费者成长起来后，他们喜欢新鲜事物，追求新奇个性化观念将更加彰显，这种消费趋势也将得到强化。

面对消费升级，中国的流通业显然还没有准备好，消费者的需求在国内无法得到满足。据统计，中国每年出境游游客以两位数增长，2018年达到1.5亿人次，中国大陆游客的境外消费总额达到2773亿美元，比上年增长5.2%。中国游客购物最多的国家分别是日本、韩国、美国和澳大利亚，在日本甚至还出现了中国游客"爆买"的现象。中国消费能力在境外的火爆从侧面说明了中国流通业的滞后,在商品和服务上都没能跟上消费的变化,进口渠道少。在国内无法满足消费者需求的情况下,零售企业有必要将目光投向海外,"走出去"在境外设立商业机构,将符合国内消费者需求的商品进口至国内,将国内的需求转化为切切实实的市场,将中国人的购买力和消费能力留在国内。

二 中国流通企业"走出去"的拉动因素

1. 海外广阔的市场空间

中国流通业竞争越来越激烈,大型零售企业集中的城市流通业发展的空间越来越小,近几年频频出现零售企业关店、重组等现象,流通业内深感"生意难做"。而农村市场又受限于消费观念落后以及购买力不高,最终会促使我国零售企业更多地将发展重点放在海外市场。2019年中国的社会消费品零售总额超过40万亿元。据统计,2018财年仅"全球零售250强"的总销售就有大概4.74万亿美元的规模,中国市场以外有更庞大的世界市场,中国零售企业不能只偏安在中国,必须走向世界。守在国内只能等待跨国零售公司来瓜分我们的市场,而"走出去"才能到国际市场去争取属于自己的份额,才能获得中国零售企业做大做强的机会。

2. 海外民族市场和旅游市场的吸引

一方面,伴随经济一体化的推进,中国和世界各国的交流不断加深,中外人员往来越来越紧密,每年都有大量中国人到国外工作,他们多为政府派出的驻外人员、国际组织的工作人员、中资企业的驻外员工,还有到国外求学的留学生,旅居海外的华人华侨等,再加上这些人的家属构成了一个初具规模的消费团体。未来随着中国对世界经济影响力的加大,更多中国企业走出国门，这一团体的规模将不断扩大。中国人都有强烈的故乡情结，身在他乡却渴望用到家乡的产品，尝到熟悉的味道，对来自本国的企业和商品有特殊的感情。这是一个存在于海外的民族市场，中国零售企业最熟悉这个市场的需求，只有中国零售企业能够满足这个市场的需求，这也是中国零售企业"走出去"的一个机会。

另一方面，随着中国中产阶级的不断壮大，中国人出国旅游的意愿越来越强烈。据联合国世界旅游组织统计，从2012年起中国游客的境外支出一直稳居世界第一，中国游客在海外的消费能力十分强，这是一个非常庞大的消费市场，许多国家都在采取措施积极吸引中国游客，将中国游客当作"摇钱树"。中国零售企业在境外设立商业机构，以中国海外游客为目标顾客，兼顾当地其他亚洲消费者，将比当地的零售企业更有竞争优势，目前苏宁在日本的LOAX电器商城就在吸引中国游客方面取得了相当不错的效果。从国际经验上看，日本百货店的跨国经营就受益于日本海外旅游人数的增长，20世纪60年代开始日本人到海外旅游的数量开始激增，到七八十年代以购物为目的的旅游达到了高峰。当时，日本的一些百货店就在欧洲的伦敦、米兰、巴黎等城市设有办事机构专职采购，后来三越、八佰伴等公司就在海外开设分店，目标客户就是境外旅游或旅居的日本人，也兼顾当地中国人、韩国人的需求。

3. 宽松的国际投资环境及各国吸引投资的需要

在中国改革开放各项利好政策的推动下，在世界经济一体化大潮的席卷下，中国经济与世界经济交往日益密切，尤其是2001年底中国成为世界贸易组织的成员，WTO的自由贸易协定赋予的多边及双边的最惠国待遇、国民待遇为我国企业的对外投资提供了宽松的对外投资环境。另外，近年来我国已经同多个国家和地区组织签订了自由贸易协定，进一步为我国企业的对外投资扫清了障碍，我国零售企业可以充分利用各项有利协定扩大对外直接投资。

经济危机后，包括西方发达国家在内的很多国家都遭受重创，迫切需要吸引外国投资帮助其恢复经济。作为世界投资大国，中国的资金越来越受到欢迎，外国元首纷纷访华，给予优惠的待遇，邀请中国企业去投资，这样的国际氛围为中国零售企业"走出去"创造了难得机遇。

三　中国流通企业"走出去"的便利化因素

1. 中国流通企业具备一定的竞争实力

经过改革开放40多年的洗礼，尤其是加入世贸组织后，跨国零售公司的大举进入给中国流通业带来前所未有的生存危机感，在外资企业的激励下中国本土零售企业积极寻求突破之路。对外资企业的观察、学习和模仿成为本土企业获得国际先进零售技能的捷径，通过与外资零售企业的合作与竞争，中国本土零售企业逐步接受了国际先进的经营理念，改善了管理方法，引进了电子信息系统、全球卫星定位系统、条码技术、射频技术等先进的零售技术并培养了一大批熟练掌握零售经营管理和技能的专业人才，极大地促进了我国本土零售企业的成长。一批大型连锁零售企业通过不断的整合扩大，朝着规模化、连锁化、集团化方向发展，具备了一定的规模实力，如华联集团、苏宁云商、国美电器、大商集团、永辉超市等在地区和城乡差异巨大的中国实现了跨区经营，从区域内走向全国，成为全国知名企业，不但力压沃尔玛、家乐福等国际零售商，占据中国零售百强前几位，而且有越来越多的企业跻身"全球零售250强"。这些企业内部管理水平趋于完善,融资能力和盈利能力不断提高,适应环境的能力得到加强,并树立了品牌形象,积累了一定的竞争优势,初步具备了"走出去"发展的条件。

2. 中国制造业的支持

中国是拥有完整工业产业链的国家,是名副其实的"世界工厂",由于具备成本优势,中国生产的食品、纺织、化工、五金、电子等产品行销全世界,受到各国人民的欢迎。2015 年中国的制造业产量接近全世界的 25%,出口量占全球所有出口的比重为 13.8%。根据中国产业信息网数据,2015 年中国出口微型电脑 827 万台、微波炉 5371 万台、照相机 5159 万架、空调 4140 万台、打印机 5095 万台、陶瓷产品 2526 万吨,汽车、钢铁、水泥、工程机械等产销量均保持世界第一。经过 30 年的渗透,可以说现在全世界人民的衣食住行都离不开"中国制造",制造业的支撑成为中国零售企业"走出去"得天独厚的优势。流通业作为生产和消费的中介具有整合供应链的功能,中国零售企业通过不断向产业链上整合,已经成为产业链的主导,取得了渠道的控制权,将一些合作稳定的制造企业纳入了自己的供应链体系,形成了可靠、紧密、高效的战略联盟,将制造业的成本优势转化为自身的竞争力,也为零售企业走向世界提供了供应保障和配套支持。

3. 中国政府的推动

中国政府一直注重推动本国企业"走出去"。从 2001 年开始实施鼓励中国企业"走出去"战略,已经取得了一定的成果,中国对外投资额连年攀升,已经成为仅次于美国、日本的世界第三大资本输出国。2013 年,习近平总书记又提出了"一带一路"倡议,将中国的改革开放推上一个新的层次,标志着以中国企业"走出去"为特征的新时代的到来,从吸引利用外资转为更多地对外投资，进入资本、技术、要素全面对外输出的阶段。在流通领域方面，2015年8月28日，国务院在《关于推进国内贸易流通现代化建设法治化营商环境的意见》中指出：推动我国从流通大国向流通强国转变，更好地服务经济社会发展；构建开放融合的流通体系，提高利用国际国内两个市场、两种资源的能力。为此，要大力实施流通"走出去"战略。推动国内流通渠道向境外延伸，打造全球供应链体系；并鼓励流通企业与制造企业集群式"走出去"，促进国际产能和装备制造合作，同时鼓励电子商务企业"走出去"，提升互联网信息服务国际化水平；要创建内外贸融合发展平台，服务"一带一路"倡议，促进国内外市场互联互通，打造内外贸融合发展的流通网络。

第六章
中国流通企业"走出去"的创新途径：跨境电商

第一节 跨境电子商务

一 跨境电子商务的含义

在网络技术和通信技术高速发展的推动下，电子商务从20世纪90年代开始快速发展，网络成为人们活动的另一个空间，在这个空间里人们通过点击鼠标即可完成信息搜集、产品宣传、情报交换，通过网络的快速传输大大提升了工作效率，不仅促进了全球经济的发展，还改变了人们工作、生活的方式，其意义不亚于一次工业革命。电子商务带给流通业的影响是革命性的，网络空间打破了时间和空间对传统零售的束缚，零售商不再受到商圈的限制，可以将目标市场拓宽到全国，虚拟的网络突破了实体店铺货架的局限，可以容纳海量的商品。互联网提供信息，促进零售商与客户的双向沟通,收集市场调研数据,提升商品和服务质量,最终完成网上订购商品。电子商务改变了客户的购物体验,消费者通过轻击鼠标足不出户就可以浏览商品,完成购买。制造商甚至可以越过零售商或代理商自行组建网络销售终端,通过互联网与客户直接互动,制造商将有机会改变零售渠道结构和提高活力,能够使制造商和消费者都从这一直接接触中获益。

随着全球网络的联通,各个国家的电子商务业务开始互相渗透,催生了一种新型的贸易方式:跨境电子商务(Cross Border Electronic Commerce)。跨境电子商务指分属不同关境的交易主体,通过电子商务平台达成交易,进行支付结算,并通过跨境物流送达商品、完成交易的一种国际商业活动,是互联网发展到一定程度产生的一种新型的贸易形态。跨境电子商务包括跨境B2B电商和跨境B2C电商。跨境B2B(Business to Business)电商,指分属不同关境的出口企业和进口企业之间通过跨境电子商务平台或自建平台进行信息发布、业务洽谈并完成交易,通常交易数量比较大,会以规模化的物流方式实现递送;跨境B2C(Business to Customer)电商,指出口企业在电商平台或自建平台进行商品展示和信息发布,境外消费者通过信息搜索完成交易,通常标的规模小,通过小件包裹的形式送达终端消费者。

二 跨境网络零售

跨境电商有广义和狭义之分,广义的跨境电商是指通过电子商务平台完成的跨境交易,包括跨境B2B和跨境B2C。狭义的跨境电商仅指跨境B2C,等同于"跨境网络零售",跨境网络零售指的是零售商通过在电子网络平台上进行商品展示、谈判和交易将商品销售给不同关境的消费者,然后以快件、小包等行邮的方式通过跨境物流将商品送达消费者手中的交易过程。从严格意义上说，随着跨境电商的发展，跨境网络零售的消费者中也包含一部分小额买卖的商家用户，但现实中这类商家和个人消费者很难区分，也很难界定两者之间的严格界限，所以，从总体来讲，这部分针对商家客户的销售也归属于跨境网络零售部分。本书中的跨境电商指的是狭义的跨境电商，也就是跨境网络零售。

第二节　中国跨境电商的发展

一　中国跨境电商的发展环境

1. 互联网基础环境

电子商务发展的基础是互联网的开发和普及，中国互联网的建设和使用的速度非常快，中国互联网络信息中心2020年4月公布的第45次《中国互联网络发展状况统计报告》显示，截至2019年12月，中国".CN"域名总数为2243万个，实现了5.6%的增长，占中国域名总数比例为44%。企业的计算机使用、互联网使用以及宽带接入已全面普及。截至2020年3月，中国互联网网民规模达9.04亿，较2018年底新增网民7508万人，互联网普及率达64.5%，较2018年底提高了4.9个百分点。截至2020年3月，我国网民使用手机上网人数达8.97亿，较2018年底增加7992万人，手机网民比例高达99.3%，不断挤压台式电脑和笔记本电脑等其他设备的上网空间。同期我国网络支付用户规模达7.68亿，占网民规模的85%。其中手机支付用户有7.65亿人，较2018年底增长1.82亿，占手机网民的85.3%。截至

2019年12月底，我国境内外上市互联网企业达到135家，总体市值为11.12万亿元。中国网络零售稳定增长，2019年全国网上零售总额为106324亿元，比上年增长16.5%，连续七年成为全球最大的网络零售市场。

2. 政策法律环境

电子商务的健康发展和良好运营离不开国家政策的扶持和引导，我国非常重视跨境电子商务在经济转型和对外经贸发展中的重要作用，积极出台了一系列的政策法规引导和推进跨境电子商务的发展，规范跨境电子商务行为（见表6-1）。

表6-1 促进跨境电子商务发展具有明显作用的文件及主要内容

发布时间	文件	主要内容	发文单位
2007年12月	商务部关于促进电子商务规范发展的意见	推动网上交易健康发展，规范网上交易行为，帮助和鼓励网上交易各参与方开展网上交易，警惕交易风险	商务部
2009年7月	跨境贸易人民币结算试点管理办法	对跨境贸易人民币结算试点的业务范围、运作方式、试点企业的选择、清算渠道的选择问题做了具体规定	中国人民银行等六部门
2012年3月	电子商务"十二五"发展规划	重点发展跨境电商，推进建立多种语言的跨境电商平台；支持跨境电商与东盟、上合组织和东北亚等周边区域合作；加快电子商务国际和国家标准的推广；推广电子通关和无纸贸易，提高跨境电子商务效率	工信部
2013年12月	关于跨境电子商务零售出口税收政策的通知	符合条件的跨境电子商务零售出口企业适用于增值税、消费税退税政策	财政部、国家税务总局
2013年8月	关于实施支持跨境电子商务零售出口有关政策的意见	提出6项措施支持跨境电子商务出口，包括建立电子商务出口新型海关监管模式并进行专项统计；建立电子商务出口检验监管模式；支持电子商务出口企业正常收汇结汇；鼓励银行和支付机构为跨境电子商务企业提供支付服务；解决电子商务出口退税问题；建立电子商务出口信用体系	国务院办公厅

第六章 中国流通企业"走出去"的创新途径：跨境电商

续表

发布时间	文件	主要内容	发文单位
2013年2月	支付机构跨境电子商务外汇支付业务试点指导意见	支持跨境电子商务发展，规范支付机构跨境互联网支付业务，防范互联网渠道外支付风险	国家外汇管理局
2014年1月	网络交易管理办法	要求网络商品经营者销售产品，消费者有权自收到商品之日起七日内退货，且无须说明理由	国家工商总局
2014年4月	关于加强商业银行与第三方支付机构合作业务管理的通知	从保护客户资金安全和信息安全出发，对有针对性的问题进行规范细化，涉及客户身份认证、信息安全、交易限额、交易通知、赔付责任、第三方支付机构资质和行为、银行的相关风险管控等	中国银监会、中国人民银行
2014年7月	关于跨境贸易电子商务进出境货物、物品有关监管事宜的公告	明确规定了海关对于跨境电商的监管办法，对"保税进口"模式在海关领域有了比较清晰的界定。并规定了通过与海关联网的电子商务平台进行跨境交易的进出境货物、物品范围，以及数据传输、企业备案、申报方式、监管要求等事项	海关总署
2014年9月	关于开展电子商务与物流快递协同发展试点有关问题的通知	决定在天津、石家庄、杭州、福州、贵阳5个城市开展电子商务与物流快递协同发展试点。财政部将划拨专项资金，帮助5个试点城市推进电商快递协同发展工作。明确了5个试点城市的重点任务，即统筹规划基础设施建设，推行运营车辆规范化，解决末端配送难题，加强从业人员基本技能培训，鼓励电商企业与物流快递企业合作	财政部、商务部、国家邮政局
2014年12月	网络零售第三方平台交易规则制定程序规定（试行）	网络零售第三方平台经营者应当按照利益相关方的要求，在收到申请之日起七日内以合理方式对交易规则做出说明；在制定或修改交易规则时，应当在网站主页面醒目位置公开征求意见，并应采取合理措施确保交易规则的利益相关方及时、充分知晓并表达意见，通过合理方式公开收到的意见及答复处理意见，征求意见的时间不得少于七日	商务部

续表

发布时间	文件	主要内容	发文单位
2015年5月	关于大力发展电子商务加快培育经济新动力的意见	各有关部门要按照各自职能，加大对电子商务企业的金融服务支持。明确了三点原则：一是积极推动，主动作为、支持发展；二是逐步规范，简政放权、放管结合；三是加强引导，把握趋势、因势利导	国务院
2015年6月	关于促进跨境电子商务健康快速发展的指导意见	支持国内企业更好地开展跨境电子商务，鼓励企业做大做强，从优化海关监管、完善检验检疫、规范税收政策、完善电商支付管理、提供财政金融扶持五个方面支持跨境电子商务的发展	国务院办公厅
2016年3月	关于跨境电子商务零售进口税收政策的通知	自2016年4月8日起，跨境电子商务零售进口税收政策适用于从其他国家或地区进口的、《跨境电子商务零售进口商品清单》范围内的商品	财政部、海关总署、国家税务总局

3. 经济金融环境

跨境电商的发展要有强大的经济和金融基础，中国跨境电商的崛起绝非偶然，是伴随中国经济发展而壮大的。中国是举世公认的制造业大国，具备完整工业体系，强大的制造能力和价格优势打造了中国制造业的出口竞争力，从2013年开始中国成为世界货物贸易第一大国。中国的商品品种丰富、价格合理，能满足不同国家、不同民族、不同收入人群的需要，在海外市场需求的刺激下，不仅阿里巴巴速卖通、洋码头、兰亭集势等专业的跨境出口零售电商发展势头强劲，就连京东、当当、亚马逊等也开通了出口零售通道。在强大制造业的支撑下，中国的网络跨境贸易也突飞猛进，2018年中国跨境电商交易规模为9万亿元，同比增长11.6%，其中跨境出口交易规模达7.1万亿元，占总额的78.9%，中国经常进行跨境网购的用户达0.89亿人，同比增长34%。与此同时，中国的消费者对进口商品的需求也与日俱增，2018年跨境进口交易规模达1.9万亿元，国内多家电商都开通了"海淘"板块，如天猫国际、京东全球购、我买网跨境购、苏宁易购海外购、顺丰优选跨境直发、1号店海淘等纷纷试水跨境进口零售。据调查，进口的食品、保健品最受中国消费者青睐。

跨境电商的发展对支付方式和信用体系提出了更高的要求，目前跨境B2C交易的支付方式有银行汇款、在线支付、货到付款等方式，其中在线支付因其方便、快捷、有保障等优点而使用最广，通常是用VISA或银联卡以本币支付给第三方信用机构，交易成功后再划转给卖家，既满足了支付需要，又充当了信用中介，第三方支付平台的诞生是电子商务发展的转折点，极大地推动了跨境电子商务的发展。目前我国排名前十的第三方支付平台分别是银联商务、支付宝、财付通、银联在线、快钱、汇付天下、易宝支付、通联支付、环迅支付和拉卡拉。国内一些电商还开辟了金融服务，如京东金融、苏宁金融、蚂蚁金服等，其他一些电商也纷纷试水金融，力求通过金融服务助推流通业业务。

4. 社会文化环境

中国人有重储蓄而轻消费的习惯，但是随着经济的发展，中国人的消费观念正在改变，消费意识在不断增强，尤其是"80后""90后"一代成长为消费主体后，我国更是进入了多元消费时代，人们更加追求个性化、多层次的差异性消费。互联网零售的出现改变了人们的购物方式和消费习惯，这种快捷、便利的零售方式能够提供海量的商品信息，方便消费者进行价格和品质的对比，迎合了消费者的需求，网购逐渐从"小众"走向大众。从年龄上看，20~30岁的网购消费者占78%，这一年龄段的人大都受过良好的教育，有较高的外语和计算机水平，对新鲜事物的接受能力强，有利于跨境电子商务的开展。另一方面，年轻一代的成长也为跨境电子商务的发展提供了人才基础。

5. 配套设施环境

相对于传统商业，电子商务的优势在于高效性，要实现跨境电子商务的高效性离不开完善的基础设施的支持。这至少包括两个方面，首先是网络通信。自2013年"宽带中国"战略实施以来，我国宽带接入网络建设不断扩大光缆覆盖范围，控制铜缆投资，城市新建楼宇全面普及光纤入户的国家标准，农村地区宽带提速也在积极推进。2019年，新建光缆线路长度为434万公里，全国光缆线路总长度达4750万公里，较上年增加392万公里，增长约9%，截至12月底，全国农村宽带用户全年净增1736万户，总数达1.35亿户，比上年末增长14.8%，增速较城市宽带用户高6.3个百分点。农村互联网普及率达46.2%，较上一年提升7.8个百分点；在固定宽带接入用户中占30%（上年同期占比为28.8%），占比较上年末提高1.2个百分点。国家行政村通光纤、通4G比例已双双超过98%。目前，我国光纤用户占比已大大高于OECD国家平均水平，建成了全球最大规模光纤和移动通信网络。

其次，电商与物流相伴而生，跨境电商贸易中，物流发挥着至关重要的作用，中国跨境电商的蓬勃发展得益于物流设施的高度发达。中国拥有多层铁路网络，2018年底，中国铁路营业总里程为13.1万公里，其中高速铁路已超2.9万公里，高铁里程居世界第一。中国建立了覆盖面广的公路网，中国高速公路里程达14.26万公里，居世界第一，特别是农村公路里程将近405万公里，通达全国37684个乡镇和634390个建制村，通达率分别达到99.9%和99.8%。2018年我国港口完成货物吞吐量143.5亿吨，集装箱吞吐量1.12亿标准箱，水路货物运输和港口吞吐量连续多年稳居世界第一。航空方面，截至2018年底，我国共有航空公司482家，其中运输航空公司60家，与125个国家签署航空协定，开通国内航线4096条，国际航线849条。我国共有颁证运输机场235个，全年完成货运总量1674万吨。网购需求的爆发式增长推动我国的快递服务迅猛发展，根据国家邮政局发布的《2018年快递市场监管报告》，2010~2018年，中国快递业务的复合增长率为46.96%。不仅联邦快递、UPS、TNT、DHL等知名的跨国快递公司陆续进入我国，还涌现出一批有活力的民营快递公司，如顺丰、三通一达（申通、中通、圆通、韵达）、宅急送、天天快递等。2018年，我国快递服务企业业务量达到507.1亿件，同比增长26.6%，快递业务量及增量均创历史新高。良好的基础设施和高效的物流系统是中国跨境电商快速发展的有力支持。目前我国快递业务量已超过美、日、欧发达经济体之和，占全球快递包裹市场份额的一半以上，业务量规模连续五年稳居世界第一。因此，良好的基础设施和高效的物流系统是中国跨境电商快速发展的有力支持。

二 中国跨境电商的发展状况

中国电子商务起步于20世纪90年代，在此之前互联网尚未普及，上网在中国普通民众中还是时尚的活动，仅限于收发邮件和浏览网页，并不具备电子商务发展的条件。从90年代末开始，中国的互联网建设得到迅速发展，网速提高，电子计算机更新换代加快，网民的数量迅速增长，据统计，1995~2000年中国网民的数量增长200多倍。21世纪开始，中国进入一个电子商务创业的小高潮，各类B2B、B2C网站达到1500余家，阿里巴巴、淘宝网、卓越、当当网都在这一时间前后诞生，形成了中国电子商务的雏形，网民逐步接受网络购物的新方式。电子商务在中国的真正爆发是在2008年以后，面对经济危机带来的全球需求结构调整，迫切需要内需的拉动，在传统的销售方式和手段无法满足新时期人们的消费需求的情况下，电子商务达到了繁荣消费市场的目的。网络零售爆发出了"洪荒之力"，各大电商纷纷放出大招抢占市场份额，淘宝从2009年开始推出"双十一"购物狂欢节，单日营业额达0.5亿元，而这一数字在2016年突破了1207亿元大关（见表6-2），八年时间增长了2413倍，超过2014年全国社会消费品单日零售额。京东也应时地从2010年开始连续打出"6·18"购物节大旗，推出连续20天的大规模大力度的促销。不仅专业电商激战正酣，传统的线下零售商，国美、苏宁、沃尔玛等也纷纷开通线上购物和配送业务，同时也有一大批电商倒下，中国的电商已经进入"战国时代"，各类电商正经历着优胜劣汰、强者生存的纵深整合期，强者愈强，弱者愈弱。根据网经社电子商务研究中心的数据，中国网络零售市场的占有率目前是天猫一家独大，其次是京东，剩余的市场被其他众多电商瓜分，份额都很小（见图6-1）。蓬勃发展的电子商务带动了中国的网络零售，2009年网络零售的增幅达到100%，之后每年都以两位数的速度增长，2015年中国网络零售市场交易规模达38285亿元，相比2014年的28211亿元增长了35.7%，占2015年中国社会消费品零售总额300931亿元的12.7%。中国也在2013年超过美国，成为网络零售的世界第一大国。2019年，中国网络零售额更是达到了10.32万亿元，占当年社会消费品零售总额的25.29%（见表6-3）。

第六章　中国流通企业"走出去"的创新途径：跨境电商

表6-2　2010~2019年阿里巴巴"双十一"销售额

单位：亿元

年份	2010	2011	2012	2013	2014	2015	2016	2017	2018	2019
销售额	9.36	52	191	362	571	912	1207	1682	2135	2684

资料来源：前瞻产业研究院。

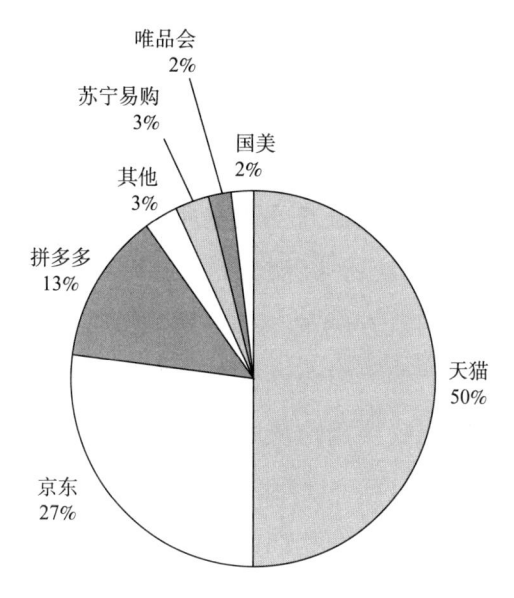

图6-1　2019年中国网络零售网站市场占有率

表6-3　中国网络零售市场交易额

单位：亿元，%

年份	网络零售额	增速	占当年社会消费品零售总额的比例
2009	2600	100.0	1.95
2010	5141	97.7	3.25
2011	8019	56.0	4.28
2012	13205	64.7	6.16
2013	18851	42.8	7.76
2014	28211	49.7	10.38
2015	38285	35.7	12.72
2016	53288	39.2	14.90
2017	71751	34.6	19.60

续表

年份	网络零售额	增速	占当年社会消费品零售总额的比例
2018	85600	19.3	22.50
2019	103200	20.6	25.29

资料来源：网经社电子商务研究中心（www.100ec.cn）。

21世纪的第二个十年，中国电子商务在经历了十多年的洗礼之后，在互联网化和全球化两大趋势的推动下进入了跨境电商时代。其实阿里巴巴早在1999年就开始涉及出口电商，但那时只是个别的现象，而今天跨境电商已经成为热门词汇，大量的出口商通过跨境电商平台将商品销往海外，外国商品也通过电商涌入中国市场。目前，中国除专门的出口电子商务网站，如兰亭集势、敦煌网、木兰网等，各大综合性电商都开通了跨境专线，如天猫国际、京东全球购、我买网跨境购、苏宁易购海外购、顺丰优选跨境直发、1号店海淘等。近年来，在传统贸易愈加难做的情况下，出口跨境电商将国产优势商品直接对接国外消费者，减少了贸易中间环节、降低了商品流转成本。传统企业纷纷布局跨境电商，2015年跨境通（原百圆裤业）斥巨资收购环球易购、前海帕拓逊、广州百伦、通拓科技出口跨境电商公司股权，持续加强板块布局。2016年3月，著名供应链服务公司卓尔集团收购兰亭集势30%的股份，开始涉足电商业务。

中国是跨境电子商务发展最快的国家之一，网经社电子商务研究中心（www.100ec.cn）发布的《2019年度中国网络零售市场数据监测报告》显示，2019年中国网络零售市场交易规模达10.32万亿元，相比2018年的8.56万亿元，同比增长20.6%。2019年，中国进口跨境电商交易规模达2.47万亿元，较2018年的1.9万亿元同比增长30%。

第三节　跨境电商与传统零售的区别

一　跨境电商具有跨地域性

传统流通业是采用搭建实体店的方式,服务于周边客户,客户覆盖面有限。而跨境电商的兴起以互联网的高度发展为前提,以互通互联为基础,借助网络将地区甚至全球的消费者连接在一起,所以它的销售空间随网络体系的延伸而延伸,没有任何地理障碍,突破了传统零售的地域限制,相比传统零售具有跨越地域的特点。它的零售时间是由消费者即网上用户自己决定的。

二　跨境电商信息传播速度快

对于传统零售行业,由于告知方式的局限性,客户知道信息的时间较长。而电子商务零售行业一旦有新的产品信息、打折优惠等信息,便可以通过互联网第一时间告知消费者,还可以利用社交媒体营销,精准锁定目标客户,传播时间不受时空的限制,可以与用户产生持续深入的互动。

三　跨境电商以大数据为基础

大数据技术能够从海量的数据中提取最有效的信息,在电子商务企业中发挥着至关重要的作用。通过大数据分析,零售企业可以有效地确定目标用户,挖掘用户的需求,为产品的开发和设计提供很好的市场依据。而电子商务由于是以电子信息技术为基础的,在运用大数据方面相对于传统零售有得天独厚的优势,目前大数据分析已经普遍应用于电子商务的客户体验、市场营销、客户管理等方面。

四 跨境电商的成本结构不同

传统零售的成本是房租和人工成本,跨境电商的成本主要是物流和营销成本。利用 Internet 渠道可避开传统商务渠道中的许多中间环节,降低流通费用、交易费用和管理成本,并加快信息流动的速度。事实上,任何制造商都可以充当网上流通业中商品的提供者,以较低的价格向消费者提供商品。当投资传统商店所需要的建材和商品库存费用越来越高时,投资电子商务商店所需的电脑和电信设备却日益便宜。同时,软硬件价格的降低使更多的消费者能以低价接入 Internet,享受电子商务带来的种种好处,这进一步促进了电子商务的发展。

五 跨境电商的客户体验不同

用户体验方式具体表现在情感、感官、思考、行动、关联五个方面。传统实体店零售所具有的明显优势体现为消费者可获得视觉、触觉、使用的直观感受,还有服务人员的专业讲解,能够在更短的时间内形成对产品的认知。这也是电商无法给予消费者的体验,但是电商也具有特有的优势,如客户可以通过网络快速搜索与查看,快速找到自己想要的。而对于传统零售行业,客户需要自己去实体店找,当然也可以去找售货员询问,但是速度明显慢了。客户在网上下单之后,产品就会送到自己的家门口。而对于传统零售行业,客户好不容易买到产品之后,还需要自己带回家。

第四节　跨境电商是中国流通企业"走出去"的新途径

中国的零售企业一直有"走出去"的愿望，并做过不懈的尝试，但是由于经验和实力等原因，"走出去"之路一直不顺畅。在全球经济复苏缓慢、消费低迷、零售竞争日益激烈之际，中国零售企业"走出去"更面临重重困难，跨境电商的出现则开辟了一条新途径。就俄罗斯市场来说，20世纪90年代，在跨国零售商纷纷进入中国之际，北京天客隆超市则瞄准了潜力很大的俄罗斯市场，成为第一家"走出去"的中国零售商，但以失败告终，面对俄罗斯这样一个拥有世界最大面积、1.4亿人口、轻工业产品和食品严重依赖进口的大市场，只能望"洋"兴叹。跨境电商兴起后，出现了转机。近年来，俄罗斯受到西方制裁，卢布大幅贬值，这给日常食品用品70%依赖进口的俄罗斯人的生活带来严重影响，他们对消费品的价格极为敏感，于是更倾向于网购，2014年俄罗斯网购人群为3500万，占其网民数量的1/2，人口总数的1/3，而中国的跨境电商是其最大的消费渠道。阿里巴巴集团旗下的"全球速卖通"于2010年4月正式上线，并进入俄罗斯市场，目前已是俄罗斯最大和最受欢迎的外国购物网站，位列APP下载榜首。每个月登录速卖通的俄罗斯人接近1600万，平均每天有30万个包裹从中国发往俄罗斯，2014年俄罗斯民众在中国网店下了约5000万份订单，比前一年增加了40%，占俄罗斯跨境电商市场的70%。同时俄罗斯也成为速卖通最大的海外市场，2014年和2015年连续两年位居"双十一"海外成交量榜首，商品主要涉及服装、鞋帽、配饰、内衣、电子产品，一些资深的俄罗斯网购行家还总结了"中国网购攻略"。黑龙江比邻俄罗斯，有着良好的对俄贸易传统，是中俄经贸合作的桥头堡，黑龙江在对俄贸易方面的地缘和交通优势吸引了大批跨境电商进驻，在对俄跨境电商的发展上也走在了前面。2014年，黑龙江启动了对俄大通道项目，建立了对俄运营中心，哈尔滨已成为中国对俄跨境电商平台数量最多、对俄出口电商包裹量最多和跨境零售出口额最大的城市，敦煌网、亚马逊、大龙网等众多知名电商都已落户哈尔滨。为支持对俄贸易，黑龙江十分重视基础设施投入，已经形成了水路、公路、铁路、航空全方位的对俄交通网络，开通了哈尔滨—叶卡捷琳堡、哈尔滨—新西伯利亚等多趟货运专线。2015年，在黑龙江全省传统对外贸易放缓的情况下，跨境电商却开辟了一条新的出口方式，这也为中国流通业"走出去"提供了一个新思路，作为中国零售企业"走出去"的创新形式，跨境电商具有以下几大优势。

一 成本低、周期快

零售企业在海外开设实体店往往耗资不菲，一般而言零售企业进入一个国家所采取的形式有许可、特许经营、合资/合作、并购、新建等几种方式，在目前实体零售竞争异常激烈、优势零售资源短缺的情况下，合资和并购是各大零售商在扩张时采用最多的方式。现代零售企业为了实现规模经济普遍采取连锁的经营方式，无论哪种扩张方式要实现连锁都要投入巨额资金。近年来国际流通业加速洗牌，并购频发，动辄就是几亿甚至几十亿美元的资金。比如1998年，沃尔玛是以收购德国零售企业维特考夫21家连锁店的形式进入德国的，收购金额达到12亿欧元；2004年，英国第一大零售商TESCO借收购乐购进入中国耗费了21.3

亿元；2014年4月，南京新百收购有165年历史的英国弗雷泽百货商店集团（House of Fraser）89%的股权则耗资2亿英镑。内资零售商的并购金额也有越来越大的趋势，2015年中国批发和流通业发生并购达88起，披露交易总金额达1570亿元，单笔平均17.84亿元。如果采用跨境电商的形式则会节省相当部分的成本，包括物业租金、水电费用和雇员的开支。以沃尔玛为例，沃尔玛目前在全世界28个国家有超过一万家门店，雇员人数超过220万，物业费、水电费和员工工资是一笔相当庞大的开支，若采用电商的形式则可以节省一部分以充实企业的利润。

二 跨境电商辐射范围更广

长久以来，困扰实体零售企业的最大问题就是规模，和制造类企业一样，零售企业也要实现规模经营才能降低成本，从而形成竞争力。零售企业又有别于制造业，因为零售企业受到销售半径的限制，一家实体店只能辐射到有限的商圈，超出一定距离就不再有影响力，因此零售企业想实现规模经济就要不断开店扩张，依靠门店数量在一定范围内争取更高的市场份额。相比传统零售，跨境电商最突出的优势就是辐射范围广，销售影响力遍及全球，有互联网的地方就有客户，消费者只需登录网站点击鼠标就可以进入店铺浏览商品、下单支付、等待收货，电商若想开拓国际市场只需开通外文网站，而不必跑到世界各地去开店。

三 适应性强

传统零售企业在对外投资时都不可避免地要将企业的核心零售技能向东道国转移，这些零售技能既包括企业的商业理念、经营策略，也包含技术要素。由于母国和东道国在政策法律、经济水平和文化习俗等方面存在差异，零售专业技能在母公司和海外子公司之间的转移必然会受到影响，甚至发生扭曲，需要根据东道国情况进行调整，也就是要将零售技能本土化。本土化成功与否将直接影响零售企业的海外经营业绩，在东道国市场适应不好导致国际化失败的案例比比皆是。以跨境电商形式进行的零售企业海外扩张不涉及传统零售技能的转移，避免零售技能转移过程中的本土化调整，解决了企业经营与当地市场的适应性问题，提高了成功实现海外销售的可能性。

四 避免劳资纠纷

一方面，零售企业在海外开设实体零售店就涉及在东道国雇用员工的问题，劳动力成本的高低、工会组织势力的强弱、东道国关于劳动力保护的法律条款等都会影响跨国公司海外投资目的地的选择。另一方面，随着跨国公司在全球范围内展开直接投资，投资企业与东道国雇员以及工会之间的劳资纠纷就不断涌现，如解决不善不仅影响跨国公司的经营业绩还会对公司形象造成损害。流通业属于劳动密集型产业，零售企业的对外直接投资需要雇用大量的劳动力，沃尔玛公司就是世界上最大的私人雇主，TESCO和家乐福都有超过38万人的全球雇员，他们在全球的经营都曾受到国际劳资问题的影响。中国零售企业"走出去"还处于起步阶段，处理矛盾的经验尚不丰富，一旦遇到劳资冲突很可能导致投资的失败。跨境电商零售因为不涉及在海外开设实体店铺，不需要雇用海外员工，就避免了这一矛盾，跨境电商也许是唯一能成功避开劳资纠纷的一种业态。

五 避开贸易保护

在当前的国际贸易领域，贸易保护还是普遍存在的现象，尤其是金融危机之后，发达国家加强了对本国产业的保护，贸易保护主义更有抬头之势。中国是世界第一贸易大国，也是贸易保护频发最严重的受害国，贸易保护使中国的出口形势不断恶化，近两年中国出口增速有所放缓甚至出现负增长。跨境电商的兴起为中国出口另辟了一条途径，跨境电商交易尤其是跨境 B2C 零售，具有规模小、频次高的特点，不易引起外国政府的反倾销和反补贴调查，有利于规避贸易保护。跨境电商的这一优势使其逆势上扬，在 2015 年货物贸易出口额下降 7% 的情况下，中国跨境电商零售出口额为 5032 亿元，同比增长 60%[①]。

六 降低风险

由于政治、经济、社会环境方面存在差异，零售企业"走出去"充满各种不确定性，经营风险大，遇到恶性事件不仅会遭受财产损失，还会危及人身安全。在中国强大的制造能力的支持下，一大批中国商人走出国门从事流通业，在世界各地开设小商品城、专卖店和各类超市，中国商人勤劳能干，中国商品物美价廉，中国人的生意竞争力强，不可避免地挤压了当地商人的生存空间，以致受到排挤。近些年来，世界各地排斥华人商人事件层出不穷，如 2009 年俄罗斯以打击"灰色清关"为名义强行关闭切尔基佐夫斯基市场，华商损失几千集装箱的货物；2015 年南非发生排外骚乱，中国超市被打砸哄抢后焚烧；2016 年 5 月哥伦比

---

① 网经社电子商务研究中心网站。

亚出现反华商骚乱，多家中国商铺被打砸，只因中国商品"太便宜"；委内瑞拉食品短缺，中国超市遭哄抢。这样的例子比比皆是，每年都有发生。如果采用跨境电商的形式对外开展零售活动则可避免在海外设立商业场所，不会引发与当地商人的冲突。网上零售根据订单发货，不用在海外囤积货物，避免货物遭受不必要的损失。总之，开展跨境 B2C 业务是一种有效促进中国零售企业"走出去"，而又减少各类风险的新途径。

第五节 中国发展跨境电商的 SWOT 分析

一 中国发展跨境电商的优势

1. 强大的制造能力支撑

中国是举世瞩目的制造业大国，拥有完整工业体系、完备的基础设施、低廉的劳动成本、熟练的产业工人、先进的制造技术，使中国成为名副其实的"世界工厂"，中国制造业的增加值占全世界的 20% 以上。英国市场调查机构马基特（IHS Markit）2017 年 1 月发布的《全球采购新趋势》称，中国已成为全球供应链中心，而不再是廉价的外包基地。强大的制造能力不仅使中国在传统贸易上有很强的优势，也为开展跨境电子商务提供了产业基础。近些年，中国更加重视技术的创新和升级，技术进步进一步促进了成本的降低，使中国产品在国际上更具有竞争力，在跨境平台上的销售业绩斐然。成立于 2010 年的阿里巴巴跨境 B2C 网站成交额以每年 300%～500% 的惊人速度增长，平台上活跃着 20 多万家中国卖家，订单覆盖全球 220 多个国家和地区。在速卖通 5

周年活动上，一款国产SD卡当天销售1.2万多片；中兴的一款智能手机选择在速卖通首发，当天就收到来自105个国家的11380个订单。骄人成绩的背后展现的是中国制造业的强大，也是国货精品的竞争实力。2019年，我国跨境电商中出口占比达78.89%，考虑到我国作为世界工厂的地位在未来一段时间内不会动摇，预计出口电商占比仍将保持较高水平。从地理分布上看，卖家主要集中在广东、浙江、江苏、福建、上海、北京等地，这些地区同时也是中国最主要的制造业基地。

2. 国家支持和政府推进

我国跨境电子商务快速发展，已经成为创新驱动发展的重要引擎和"大众创业、万众创新"的重要渠道。发展跨境电子商务，不仅能够带动就业、增加收入、解决民生问题，还能开辟市场空间，为中国经济发展提供新动力，我国政府多次明确指出发展跨境电商在经济增长、结构调整、政府职能转变和贸易促进方面的重要意义。2013~2016年，国务院、国家发改委、商务部、财政部等密集下发了十几条与发展跨境电商紧密相关的政策文件，支持开展跨境电商试点服务项目，推进工商、税务、银行、物流、海关、检验检疫等多部门实现信息共享、监管互认和执法互助，针对跨境电商在跨境支付、征税征信和海关通关上实施一系列开放性政策，以营造适应跨境电商发展的环境。

3. 推行试点，各地比拼

为推进跨境电子商务的发展，国家设立了多个跨境电子商务试点城市。2015年，国务院正式批复杭州为国家跨境电商综合试验区，2016年1月又新增天津、上海、重庆、合肥、郑州、广州、成都、大连、宁波、青岛、深圳、苏州12个试点城市，通过制度创新、管理创新、服务创新和协同发展着力破解制约跨境电子商务发展的深层次问题和体制性难题,打造跨境电子商务完整的产业链和生态链,逐步形成一套适应和引领跨境电子商务发展的管理制度和规则,形成推动我国跨境电子商务可复制、可推广的经验,支持跨境电子商务发展。面对电商热潮,各试点城市也都高度重视,把跨境电商作为推动外贸转型、促进产业升级的抓手,通过几年的摸索,已经在海关监管、投资管理、工商登记、金融服务、风险防控等方面形成了一套管理模式,一批新的制度正走出试点城市向全国推广。

4. 国内电商基础好

我国有全球最大规模的9.04亿网络用户,互联网普及率达64.5%,其中手机上网人群占99.3%,企业与"互联网+"深度融合,开展网上销售和采购业务的企业数量和销售规模都迅速上涨和扩大,互联网营销市场呈现繁荣发展态势。国际经营咨询公司科尔尼(Kearney)发布的《2015年全球电子商务发展指数》显示,中国紧随美国之后排名世界第二,位列亚洲第一。全球互联网公司十强中,中国占了4席,分别是阿里巴巴、腾讯、百度和京东,其中阿里巴巴拥有全球电商市场27%的市场份额,网购成为当下最受中国人欢迎的时尚购物方式,2017年中国有5.33亿中国人通过网络购物,国内强大的电商基础是我国开展跨境电子商务的优势之一。

5. 业态先行优势

我国大部分的零售都是从国外引进的,百货商店、超市、大卖场、购物中心、便利店等业态都是首先诞生在西方经济发达国家,随着中国经济的发展逐步引入的。电子商务虽然没有在中国诞生,但是中国是目前全世界电子商务发展最领先、使用电子商务最多的国家之一,电子商务交易额位居全球第一;中国拥有世界上最好的互联网公司,最多和最大的电子商务平台,拥有全球最密集的物流网络、最高效的配送系统、最先进的支付方式;互联网对中国商业的革命是最领先的,中国正逐步掌握世界网络空间的话语权,在中国已经形成了电子商务的先行优势,领先于其他国家。

二　中国发展跨境电商的劣势

1. 管理不健全,市场秩序混乱

跨境电商以席卷全球之势迅速发展,给消费者带来便利的同时存在很多问题,网络销售缺乏合同文本、购物凭单、支付凭据,又涉及第三方送货,极易引发矛盾纠纷,消费者权益得不到全面的保护。《2016年(上)中国电子商务用户体验与投诉监测报告》显示,以网易考拉海购、丰趣海淘、达令网等为代表的跨境进口电商是用户投诉的热点,质量、售后服务、退款难、发货迟缓、退换货难、不发货、网络售假、网络诈骗、订单取消、虚假发货为网络零售十大热点被投诉问题。跨境电子商务为一种新型的商业模式,我国以传统商业模式为对象的法律法规对其适用性不强,造成很多方面管理得不完善,导致市场秩序十分混乱,目前为止我国还没有一部专门针对电子商务的法律出台,跨境电商还涉及境内外不同的主体,需要进一步同域外国家合作完善法律监管。

2. 跨境电商服务落后

从全球范围来看,美国、欧盟、日本等国家和地区的电子商务发展相对成熟,已经占领主导地位,而我国跨境电商起步较晚,试点工作也刚刚展开,经验不足。政府部门的管理口径尚不统一、重复管理和管理真空并存,通关速度低、物流成本高、结汇与退税困难。各种跨境电商服务，如电子支付、外汇结兑、保险退税、商务咨询等发展滞后，尚未能对跨境电商的发展形成有力支撑。

3. 消费者体验约束

相比传统流通业，跨境电商虽有诸多优势但也存在先天缺陷，那就是消费者体验差，这种差距来自两方面：购物体验和物流约束。一方面，消费者在实体店里购物时，商品是看得见摸得着的，可以试穿、试用、试吃，能够获得对商品的直接感受，获得良好体验，从而提升满意度；而网络购物只能凭借网页画面和产品参数对商品进行判断，无法得到实体店购物的直观体验，甚至会受到判断失误、虚假宣传的影响而造成退货、换货一类的麻烦。另一方面，跨境电商涉及国内运输、报关通关、国际运输、入境通关、国外运输等多个流通环节和多种运输方式，在途时间长、物流成本高，进一步拉低了跨境网购的消费者体验分值。

4. 专业人才缺乏

我国电商企业的员工主要来源于国际贸易、国际商务、电子商务以及英语专业的大专院校毕业生，但跨境电商属于交叉类学科，对人才要求比较高，特别是运营人员、产业链人员、高级美工等需要兼具外语、外贸、法律和互联网知识，有较高艺术水平，具有国际视野，熟悉国际贸易规则。虽然目前国内各大高校开辟了电子商务专业的课程，但是单一专业的毕业生无法满足电商企业的需要，距离成为电商运营、管理的高级人才还有很大一段差距，大部分还需要面向岗位进行就业培训。对于电子商务专业人才的缺乏，政府也感同身受，因为相关部门、中介和服务机构也需要更多相关人才提供对电商企业的监管和服务。随着中国跨境电子商务迅速发展，对人才需求的缺口越来越大，人才紧缺成为制约跨境电商发展的瓶颈之一。

三 中国发展跨境电商的机遇

1. 全球跨境电商发展的大趋势

在国际贸易受经济危机影响而止步不前的情况下，全世界都注意到了互联网拉动经济增长的力量，在传统外贸大幅缩减的情况下跨境电商异军突起，独辟蹊径为全球经济发展开发出一条新的道路，让全世界眼前为之一亮。2016年9月6日下午，出席二十国集团领导人杭州峰会的世界贸易组织（WTO）总干事罗伯特·阿泽维多来到阿里巴巴西溪园区，与eWTP（Electronic World Trade Platform，世界电子贸易平台）的倡导者、阿里巴巴集团董事局主席马云畅谈建设eWTP的思路，认为在一些国家贸易保护抬头之际，eWTP提供了解决方法，让贸易变得没有障碍，可以促进消费全球化，促进普惠贸易发展，完善和重构全球贸易形态。联合国贸易和发展会议曾预计，2015年跨境电商将占世界贸易总额的30%~40%，未来随着各国在电子商务方面的继续投入，物流、支付、监管等方面的进一步完善，跨境电商蕴藏的极大潜力将得到进一步激发，这一比例还将再度攀升，跨境电商必将成为未来的国际贸易主要方式之一。面对不可逆转的电子商务大趋势，我国也在积极谋划，连续三年在浙江乌镇主持召开世界互联网大会，中国就是要抓住机会，积极参与规则、标准和条例的制定，组织建立国际电子商务新秩序，为未来我国跨境电商发展的大战略提前布局。

2. 自贸区的建立

2013年8月中国（上海）自由贸易试验区正式获批，9月29日挂牌成立，在上海划出一块涵盖4个保税区的面积为28.78平方公里的区域，实施海关特殊监管，负面清单管理，力求将自贸区打造为国际投资中心、商品集散中心和物流中心。2014年又增加了广东、福建和天津三个自贸区，自贸区成立的意义堪比改革开放初期成立经济特区，意在通过释放制度红利进一步扩大我国的出口贸易和转口贸易，也为我国发展跨境电子商务提供了良好的机遇，区域内实施关税减免、金融开放、汇率自由化、利率市场化等贸易便利化制度，为跨境电商提供了更加宽松的发展环境，将进一步丰富产品种类，降低电商的出口成本，提高出口效益，增强竞争力，引来跨境电商的集聚。

3. "一带一路"倡议的实施

"一带一路"是新时期党和国家提出的全方位深化改革、扩大开放的倡议，旨在推动中国经济同其他国家经济对接，积极开展区域经济合作，形成联动发展，共享经济增长的红利。"贸易畅通"既是共建"一带一路"的主要内容，也是重要手段，作为未来国际贸易的重要载体，跨境电商是"一带一路"倡议重点关注的领域之一，国家政策对跨界电商的发展也非常支持，各种利好跨境电商的消息频传。目前共建"一带一路"大部分国家普遍处于经济发展的上升期，对中国的商品有大量的需求，跨境电子商务作为创新型贸易方式能有效缩短供应链，降低交易成本，提高运营效率，中小制造企业和零售企业通过跨境电子商务向海外进行直销在对外贸易链条上备受推崇，交易额节节攀升。"一带一路"的不断推进和各项政策的落实，必将为跨境电商开辟更为便利的贸易环境，与"一带一路"对接，跨境电商必定是一片蓝海。

4. 企业和消费者需要

跨境电商作为一种新型流通业态，迎合了时代的需要，受到企业和消费者的欢迎,充满生命力。对于企业来说,跨境电商为其提供了一条新的营销渠道。以往中国企业出口都要经过国外采购商或代理商,利用他人的销售渠道,不可避免地受到中间商的盘剥,中间商赚取绝大部分利润,中国企业获利微薄。通过转型跨境电商或利用跨境电商平台,制造企业可以直接同国外消费者交易,拥有自主掌握的销售渠道,省去了中间商,提高了利润,而且跨境电商门槛低、成本低、平台宽,实现了很多中小企业"走出去"的梦想,加速国际化进程,深受企业欢迎。对于消费者来说,跨境电商突破了地域的限制,有更丰富的商品种类供其挑选,消费者能以更低廉的价格买到优质的进口商品,以交易额小、成本少、风险低、交易灵活的优势深受海外买家的喜爱,甚至还形成了一批跨境网购的依赖者,可以说消费者的选择是跨境电商发展的巨大拉力。

四 中国发展跨境电商的挑战

1. 全球经济不景气,消费低迷

2008年金融危机以来,全球被低增长和低利率的环境所笼罩,世界经济进入下行通道,尽管美国、欧盟、日本等发达国家和地区用尽各种刺激政策,仍收效甚微,复苏乏力。经济低迷背景下主要发达国家的消费需求都在下降,受此影响我国的货物出口额也逐年下降,而美、欧、日等发达国家和地区不仅是我国传统出口市场,也是新兴跨境电商的主要出口市场。2015年,中国跨境电商出口市场前五位分别是美国16.5%、欧盟15.8%、东盟11.4%、日本6.6%、俄罗斯4.2%,主要市场的消费不振必然不利于我国跨境电商的发展。

2. 跨境电商竞争力不强

越来越多的国家意识到跨境电商在未来国际贸易和经济发展中扮演的重要角色，纷纷扶持本国企业争夺跨境电商这一蛋糕，市场竞争十分激烈。与发达国家相比，我国跨境电子商务发展起步晚，水平低，还有相当大的差距，从政府监管到配套服务都存在诸多不足，跨境电商企业准入门槛低，集中度不高，同质竞争严重，没有形成核心竞争力，真正盈利的企业很少，来自发达国家成熟的跨境电商的竞争对其构成挑战。

3. 制造业外迁

中国成为出口大国很大程度上受益于中国是制造业大国，我国跨境电商能以较快的速度发展也得益于中国制造业的支撑。但随着国内土地价格、劳动力成本的攀升，中国制造业的比较优势正逐步丧失，并受到来自东南亚等更具成本优势的国家或地区的挑战，制造业出现外迁现象，这将使跨境电商失去制造业依托，丧失产品产地优势，而电商在新的制造业基地兴起将对我国跨境电商的发展构成威胁。

第六节　中国跨境电商发展的实现路径

一　国家参与和政策支持

世界经济增长的动力已经转向互联网，电子商务是未来拉动世界经济的引擎，各国都认识到跨境电商将成为国际贸易的一种重要方式，是未来贸易竞争的主要战场之一，都积极扶持跨境电商的发展。我国是世界第一贸易大国和出口大国，更要积极营造良好的跨境电商发展环境，推动传统外贸企业转型跨境电商，扩大对外贸易量，在激烈的国际竞争中巩固我国经济的优势地位。这一过程中政府要起主导作用，重在统筹协调和规划指导，出台多项措施加大对跨境电商的支持力度，完善电子商务尤其是跨境电商立法；扩大跨境电商综合试点城市，下放权力，放宽管制，在关、检、税、汇等方面实施简化和优惠措施，支持跨境电商提高效率，及时总结和推广经验；协调各部门、各地区的政策对接和利益分配，强调统一管理和信息共享，形成政府、企业、协会和中介服务机构共同推进跨境电商发展的局面。

二　积极开展国际合作

在国际上中国政府要积极参与国际互联网治理，推动建立电子商务贸易组织，主持制定各国共同遵守的跨境电子商务准则，在跨境电商方兴未艾之时抓住这一改写国际贸易规则的机会，充分表达中国诉求，提升中国影响力，为未来跨境电商竞争争取更多的话语权。围绕"一带一路"倡议推进与跨境电商相关的基础设施建设，促进跨境电子商务的多边合作，打造海外交易、营销、支付、仓储平台，与其他国家共同开发和建设海外的跨境电商园区。

三　多种手段改善网购体验

从消费需求看，大众化消费时代已经过去，个性化、定制化的"小众化"消费崛起，现代经济已经进入消费主权时代，消费者越来越能通过自身的消费意愿和消费感受来影响经济。跨境电商竞争也已从价格竞争转为服务竞争，优化客户体验成为电商营销的重要手段。跨境电子商务比国内的网购更加复杂，首先是客户群体复杂，涉及不同国家和地区的消费者，要综合考虑文化背景、宗教信仰和社会习俗；其次是跨境网购的程序复杂，既有国内部分也有国际部分，涉及的区域大、流程多、时间长，跨境电商要在每一个环节都帮助客户建立良好的感受，难度比国内网购大很多，需要投入更多的人力物力资源。网站设计要根据不同国家的习俗各有侧重，从语言到风格提供美好的视觉感受；有具备专业知识的"顾问型"客服，提出建议、解答疑问；物流配送信息及时跟进，双向延长售后服务时间，获得顾客的口碑传播；充分利用电商优势，运用大数据挖掘不同国家和群体客户的需求，制订不同的营销方案；优化购物软件，提供网上虚拟试穿、试戴功能；传统门店作为消费者寻求体验和服务深化的场所不可或缺，可设立专门的线下体验店，必要时线上平台可积极向线下寻求合作。

四　提升物流效率

电商与物流相伴而生，物流效率一方面影响电商运营成本，一方面关系到顾客购物体验，是跨境电商发展的生命线。而跨境电商的物流由于受到地理距离、通关条件的限制存在在途时间长、运输成本高、物流环节多、全程追踪难、丢失破损率高、退换货难的问题，并成为制约跨境电商发展最主要的短板。要实现跨境电商的健康发展，必须拥有强大的物流基础设施支撑。这方面政府要起主导作用，增加资金投入，改善城市交通，修建机场、港口、高速、高铁，开辟更多的公路、铁路、航空线路提高运输能力。引导规范物流企业，鼓励中国物流企业积极开展国际业务，扩大海外市场的覆盖面，开通跨境物流专线，为跨境电商提供安全、快捷、低价的物流服务。与其他国家合作建立海外物流园区，在出口集中、辐射力强的国家或城市建立海外仓、边境仓，形成商品集散地，推行仓配一体化，在境外直接分拣、包装、配送。跨境电商要根据商品特点，综合考虑时效、成本、安全等多种因素合理选择物流模式，如阿里巴巴速卖通以前90%的订单选择邮政小包，但是时间长且丢失严重，目前正在积极开设国际专线，已开通中美、中俄等多趟专线。洋码头自组"贝海"物流公司，目前已在全球建立10多个货站，除了服务洋码头，还开放给京东等多家跨境电商。

五 巩固制造业基石

中国的跨境电商之所以发展迅速，"互联网＋"只是手段，基础则来自强大的制造业支撑，这是核心竞争力所在。中国商品历来以品类丰富、档次齐全、质优价廉而行销全世界，更是中国跨境电商的最大优势，在今后的发展中想保持并扩大这种优势就要继续夯实制造业，各级政府要一如既往地支持制造业，促进制造业的转型升级，提高产品科技含量，提升中国制造的竞争力，巩固中国"世界制造中心"的地位。积极推进"中国制造2025"，与发达国家工业对接，同国际标准接轨。重视知识产权保护和维护消费者利益，严厉打击制假售假、假冒伪劣、以次充好，维护"中国制造"形象。制造类企业积极主动地谋求产品升级和技术升级，在研发领域投入更多资源，主动参与国际竞争，同时及时捕捉世界市场需求动向，运用"互联网＋"等新型营销方式，构建自有渠道，将跨境电商打造成中国出口新通道。

六 不遗余力地推行人民币国际化

跨境网购在结算时涉及多种货币，汇率、利率的变动给支付、结算、售后服务带来很大麻烦,是制约跨境电商的瓶颈之一,使用单一货币结算则有利于解决这一矛盾。人民币国际化就是将人民币的使用范围从国内延伸至国际,使之成为被国际普遍认可的计价货币、投资货币、结算货币和储备货币,是顺应国际贸易的发展趋势、匹配中国全球影响力的要求。人民币国际化将拓宽跨境企业的支付结算渠道,为我国参与跨境业务的各方省去汇兑环节,有利于跨境电商缩短支付周期,避免汇兑损失,方便退换货时货款的清算,提高售后服务质量,也有利于电商企业的国内外融资。目前已经有 50 多个国家和地区在跨境电子商务中将人民币作为支付货币,今后我国要继续不遗余力地推行人民币国际化,以便捷的操作吸引更多跨境电商卖家。支付瓶颈的破除必然会推动跨境电商爆发式发展。

第七章
"一带一路"倡议下中国流通企业"走出去"的比较优势

第一节 "一带一路"倡议

一 "一带一路"倡议的提出

漫长的世界历史孕育出四大文明古国,发源于黄河、长江流域的华夏文明是唯一一个没有中断、一脉相传下来的文明,在几千年的历史长河中,中国始终以繁荣鼎盛的大国形象屹立于世界的东方。无论历史怎样推进,朝代怎样更迭,中国都长期保持着对外交流和贸易,古老的丝绸之路就是中国和沿途国家经贸往来、文化融合的见证。古代丝绸之路形成于秦汉时期,汉武帝两次派张骞出使西域,开辟了西起中国长安,经河西走廊至甘肃玉门关、阳关,再经葱岭、西亚、北非,最终抵达埃及和罗马的丝绸之路,也被其他民族称为绿洲路、草原路。海上丝绸之路兴起于唐宋时期，陆路贸易受战乱影响而数度中断，商人们被迫另辟蹊径从海上探索通往东方的道路，海上贸易得到空前发展，中国成为当时从事海上贸易最重要的国家，广州、泉州是当时闻名世界的商业港口，政府鼓励海上贸易，在主要港口设立市舶司加以管理。明朝永乐年间郑和率领庞大的舰队七下西洋，开启了世界大航海时代，经过南海、印度洋、波斯湾、红海，到达东南亚、马尔代夫、印度、阿拉伯半岛，最远到达非洲东海岸的索马里和肯尼亚，开辟了经红海、波斯湾、印度洋最终抵达中国广州、泉州等港口的一条路线，这就是海上丝绸之路，又被称为瓷器之路或茶叶之路。丝绸之路是古代中国同西方交流的重要纽带，是千百年来无数商人和他们的骡马、骆驼踩就出的一条贸易之路，是封建社会的中国对"开放"的尝试，促进了中国封建经济的繁荣，古代中国的经济总量始终占世界的 1/3 左右。丝绸之路还是文明之路、和平之路，两千多年来商人们船载马驮的不仅仅是商品，还承载着交流，传递着文明，促进着融合。

当前全球经济高度关联、国际金融危机影响持续、世界经济复苏乏力，国际经济格局正经历深层次调整。为应对新的国际形势，实现国内改革和对外开放的对接，2013 年习近平主席在出访哈萨克斯坦和印尼时提出了建设"丝绸之路经济带"和打造"21 世纪海上丝绸之路"的战略构想，简称"一带一路"。此后习主席又多次在 APEC 峰会、亚信会议、博鳌亚洲论坛、G20 峰会等重要的国际场合发表演讲，阐述命运共同体、亚洲安全观、亚太自贸区路线图等一系列重要观点，就是要在新的时代背景下承袭这条古老商路上商贸往来的传统，发展同其他国家的经济合作关系，构建全面的区域经济合作的大格局，通过互联互通打造"一带一路"经济共同体和命运共同体，使该地区成为推动中国、区域乃至世界经济发展的新引擎。"一带一路"倡议的提出标志着中国的改革开放走向一个更高的阶段，即中国以组织者、引领者的身份积极争取全球治理权、主动创造发展机会的阶段。如果说改革开放后的前30年，中国以积极引进外资的方式参与了世界经济的一体化，那么"一带一路"倡议标志着以中国企业"走出去"为特征的新时代的到来，从吸引利用外资转为更多地对外投资，是资本、技术、要素全面对外输出的阶段。

二 "一带一路"倡议的核心内容

"一带"是指丝绸之路经济带，是建立在古代丝绸之路基础上的以中国西北的西安、兰州、乌鲁木齐为起点，经中亚、西亚、中东进入欧洲的一条国际大通道。"一路"是指海上丝绸之路，是从东海、南海出发，经马六甲、印度洋、波斯湾、红海进入地中海，再从南欧的希腊、意大利、西班牙进入西欧的另一条路线。"一带一路"连接东盟、非盟、阿盟和欧盟的闭环经济圈，大部分是亚欧非国家，以发展中国家为主，这些国家都处于经济上升期，互利合作前景广阔。

1. "五通"是"一带一路"的合作重点

2015年3月28日国家发展改革委、外交部、商务部联合发布了《推动共建丝绸之路经济带和21世纪海上丝绸之路的愿景与行动》，提出政策沟通是"一带一路"建设的重要保障，设施联通是优先领域，贸易畅通是重点内容，资金融通是重要支撑，民心相通是社会根基。

2. 共商、共建、共享是"一带一路"的基本原则

共商，就是集思广益，集中各方智慧，吸收其他国家的意见和建议，兼顾各方利益；共建，就是发挥各国优势、合并各方力

量，各尽其力，各取所长，共同参与合作和开发；共享，就是秉持互利互惠、合作共赢原则，寻求合作的最大公约数和利益契合点，共同做大蛋糕，合理分配蛋糕。

3. "一带一路"倡议的实施路径

根据"一带一路"的走向，将以陆上重点城市为依托，以海上重点港口为节点，打造六大经济走廊，分别是中蒙俄经济走廊、新亚欧大陆桥经济走廊、中国—西亚—中亚经济走廊、中国—中南半岛经济走廊、中巴经济走廊、孟中印缅经济走廊，本着先易后难、由近及远、因势利导、顺势而为的原则逐步推进。

4. "一带一路"倡议的资金保障

在提出"一带一路"倡议后，2013年10月国家主席习近平又提议筹建亚洲基础设施投资银行（Asian Infrastructure Investment Bank，AIIB），简称"亚投行"，旨在配合"一带一路"倡议，援建沿途各国的基础设施。2016年1月，亚投行在北京举行了开业仪式宣告成立，共有57个创始成员，中国是第一大股东。亚投行和之前成立的丝路基金、金砖银行、上合组织开发银行将共同为"一带一路"倡议的实施提供资金保障。

第二节 "一带一路"倡议下中国流通企业"走出去"的比较优势

一 相对于发达国家流通业的比较优势

1. 政治优势

"一带一路"是一个区域合作的平台，强调"共商""共建"

"共享"原则,所有经济文化的交流合作都是建立在平等自愿基础上,其目的是推动中国经济发展的同时促进地区经济,让其他国家分享中国发展的红利,最终实现共赢。互相尊重、互不干涉内政使得包括零售企业在内的中国企业的对外投资更顺利。

2. 投资主体优势

发达国家流通业发达,进行对外投资的零售企业都是像沃尔玛、家乐福这样的跨国公司,它们理想的投资目的地是经济发展成熟、基础设施好、人均收入高、市场容量大的国家或地区。共建"一带一路"国家经济发展水平参差不齐,大多是经济刚刚起步的发展中国家,人均收入低、基础设施落后、社会矛盾频仍,除极个别地区外少有满足欧美跨国零售企业投资条件的市场。而中国流通业主体的优势在于大中小并存,既有初步具备与欧美商业企业竞争实力的大型商业集团,也有能在欠发达地区找准位置的中小百货商超,甚至是个体经营的批发零售商店。不同规模的企业各自拥有独特的技术优势和商品特色,具有经营灵活的特点,对环境的适应性强,比发达国家的零售企业更适合在共建"一带一路"国家投资。

3. 出口结构的优势

共建"一带一路"国家大多经济发展落后,工业体系不健全,制造业水平低,很多生活用品都依赖进口,零售企业在该地区经营必然要从母国进口商品。发达国家以生产技术密集型产品为主,而中国制造以劳动密集型见长,以出口轻工业品为主。商务部网站发布的《国别贸易投资环境报告》显示,2015 年 1~6 月美国出口产品中前五大类分别是核反应堆、机电产品、航天器、运输设备和矿物燃料,占其出口总额的 48.9%,诸如家具、寝具、杂项食品等劳动密集型产品占比只有 1.3%。同期德国出口前五类产品是车辆及零附件、机械产品、机电产品、药品和塑料制品，占出口额的55.8%，家具、针织、服装等产品仅为1.8%。而中国传统的出口商品是纺织品、服装、箱包、鞋类、玩具、家具、塑料制品七大类劳动密集型产品，据海关总署统计，2015年这七类产品的出口额为2.93万亿元，占出口总额的20.7%。零售企业的主要经营领域是在生活消费品方面，这正是中国制造的强项，因此中国的零售企业对于共建"一带一路"国家的投资更具优势。

4. 价格优势

中国制造享誉世界，走遍世界无处不能看到标着"Made in China"的商品，凭借的就是物美价廉。在中国工业化的相当长一段时期，价格在竞争中都发挥着重要的作用，中国企业参与国际竞争很大程度上依靠的就是价格优势。早期中国产品的价格优势来自充足的原材料、廉价的劳动力。随着经济的发展和环境的约束，这种粗放型发展模式已不可持续，中国制造也积极谋求转型升级，中国产品的价格优势将更多来自规模经济和范围经济、来自技术突破和管理创新、来自完整的产业链和产业集聚、来自强劲的国内需求带来的大市场。这些因素都是中国商品持续低成本的来源，未来相当长时间内，中国产品仍将在世界上保持价格优势，中国零售企业在经销本国产品时自然能享受本国产品价低质优带来的优势。

二 相对于发展中国家流通业的比较优势

1. 经济资金优势

改革开放40多年来，中国经济建设取得了举世瞩目的成就，经济增长速度高于同期世界水平，并于2010年超过日本成为世界第二大经济体。2015年GDP达68.91万亿元,是1980年的约140倍,比2008年翻一番仅用了7年时间,占同期世界经济总量的近1/7,是日本GDP的2倍多,巴西的4.5倍,印度的5倍,俄罗斯的5.6倍[①]。

中国一直保持较高的居民储蓄率,2015年城乡居民人民币储蓄存款增加4万多亿元,增长8.5%,年底余额超过52万亿元。同时,中国的国家储蓄也持续扩大,2006年我国外汇储备首次超过日本排名世界首位,此后一直蝉联世界第一。中国人民银行数据显示,2019年底中国外汇储备达31079亿美元,雄厚的外汇储备为我国企业的对外投资提供了充足的外汇。与此同时,国家深化商业银行体制改革,建立现代金融企业制度,金融产品不断创新,增强了企业的融资能力。证券市场的改革和完善,更是拓宽了企业融资的渠道,众多企业可以从资本市场上直接获得资金。

中国零售企业成长迅速,通过频繁的并购和重组打造了诸多如华联集团、友谊集团、大商集团、重庆商社等具有资金和技术实力的商业航母,苏宁、国美、华联、永辉等通过上市筹得大量资金,阿里巴巴、京东等电商甚至自行组建金融机构,如今困扰中国零售企业投资的已不再是资金瓶颈,而是投资渠道和投资机会。

2. 技术优势

改革开放以来中国通过引进外国直接投资接受国际产业和技术转移,并在引进基础上消化、吸收、创新,形成了独特的技术体系,形成后发优势,中国在很多领域的技术水平远远超过其他发展中国家达到了国际先进水平。在流通业方面,中国市场容量大、开放程度高,国际知名企业纷纷登陆中国,跨国公司知识和

---

① 《中国统计年鉴》(2009年、2016年)。

技术外溢作用明显,在与外资企业的竞争和合作中,中国零售企业成长迅速,在信息、采购、仓储、物流等方面的技术均有显著提高,达到世界先进水平,使中国零售企业在对外投资中技术优势明显。

3. 人力资源优势

进入知识经济时代,国家或企业之间的竞争已经转化为人才的竞争。相对于其他发展中国家我国人力资源丰富,尤其是高素质人才。2015年我国小学适龄儿童入学率为99.88%,初中升学率为94.1%;各类职业培训学校9.9万所,教职工47.30万人,专任教师28.42万人;普通高等学校2560所,在校生人数2000多万,2015年高校毕业生680万[①]。各类技术院校、高等教育为包括零售领域的中国各行业输送了大量高素质人才。2015年批发零售的从业人员就有1173万,是2001年入世元年的近3倍。在华外资零售企业通过对雇员的培训,提高了员工的技术、管理和市场等知识水平,再通过正常的人员流动,将知识传递到本土企业中去,客观上为中国培养了一批优秀人才,他们熟悉跨国公司经营、了解国际投资运作、掌握流通产业技术,是中国零售企业对外投资的有力支持。

4. 商品优势

零售企业以经营日常生产、生活用品和提供服务为主,这正是中国制造的优势。新中国成立后我国形成了门类齐全的工业体系,改革开放以后以满足人们需要,提高生活质量为目的,食品、纺织、化工、电子等行业发展迅速,轻工业产品种类日益丰富,已经形成了品类齐全、高中低档齐备的产品体系。中国商品

---

① 《2015年全国教育事业发展统计公报》。

第七章 "一带一路"倡议下中国流通企业"走出去"的比较优势

以物美价廉行销全世界,每年亦有大量国外采购商来中国采购商品,以广交会为代表的各种商品交易洽谈会频繁举行,像义乌这样的小商品交易市场规模越来越大,甚至在海外开设分支机构。大量外国商人常驻义乌、广州等城市采购商品,就是因为中国的商品品种丰富、价格合理,能满足不同国家、不同民族、不同收入人群的需要。这种商品结构带给中国零售企业的优势是其他任何发展中国家,甚至发达国家都无法比拟的,将转化为中国零售企业海外经营的强有力的竞争力。

5. 经验优势

相比其他发展中国家,中国的零售产业对外投资有较丰富的经验。中国零售产业"走出去"早期是小规模的,主要是江浙一带的个体商人以小商品为主的批发市场、商贸城、中餐馆等形式在境外开展商贸经营。随着经济的深入发展,中国商品因种类繁多、物美价廉在全世界范围内受到欢迎,竞争力也日益提高,更多的商人和企业选择走出国门经营,流通业海外经营的规模进一步扩大,在世界各地建立了中国商品城。加入WTO以后,随着外资流通业跨国公司进入中国,先进的业态、技术及经营理念也被引进,中国企业在竞争的压力下不断学习和创新,一大批有实力的企业成长起来,形成了大型的零售企业集团,中国零售企业海外投资的主体和规模也逐渐增多和扩大,很多大型零售企业都进行了海外投资的尝试,像天客隆投资俄罗斯、苏宁进军日本市场、华联收购新加坡西友百货等。根据《2018年度中国对外直接投资统计公报》,2018年中国流通业对外投资流量为122.4亿美元,中国流通业对外投资存量为2326.9亿美元,位于全国对外投资流量和存量的第四。无论是个体商人还是跨国公司,无论是民营企业还是上市公司,它们的海外投资和经营都是中国零售企业

"走出去"的有益尝试，它们中有成功也有失败，都为中国流通业对外直接投资积累了宝贵的经验。

三 流通业相对于第二产业的比较优势

1. 投资少、周期短

基于行业特点，采矿业和制造业无论是兼并收购还是直接建厂都耗资巨大。2012年中石油以22亿加元收购加拿大石油和天然气开采商Daylight Energy，2013年又收购了意大利埃尼东非公司部分股权以获得位于莫桑比克的4区块项目20%的权益，耗资42亿美元；2013年中海油以151亿美元收购加拿大尼克森公司，创下了中期海外收购的纪录；2015年5月紫金矿业取得艾芬豪旗下的世界级超大未开发铜矿刚果（金）卡莫阿铜矿49.5%的股权和巴理克旗下大型在产金矿巴新波格拉金矿50%的权益，分别花费了25.2亿元和18.2亿元。制造业方面，早在2005年联想收购IBM个人PC业务时就支付了12.5亿美元，2013年又拿下了IBM的硬件业务，耗资23亿美元；2010年轰动一时的吉利汽车收购瑞典沃尔沃，价格是20亿美元。这些动辄耗资数亿、数十亿美元的海外投资只有大型企业才能参与，一般小企业是无力承担的，而且建设周期长，一个项目投入后通常要数年后才能运转，盈利则需要更长的时间。

相比之下，1999年天客隆在莫斯科开店仅投资5500万元；苏宁在2011年收购日本LAOX 27%的股份的价格约为5700万元；华联全资收购新加坡西友百货，合约价格仅为5000万元。零售企业的经营成本由流动资金和存货构成，具有投资小、沉没成本低、循环周期短的特点，从决策到实施运营的周期短，进入或退出市场都比较灵活。

2. 零售企业投资阻力小

近年来，中国企业在全球频繁地收购和开采矿产资源遭到一些国家的非议，一些西方国家炮制"中国威胁论"，给其他国家施加压力，以"国家安全"和中国企业的国企背景为由来阻止中国企业进入一些重要的资源能源和技术领域。零售企业由于不涉及重要的资源能源领域，不触及敏感技术，不产生污染，另外零售企业里国企少，民营企业成分较多，可以淡化政府色彩，在对外投资时受到的阻力也小。

3. 零售企业更受东道国欢迎

采矿业和制造业往往需要使用复杂的机械和运用高深的技术，因而需要从国内输出大量的管理人员和技术工人，不仅增加了母公司的成本，而且没有给东道国创造就业，甚至一些企业的生产行为还破坏了当地的生态，造成环境污染，因而遭到当地居民的抵制。零售企业技术简单，复制性强，易被掌握，对外投资时只需派驻少数管理人员即可，其他岗位则可雇用当地员工，不仅为当地创造就业，而且由于产业关联性强会对东道国相关的制造、仓储、运输等行业起到较强的带动作用，拉动当地经济发展而受到欢迎，投资和经营过程都会更顺利。

4. 经营风险小

海外经营不确定性大，面临各种风险，尤其是遇到政治风险和战争风险，不仅遭受财产损失还面临人员伤亡。采矿业和制造业等由于固定成本高，投资数额大，输出工人多，一旦遇到战争、罢工、政府信用缺失等情况所受损失尤其巨大。如五矿旗下秘鲁拉巴斯铜矿工人受到煽动多次罢工要求涨工资，导致矿山停产损失数百万美元；中石油叙利亚油田被极端组织占领后两个月就损失 7000 万美元；2010 年泰国红衫军暴乱，泰国政局动荡，我国在泰很多工厂关闭损失惨重。在应对投资风险上零售企业更有优势,由于投资少,输出人员少,应对危机时能更迅速更灵活地处理,遭受损失相应就少。

四 相对于其他地区"一带一路"倡议给流通业带来的比较优势

1. 历史、地理、人文优势

中国与共建"一带一路"国家有着悠久的贸易史,自古以来贸易就是中国同其他国家最主要的交往方式之一,存在贡赐贸易、中继贸易、绢马贸易、边境贸易。因贸易而战争,为贸易而媾和,国家因为贸易而繁荣,民族因为贸易而融合。历史渊源带来现实的合作可能,今天中国提出"一带一路"倡议就是要秉承古代丝绸之路的传统,让这条古老的商路在新的时代实现复兴,通过加强政治、经贸、人文互动,对域内要素进行优化配置,推动贸易投资便利化,加强经济技术合作,实现区域经济和社会的共同进步,这符合该地区人民的根本利益。

共建"一带一路"国家大部分地处欧亚腹地,很多与我国接壤,其中中亚与我国新疆毗邻;南亚比邻我国新疆、西藏;蒙古国、俄罗斯与我国北方边境相连;东南亚部分国家和我国云南、广西接壤。我国新疆是多民族地区,有哈萨克族、塔吉克族、乌孜别克族、俄罗斯族等,与中亚国家有着相似的习俗;云南的傣族和泰国的泰族联系紧密;内蒙古与蒙古国地缘相邻、文缘相通;东南亚居住着众多华侨,与中国地缘相近、血缘相亲。

由于历史、地理以及人文的优势关系,共建"一带一路"国家和地区必然是中国企业对外投资的首选目的地,尤其是零售企业,其面向的是最终消费者,在"走出去"的初期应选择经济水平较高、地理相邻、文化相近的地区，可以避免"水土不服"，降低市场和文化差异带来的经营风险。共建"一带一路"部分国家具备吸引中国零售企业对外投资的条件。

2. 贸易互补优势

加入WTO以后，中国与共建"一带一路"国家的贸易量大幅上升，双方贸易地位也不断提升，由于资源禀赋和产业结构差异，中国和这些国家有很强的互补性，合作潜力大。多数共建"一带一路"国家工业体系不健全，制造业落后，很多日常消费品需要进口。以俄罗斯为例，其70%的食品和80%的日用消费品需要进口，中亚、西亚、南亚很多国家的工业制成品也严重依赖进口。中国从纺织服饰、箱包皮革到电子产品、机械装备对这些国家都保持较高的出口份额，是其最主要的进口来源国，中国零售企业到当地投资将更便利中国商品的出口，规范商品流通秩序，减少流通环节，丰富东道国的产品市场，使当地居民买到质优价廉的商品。同时这些国家蕴含丰富的恰恰是我国稀缺的矿产和油气资源。中东、西亚石油储量占世界探明储量的一半以上，是全球最主要的石油产地；俄罗斯天然气资源最丰富，产量居世界首位；东南亚有2500公里长的锡矿带；乌兹别克斯坦黄金储量居世界第四。产业相似度低，互补性多于竞争性，共建"一带一路"国家成为中国零售企业"走出去"的必然和理想的选择。

3. 先行优势

全球一体化影响着当今世界每一个经济体，"走出去"参与国际经营是零售企业必然的选择。零售企业对外投资的理想目的地是经济高速增长或具有增长潜力、市场处于成长阶段、提供优惠的招商引资条件的国家或地区，曾经的巴西、墨西哥、中国香港、中国台湾、改革开放后的中国大陆等都是具备这些特点才吸引发达国家零售企业来投资的。然而好的商业资源是稀缺的，共建"一带一路"国家或地区是极具开发价值的商业"剩地"，东南亚、南亚、中亚、东欧，尤其是俄罗斯、印度被认为是世界上仅存的有待开发的大市场，中国零售企业如果能率先进入这些地区必将抢占先机，取得东道国有利的商业资源，获得国际化经营的地理和心理的先占优势。

"一带一路"倡议的提出进一步深化了对外开放，丰富了我国对外开放政策的内涵，激活了全方位的对外开放，带来了区域和全球合作的机遇，为中国未来几十年的对外投资拓宽了道路。通过对中国零售企业"走出去"的比较优势分析，更加明确了中国零售企业对外投资在理论上和实践上的可行性。在"一带一路"倡议的指引下，中国零售企业较大规模地开展对外直接投资的条件和时机已基本成熟，在政府和企业的共同努力下，充分发挥比较优势，中国零售企业"走出去"必将大有作为，成为新常态下中国经济的新引擎。

第八章
"一带一路"倡议下中国流通企业"走出去"的实现路径

——以零售企业为例

"一带一路"倡议是新的国际国内形势下中国构建全方位开放新格局的关键举措，是一个东西并重、海陆兼顾的开放。"一带一路"涉及六大经济走廊，其中大部分是发展中国家，这些国家同中国经贸往来历史悠久，资源技术互补性强，政治上也有共同开发的意愿，有很大的互利合作空间，再加上亚投行、丝路基金的资金支持，中国企业针对"一带一路"的投资将迅速展开。古老的丝绸之路因贸易而形成，是贸易之路也是一条命运之路，沿线许多国家城邦因贸易兴而兴，因贸易废而废，它们的兴衰都是与贸易相连的。新时期"一带一路"倡议，经贸合作是最重要的内容之一，流通业作为贸易的主体，其特殊地位必将凸显。

"一带一路"合作共建已经在多项领域落地，流通业有利于更好地实现产品价值，成为连接各个经济体的纽带，在这样的背景下引导国内零售企业更有效地走出国门，发挥基础性和先导性作用，引导包括商品、劳动力、技术、信息在内的要素的合理有序的交换，在这场"一带一路"经济大开发中促进和保证商流、物流、信息流的有效流动，有利于提高其他产业推进的效率，产生正外部性效益，为中国全方位对外投资构筑一个大网络、大流通的格局。

第一节 "一带一路"倡议下中国流通企业"走出去"的时机选择

零售企业把握一个正确的进入时机，尽早进入目标市场，对于一家企业的海外经营获得成功至关重要。根据零售国际化的经验，关键要把握好两个时间：一是零售企业要量力而行，在自身具备"走出去"的能力时适时"走出去"；二是要对国际经济形势和目标市场情况有全面的了解，把握一个有利的时间点进入目标市场。

一 流通企业具备"走出去"能力的时机

只有企业在资金、技能、规模、管理等方面具备与目标市场的竞争对手匹敌的能力时，"走出去"才有可能取得成功。当前就有一些零售企业在刚取得一些成绩时就开始放眼全国甚至全球，盲目地扩张，通过复制的方式短时间内大量开店，其结果是因为基础不牢固而昙花一现，以失败告终，这样的例子比比皆是。一方面，中国零售企业不能盲目地国际化，急于"走出去"，要先在国内练好内功，完成优化、创新，夯实零售专业技能，形成自己成功的经营模式，在具备和国际竞争对手匹敌的能力时再

"走出去"。另一方面，也不能妄自菲薄，认为中国企业就一定技不如人，经过40多年的发展，我国已经初步形成了一些具备实力的大型零售企业，这些企业要清楚地认识到本企业的核心竞争能力，抓住机会迅速进入有潜力的海外市场。

二 进入目标国际市场的有利时机

选定目标市场后要选择一个合适的机会进入，比如，某个原来对流通业实施保护的国家即将对外资开放零售市场，那零售企业就要在其刚开放时迅速进入，以享受优惠政策，抢占有利的位置，培养忠诚的消费者，给潜在竞争对手制造进入壁垒等，如此形成先行优势，则能大大提高在东道国经营成功的概率。如果想进入一个零售市场发育相对成熟的国家或地区，那么收购一些陷入经营困境但布局合理、具有品牌价值的企业，或者利用国际形势变动的时机低价收购优质资产都是不错的选择。

共建"一带一路"国家绝大多数是发展中国家，经济处于上升期，对国外的消费品有大量的需求，更重要的是很多跨国零售巨头还没有完成在该地区的布局，这对中国零售企业是个利好，具备实力的中国零售企业应该科学甄别合适的目标市场，抓住机会抢先进入。

第二节 "一带一路"倡议下中国流通企业 "走出去"的区位选择

"一带一路"倡议综合历史、地理、人文、经济、外交等因素全面规划了中国对外开放的地理方向，为中国企业的对外直接投资指引了新的路线。正确的市场选择是对外投资的第一步，尤其是对"走出去"初期的中国零售企业而言，合理确定海外目标市场是零售营销战略中最核心的内容。由于要和最终消费者直接交易，零售企业海外目标市场的选择受到多重因素影响，如地理距离、文化习俗、历史隔阂、经济发展程度、国民收入水平、基础设施建设等。欧美零售国际化已经有几十年的历史，学术界也形成了大量研究成果，为流通业海外目标市场选择提供了理论依据，其中市场临近模型被广泛接纳，零售商在进行海外投资时首先以地理邻近和文化相近为基础，同时综合经济、社会、零售结构、公共政策几个因素来进行市场进入决策。地理距离，顾名思义就是指母国和东道国的距离，零售商在初始开展海外投资时首先选择母国周边的市场，如德国零售商选择进入奥地利或比利时投资，美国零售商首先选择加拿大或墨西哥作为初始投资市场。心理临近也是零售商海外市场评估的一个重要因素，一般认为零售商会首选心理临近的市场，为了说明心理临近学者们还引入了"心理距离"这一概念，心理距离是指母国市场与东道国市场之间因对文化和商业环境差异的感知和认识的不同而形成的距离，包括语言差异、文化差异、价值观不同带来的消费理念和行为的不同，对零售企业对外直接投资影响很大。

  目标市场选择是关系到零售企业海外投资成败的首要因素，零售企业要结合目标市场的地理距离、心理距离、国民收入、市场容量、配套设施、公共政策等条件科学评估、慎重选择。具体来说，应该选择地理距离近、文化习俗相近、经济发展好、国民收入高、基础设施全、投资政策好的国家或地区。我国零售企业还处于"走出去"的起步阶段，在企业规模、技术水平、管理能力、品牌知名度上都和跨国零售巨头有一定差距，而欧美等一些国家和地区的零售市场已经强手如云，竞争激烈，进入壁垒高、经营难度大，不是中国零售商理想的初始投资目的地。"一带一路"倡议的提出为中国零售企业"走出去"指出了新方向，共建"一带一路"国家大部分是发展中国家，经济增长导致进口需求增加，零售市场处于上升周期中，部分国家具备吸引中国零售企业投资的条件，中国的零售企业可以优先在已经与中国签订投资保护协定、达成自贸区协议的国家和地区进行投资，既可以最大限度地发挥贸易优势又可以有效降低贸易风险。

一　中亚五国

中亚五国面积约400万平方千米，人口超过6600万，其中哈萨克斯坦、吉尔吉斯斯坦和塔吉克斯坦与中国西北省份新疆接壤，其他两国乌兹别克斯坦和土库曼斯坦距离中国也很近，目前新疆已经开通了霍尔果斯、阿拉山口、巴克图等多个陆路口岸，以及喀什、乌鲁木齐等航空港通往中亚。历史上中亚就是古代丝绸之路的必经之路，与中国有着两千多年的商贸往来，塔什干、费尔干纳、布哈拉、撒马尔罕都是因丝路而形成的、各路商人云集的重要商贸城市。中国新疆的维吾尔族、哈萨克族、塔吉克族、乌孜别克族与中亚国家民族成分相近，语言相通，很多风俗习惯都是一样的，当今很多在中亚投资的中国企业都来自新疆，可以说中亚五国对于中国新疆来说符合地理邻近和文化相近的条件。中亚五国的自然资源丰富，受中国经济发展强劲的带动，这些国家近些年经济增长很快，但是不均衡。2019年，哈萨克斯坦人均GDP达到9859美元，世界排名第73位，其次分别为土库曼斯坦9046美元、乌兹别克斯坦2222美元、吉尔吉斯斯坦1213美元、塔吉克斯坦 826 美元①。中亚五国都是内陆国家，以山地为主，交通基础设施都是继承苏联的遗产，铁路网不符合国际标准，途经中亚的火车往往需要换轨，货物也要重新装载。公路方面，因为苏联时期道路路面建设标准低，年代久远又缺乏维护费用，所以交通状况很差。历史上中亚地区各民族都以游牧为生，也没有手工耕作的传统，缺乏农耕经验，缺少农资、化肥、农用机械，农业生产力不足，每年都存在很大粮食缺口，瓜果蔬菜也严重依赖进口。

中亚五国和中国有很强的经济互补性，现在的合作主要集中在能源和资源领域，中国的农产品、工业制成品都是中亚国家紧缺的产品，未来在流通业上也有很大的发展空间。随着中亚国家经济的发展，居民的消费能力和消费规模也将进一步提高，对中国的食品、药品、纺织、化工、建材都有很大的需求。尤其是经济发展水平比较靠前的哈萨克斯坦、土库曼斯坦和乌兹别克斯坦，可以作为中国零售企业"走出去"的目标市场。首都经济贸易大学中国流通研究院在 2014 年夏天调研中亚五国的商贸流通情况后，就提出在中亚建立"丝路超市"的构想，由政府投资建设交通基础设施和公益性物流、配送中心，出台商品进出口优惠政策，建立以经营日常用品和生鲜食品为主的中小型超市，待在中亚五国试点成熟后再布局进入土耳其或更远国家的市场。新疆作为中国西北的开放门户，有毗邻中亚的地缘优势和文化相近的人文优势，新疆的零售企业应牢牢抓住历史机遇，充分发挥比较优势，"走"进中亚拓展市场空间，实现国际化经营。

---

① 世界经济信息网，http：//www.8pu.com/gdp/per_capita_gdp_2019.html。

二　东南亚十一国

东南亚十一国囊括了全部十个东盟国家和东帝汶，其中越南、缅甸、老挝和中国领土相接、山水相连，在民族构成上，中国的苗族、傣族、景颇族、哈尼族、佤族、瑶族在与中国接壤的东南亚国家都有分布。由于地理相近，中国从古代开始同东南亚国家就有商贸往来，从中国广东、福建出发的商船首先可以到达的就是东南亚国家，这里也是海上丝绸之路的咽喉要道，是伴随东西方海上贸易而兴起并登上历史舞台的，其社会历史的发展与海上丝绸之路的兴衰有密切的联系。近代以来更有中国沿海居民远赴南洋谋生，与当地居民通商通婚，所以今天在东南亚国家形成了中国在海外最大的华侨群体，占当地人口相当大的比重，而且普遍具有较高的社会地位，中国的文化和习俗也已经深深地扎根于东南亚国家的文化之中，可以说是地缘相近、血缘相连。在这些市场上，很多欧美零售企业由于文化不适应，屡屡败北，中国与东南亚地区在地理和文化方面更加契合，或更能够打开局面。

亚洲成为当今世界最大的新兴市场，东南亚占有重要的分量，东南亚国家始终保持较高的经济增速，尤其是泰国、马来西亚、新加坡、文莱、印尼国民收入都比较高，为流通业的发展提供了机会。泰国的正大集团、马来西亚的金狮集团、新加坡的美罗集团、菲律宾的 SM 集团都是在东南亚市场上成长起来的大型跨国零售集团。巨大的发展潜力、广阔的市场空间、开放的投资条件也使东南亚成为全球最主要的零售投资市场之一，家乐福、沃尔玛、TESCO 等众多国际知名零售商都想在这个市场上分一杯羹。由于地理距离近、文化障碍小、人力资源丰富、华侨群体集中，东南亚地区可以作为中国流通企业"走出去"的理想投资地。到过马来西亚、新加坡旅游的中国游客能在当地超市看到梅林罐头、镇江醋、四川榨菜、广东腊肠、青岛啤酒，从食品到药材、从文具到服装应有尽有，深受顾客青睐。事实上，东盟也是目前为止保有中国批发流通业投资存量最多的地区，其中最著名的就是 2005 年北京的华联集团斥资 2000 万元收购了新加坡的西友百货，成为中国流通业海外并购的经典案例。东南亚仍处于高速发展和快速变革中，未来流通业市场将相对稳定，又是中国传统的境外旅游目的地，未来随着中国—东盟自贸区和"一带一路"倡议的推进，投资壁垒将进一步降低，中国对东南亚的投资机会将会增多。对流通业来讲，目前经济增长、政局稳定的泰国、马来西亚、新加坡可以作为中国零售企业"走"向东南亚的第一梯队。市场容量可观、有大量华侨基础的菲律宾，以及世界第四大人口国——经济发展较好、有大量华侨的印度尼西亚，可以作为第二梯队。越南、缅甸、柬埔寨、文莱和东帝汶，暂时不是中国零售企业"走出去"合适的目标市场。

三 南亚八国

南亚是世界上人口密度最高的地区，其中印度是本地区面积最大，同时也是人口最多的国家，印度人口在 2014 年达到 12.67 亿，是仅次于中国的世界第二人口大国，尽管有 3 亿极度贫困人口，但也有近 3 亿的中产阶级，这部分人的购买力十分可观。据麦肯锡预计，到 2025 年印度的中产阶级人口将达到 5.47 亿，这样庞大的人口将催生大量的消费增长，而这正是在全球消费环境低迷之下零售商苦苦追寻的。另外，印度人口平均年龄只有 29 岁，其中 65% 的人为 35 岁以下，人口结构有利于零售发展。作

第八章 "一带一路"倡议下中国流通企业"走出去"的实现路径

为世界上经济增长最快的国家之一,零售市场在未来有很大的发展潜力,美国科尔尼管理咨询公司发布的2015年全球零售发展指数(Global Retail Development Index)报告显示,2020年印度国内零售市场总额将达到1.3万亿美元,印度市场也被视为全球流通业的一座"金矿"。

尽管印度经济对外开放程度较高,但是流通业一直处于严格保护之中,20世纪90年代印度政府开始力促放宽流通业对外资的限制,1997年允许外商开展限购自运业务,2012年开始批准外国单一品牌零售商在印度设立全资业务,不过要求这些零售商在当地采购30%的商品,于是Gap、Zara、Forever 21、无印良品等均已入驻该国。2014年,印度政府表示计划降低外资电子商务业务的准入门槛,这让该国零售行业迎来更大的投资机遇。当前,印度零售以小零售商和中间商为主,综合性大型连锁零售基本属于空白,印度的有钱人都去国外消费,因此流通业一旦放开前景将非常可观,大型跨国零售巨头都在等待抢滩印度。

一方面,对于正在"走出去"的中国零售企业来讲,要想在国际零售市场上争得一席之地,印度市场一定不能错过,要在别人行动之前进去,变被动为主动。中国商品在印度市场很有竞争力,在印度零售市场尚未对综合零售商开放之前,中国可以以小型批发零售的形式先行渗透,例如2016年首个印度中国商贸城——巨龙商贸城在印度首都新德里落成,涵盖建材、家具、灯饰、玩具等几大品类,以先行优势影响印度消费者的购买选择倾向,为以后印度市场进一步开放后中国的大型综合性零售企业进入奠定基础。另一方面,未来印度零售市场的经营难度是很大的,印度的保护、文化的差异以及其他外资企业的竞争是压力的一方面,此外中国和印度还有领土主权争议、国家战略分歧,因此未来印度零售市场是机遇，也是极大的考验。中国过去 20 年流通业的发展历历在目，现在的中国零售市场会是印度的未来吗？对于印度市场，中国的零售企业不应放弃，先以中国商贸城的形式徐徐渗透，依靠商贸城做市场、打品牌、诚信经营，以物美价廉的中国商品占领印度市场，使中国的商品和企业获得印度消费者的认可，待印度市场进一步开放之时，就是中国大型零售企业的发力之时。

印度的邻国，中国的"铁哥们"巴基斯坦也是人口大国之一，与中国关系友好，但是国内政治局势复杂、恐怖主义泛滥，投资风险极高。南亚其他国家孟加拉国、阿富汗、斯里兰卡、马尔代夫、尼泊尔、不丹，或政局动乱，或经济落后，不适合中国流通业投资。

四 独联体七国

独联体是由苏联大多数共和国组成的进行多边合作的独立国家联合体的简称。俄罗斯是独联体成员中面积最大、人口最多、实力最强的，在上一轮经济景气周期中，能源价格飞涨，靠卖石油和天然气俄罗斯的经济发展势头良好。俄罗斯和中国东北领土接壤，中俄在政治上是全面战略协作伙伴关系，经济的合作日益紧密，民间的经贸往来密切，从 20 世纪 90 年代苏联解体后，俄罗斯对来自中国的食品和生活日用品就极度依赖，民间大量"倒爷"往来于中俄之间，俄罗斯也有专卖中国商品的大市场。现在的俄罗斯产业单一，以能源为主，欠缺制造能力，食品和轻工业品主要靠从中国进口，中国是俄罗斯第二大出口市场和第一大进口来源地。2015 年俄罗斯人均名义 GDP 为 549641 卢布（合 8964 美元），俄罗斯人消费水平较高，由于主要靠进口，俄罗斯食品

第八章 "一带一路"倡议下中国流通企业"走出去"的实现路径

和日用品价格都很贵，利润较高。2014年俄罗斯6家企业进入"全球零售250强"榜单，除了X5零售集团外其他5家只在俄罗斯本土经营，俄罗斯零售市场的容量之大可见一斑。2015年俄罗斯零售贸易营业额达27.5万亿卢布，零售额居于领先地位的是马格尼特零售连锁超市，2015年该公司的零售贸易额增长近25%。俄罗斯零售市场吸引了众多国际零售巨头，沃尔玛、家乐福、欧尚等企业都曾进入过俄罗斯。俄罗斯零售市场虽有很强的吸引力，但是由于文化独特而产生的心理距离较大，加之俄罗斯体制僵化，海关贪腐，灰色清关给商品正常进入俄罗斯市场造成障碍，大型零售企业既有的企业文化要适应俄罗斯市场比较困难，家乐福和沃尔玛就由于水土不服分别于2009年和2010年陆续撤出。

"一带一路"倡议与俄罗斯的利益契合点有很多，也得到了俄罗斯的支持，未来在投资领域会更加便利，投资风险会降低。加之中国企业之前有过在莫斯科开店的经验，总体利好中国零售企业的投资。目前中俄两国的电子商务也开展得如火如荼，继阿里速卖通、京东之后，乐视商城也进入俄罗斯，义新欧、郑新欧、渝新欧等多趟货运班列开通，俄罗斯都处于重要节点上，俄罗斯是中国零售企业"走出去"不应错过的市场，中国零售企业应当练好内功，择机进入。

白俄罗斯、阿塞拜疆、亚美尼亚、格鲁吉亚和摩尔多瓦都和俄罗斯文化习俗接近，政治经济关系都比较紧密，经济发展平稳，尤其是白俄罗斯，2014年人均GDP为8040美元，属于中等收入国家，在独联体国家中比较富有。这些国家虽也处于"一带一路"的节点上，但是距中国地理遥远、文化认同少，而且国土狭小、市场容量有限，不是中国零售企业初始国际化的理想投资

— 231 —

目的地，但由于其与俄罗斯的特殊关系，未来中国零售企业在俄罗斯的市场地位得到巩固后，可以以俄罗斯为中心向周边辐射而进入这些国家。乌克兰本是独联体国家中面积较大、经济情况较好的国家，与中国也有着紧密的经贸联系，但是从2014年开始因克里米亚问题与俄罗斯交恶，成为俄罗斯与北约的博弈前沿，又陷入内战，投资风险巨大。

五　中东欧及南欧十八国

"一带一路"涉及的中东欧和南欧国家包括波兰、立陶宛、爱沙尼亚、拉脱维亚、捷克、斯洛伐克、匈牙利、斯洛文尼亚、克罗地亚、波黑、黑山、塞尔维亚、阿尔巴尼亚、罗马尼亚、保加利亚、马其顿、希腊、塞浦路斯十八个国家，其中除希腊和塞浦路斯属于南欧外，其余十六个国家属于中东欧。这十六个国家在历史上和中国一样同属于社会主义阵营，在苏联解体后渐渐向欧洲国家靠近，其中波兰、匈牙利、捷克、斯洛伐克、斯洛文尼亚、克罗地亚、罗马尼亚、保加利亚也是欧盟成员国。中东欧国家经济发展落后于西欧，却也相对富裕，人均GDP超过10000美元，经济和社会发展也比较稳定。由于处于"一带一路"的关键节点位置上，近年来中国很重视同中东欧国家的交往，中国—中东欧国家领导人会晤已经成功举行了四届。作为欧洲的"后院"，中东欧受欧盟影响很大，其零售市场也是欧洲各大零售商的必争之地，家乐福、欧尚、TESCO、麦德龙、施瓦茨、阿尔迪等零售商都已在中东欧布局，当地也有不少实力雄厚的本土零售商，如斯洛文尼亚的Mercator公司和克罗地亚的Agrokor公司都曾入选"全球零售250强"。十八国中只有希腊和塞浦路斯属于南欧，南欧近些年经济发展滞缓，居民消费受到限制，流通业的日子也不好过。如今的中东欧和南欧零售已经是一个成熟饱和的市场,因此,无论是出于地理距离、心理距离的考虑,还是出于实零售市场竞争程度的考虑,中国零售企业在中东欧和南欧的经营难度都很大,在这个市场上不具备同跨国零售巨头竞争的实力。在发达国家的跨国零售商已经在该地区完成布局,中国企业已经失去先发优势、又不占所有权优势的情况下,中东欧和南欧市场不是中国零售企业初始国际化的首选目标市场。

六 南太平洋国家:澳大利亚和新西兰

澳大利亚和新西兰位于大洋洲,属于"一带一路"沿途国家中少数的发达国家。澳大利亚是典型的移民国家,土著居民不足人口的1%,以英裔、意裔、德裔移民及其后代居多,中国移民也占较大一部分,约占总人口的1.84%。澳大利亚的经济发达,国民收入高,居民消费强劲,对国际零售市场颇有吸引力。德勤公司在2016年6月出具的关于澳大利亚市场的调研报告中指出,越来越多的国际零售商将澳大利亚市场作为目标,"全球零售250强"中已经有39家落户澳大利亚各大购物中心及繁华街道上,其中一半来自美国。尽管如此,这些知名零售企业在澳大利亚市场的渗透率只有28%,明显偏低于这些品牌在其他国家市场的渗透率,目前来看,跨国零售公司对澳大利亚零售市场及澳大利亚零售商的自身价值十分看好。该报告同时预测,会有越来越多的国际零售商计划拓展澳大利亚市场,中国零售商也将紧随欧美零售企业的步伐,在不久的将来进驻澳大利亚市场。

澳大利亚一直都是有志于"走出去"的中国零售商的投资目的地,国美和苏宁在进军中国香港时就曾表示,未来会以香港为跳板进入澳大利亚市场。中国零售商看好澳大利亚市场的原因有以下几点。第一，澳大利亚经济发展良好，2015年澳大利亚的GDP总量排在世界第十二位，人均GDP以51641.63美元排在世界第七位，购买能力强，年轻人消费积极。第二，虽然目前有不少国际零售商进入澳大利亚，澳本土也有像伍尔沃斯（Woolworths）、西农（Westfarmers）这样的大型零售商，但是澳大利亚流通业的竞争相比同样高收入的西欧还比较温和，当前市场容量还有相当的潜力，有足够的零售渗透空间。第三，澳大利亚是移民国家，文化具有包容性，根据哈佛商学院发布的社会进步指数，在衡量国家对移民和宗教接受程度的容忍和包容性排名中，澳大利亚名列前茅。第四，澳大利亚存在一个不小的中国"海外飞地市场"。来自澳大利亚官方的数据显示，2016年在澳中国移民达到2400万，目前中国人去澳大利亚投资、求学、移民和旅游的速度还在加快，因此未来具备实力的中国零售企业可借人民币国际化、澳元走弱的机会收购表现不佳的澳大利亚零售企业。

同属大洋洲的新西兰也是经济发达的资本主义国家，以农、牧、渔、旅游业为主，2015年人口只有464万，大部分是欧洲移民及其后裔。相对于澳大利亚，新西兰国土面积、人口数量、人均收入都要小不少，距离中国也更加遥远，历史上同中国在政治和经贸上的往来不及澳大利亚亲密，不符合零售国际化市场临近模型的要求，不符合在"一带一路"倡议背景下中国零售企业"走出去"的区位选择条件。

七　西亚北非国家和蒙古国

"一带一路"涉及西亚和北非16个国家，即伊朗、伊拉克、土耳其、叙利亚、约旦、黎巴嫩、以色列、巴勒斯坦、沙特阿拉伯、也门、阿曼、阿联酋、卡塔尔、科威特、巴林、埃及，由于这些国家和地区处于大国博弈的中心地带，国家矛盾、地区矛盾、民族矛盾交织，是全球的风暴中心，冲突不断，接连发生过两伊战争、海湾战争、伊拉克战争、叙利亚内战等多起战争，巴以冲突旷日持久，IS 肆虐，难民潮汹涌不断。接连的战争和冲突中，中国在该地区的投资受损严重。由于该地区的地缘位置重要，石油资源丰富，为了发挥中国国际影响力和确保经济发展的能源供给，部分国家仅适合能源矿业企业投资。蒙古国只有不足 300 万人口，人均收入低，政治风险和经营风险较大，不适合流通业投资。

从国际经验的借鉴来看，世界零售第一的沃尔玛在选择国际化路径时首先选择了同属北美自贸区、地理位置相邻和文化差异较小的墨西哥、加拿大，再向外扩散至南美和中北美，以及位置更远、文化差距更大的亚洲市场，最后才进入市场发展更为成熟、市场限制更多、竞争更为激烈的欧洲市场。沃尔玛的成功经验，值得中国零售企业借鉴，在"走出去"的过程中本着先近后远、先易后难的原则，先在中国周边的受中国经济和文化辐射强的国家和地区先行试验，集中力量在一个海外市场稳健经营，逐步填满，取得成功后再向更远的市场推进。

第三节 "一带一路"倡议下中国流通企业"走出去"的进入方式选择

零售业国际化的进入方式是指当零售商第一次进入国外市场以实施其经营战略时所采取的一种制度安排，影响零售企业海外市场进入方式选择的因素来自两方面——企业内部和东道国市场。企业内部因素就是零售企业的所有权优势，包括企业的资金实力、技术水平、人力资本、国际化经验等，来自东道国市场的因素包括当地的市场发育水平、投资便利程度、市场熟悉程度、信息获取程度、文化差异程度等。这些因素都是动态变化的，零售企业要结合自身条件和东道国区位特点，具体问题具体分析。科学决策合理的进入方式，能让零售企业在陌生的环境中付出最小的协调成本，将经营风险降至最低。零售市场进入模式可以按控制的程度由强到弱分为自我进入/独资（Self Entry/Sole Venture）、兼并和收购（Mergers and Acquisitions）、合资企业（Joint Ventures）、特许经营（Franchising）以及许可协议（Licensing Agreements）。

一 中亚国家的进入方式

在外部经济形势好转以及中国经济发展的带动下，中亚五国的经济情况有了较大的改善，但总体来讲还相对落后，五国GDP总和还不及我国新疆，对经济发展有很大的诉求，对于吸引外资持积极态度。中国和中亚各国的铁路网、公路网、公益性物流、配送中心正在建设中，多趟中欧班列必经中亚，该地区具备吸引中国流通业投资的区位优势。企业因素方面，中亚本身流通业比较落后，相比之下，中国零售企业具备资金优势、技术优势、人力优势以及经营经验，所有权优势上处于绝对领先的地位。而且中亚五国对食品和日用百货不能自给，对中国商品依赖很大，中国企业进入该市场的难度不大，且当地发育成熟的可供并购的优质零售资产少，因此，中国零售企业投资中亚国家可以采取绿地新建、独资等控制权较高的进入方式。

二 东南亚国家的进入方式

前文分析过，基于地缘相邻、人文相近，东南亚的泰国、马来西亚、新加坡、菲律宾和印尼都是"一带一路"倡议下，中国零售企业"走出去"可选择的投资地。该地区市场开放程度较高，投资便利化程度高，流通业市场发展成熟，包括沃尔玛、家乐福在内的很多跨国公司都已进入，本土也有跻身世界前列的零售企业，有一定的经营难度。相比发达国家的跨国零售企业，中国的一些大型零售企业具备投资的资金实力、技术水平和管理能力，但是在零售国际化的经验上还有欠缺，目前只有北京华联一家有在新加坡投资的经验，因此中国零售企业应选择合作、合资或股权收购的方式进入东南亚市场。事实上，沃尔玛在1994年就是以合资的形式进入泰国的。在东南亚，像泰国的正大集团和CPI集团、马来西亚的金狮集团、新加坡的美罗集团、菲律宾的SM集团等都是华人开办的零售企业，比较利于中国零售企业寻找合作伙伴，以克服异地经营和经验不足的困难。

三 印度的进入方式

高速增长的国民经济和庞大的人口基数决定了印度是零售国际化最不可忽视的市场之一，世界各大跨国零售商都在虎视眈眈地等待印度零售市场最终的开放，届时印度市场必定成为众多零售大鳄的厮杀之地。中国零售企业进入印度市场面对的不仅仅是印度的本土零售企业，还有来自发达国家的跨国零售商，未来印度零售市场竞争必然十分激烈。此外，中国同印度地理距离遥远，文化差异大，中国零售企业国际化经验少，在印度经营的难度会较大，因此中国零售企业进入印度不宜采取控制程度过高的投资方式，初期应采取许可、特许经营、合作、合资等控制程度低、投入资金少的方式，在印度当地寻找合适的合作伙伴，可以有效化解经营风险，先进行尝试性的经营，待适应市场并积累足够的经验后，再逐步尝试其他投资模式。

四　独联体国家的进入方式

根据前文分析，独联体国家中俄罗斯与中国地理接壤、政治经济联系紧密，而且俄罗斯食品和日用品不能自给，进口依赖程度严重，零售市场空间大，是中国零售企业"走出去"可以首先选择的目标市场。进入俄罗斯市场对于中国大型零售企业来讲，规模、资金、技术和商品都不欠缺，但是需要注意中俄文化的差异问题，俄罗斯消费者普遍对商品品质要求很高，加之俄罗斯海关、商检、工商等官僚机构贪腐严重、效率低下，不熟悉规则的外国投资者会遇到很多阻力，当年中国的天客隆在莫斯科开办超市时，就因为两国文化差异太大，没有找到有效的克服方式，最终只能铩羽而归。因此，有了之前的经验，中国零售企业重新进入俄罗斯市场时，应该理智地选择与当地有实力的零售商合资或合作的方式进入该国，以增强企业的所有权优势、内部化优势，消除不利的外部因素影响，将经营风险、政策法律风险降至最低。对于单一品牌零售，专卖店、品牌商也可以采用许可或特许经营的进入方式。

五　澳大利亚的进入方式

澳大利亚经济发达，政策法律完善，市场秩序规范，流通业发育成熟，竞争充分，中国零售企业进入澳大利亚在政策和文化上的障碍会少一些。需要考虑的则是零售企业自身的经营能力，包括融资能力、技术应用、管理方法等，企业的营销策略、库存控制、物流衔接等方面能否做到更加优秀关系到企业的成败。在一个充分竞争的零售市场规模效应显然很重要，规模既能够带给零售商采购上的优势，巩固和强化零售商供应链地位和价值链主导权，又能够降低仓储、物流的边际成本，提高市场占有率，这就是流通业的规模经济效应。因此，进入澳大利亚市场应该采用兼并或收购的方式，适时购买那些陷入困境，但布局合理、有一定品牌价值，资产优良的连锁零售，可以达到多点进入、快速铺开、迅速抢占市场的目的，这也是当前沃尔玛、家乐福等一些知名零售商开辟新市场常用的方法。对于中国零售企业来说，普遍缺乏国际经营的经验，因此从降低风险、减少摩擦的角度出发，初始阶段尽量避免独资而应采用收购部分股权的方式与本土零售商合资经营可以达到快速实现本土化的目的。

第四节 "一带一路"倡议下中国流通企业"走出去"的业态选择

正确选择合适的流通业态对零售企业的海外扩张至关重要，中国零售企业"走出去"的业态选择要遵循三个原则。

第一，要符合流通业态的发展规律。根据零售生命周期理论，任何流通业态都有一个从产生到消亡的过程，大致要经过五个时期：导入期、成长期、竞争期、成熟期和衰退期。从世界范围看，流通业态经历了百货商店、超市、大卖场、专卖店、便利店、购物中心、无店铺销售等多种业态。百货商店是现代流通业出现最早、发展最成熟、结构最稳定的业态，已经进入衰退期。超市诞生于20世纪30年代的美国，从美国传播到全世界，目前处于成熟期。大卖场是在20世纪60年代末由家乐福首先提出并采用的一种流通业态，目前大卖场在发达国家已经处于成熟期，但在其他国家还处于成长期或导入期。便利店、专卖店、购物中心、无店铺销售等在世界范围内看还处于成长期。

流通业态的转移要选择那些在东道国处于导入期或成长期的业态,处于这一阶段的业态由于经营方式方法的革新给消费者带来全新的体验,逐渐被消费者认可,利润逐渐增加,市场占有率会逐渐走高,具有很强的生命力。跨国零售商采用这种业态进入东道国将获先发优势,有利于扩大市场份额。

第二,要符合东道国经济的发展水平。每种业态发展到哪个时期和一个国家的经济发展水平是相关的。一般而言,一种新的业态总是在经济发达的国家诞生,在该国发展成熟后再导入经济次发达地区,然后在经济次发达地区成长、成熟直至衰退。因此,一种流通业态在一个国家已经处于成熟期或者衰退期,但是在另一些国家或地区可能正处于导入期或成长期,还有着旺盛的生命力。因此,当零售企业跨国经营时,通常要根据东道国的发展水平,选择在东道国正处于导入期或成长期的具备竞争力的业态,这在发达国家零售企业向发展中国家扩张时表现得尤为明显。

第三,要选择零售企业擅长的业态。零售企业在自己擅长的经营领域具备所有权优势,在进入海外市场时选择同样的业态有助于顺利地实现零售技能的跨国转移,使其能够在东道国市场仍保持这种优势。例如,沃尔玛在其母国美国市场上同时以超市、现购自运店、折扣店、购物广场、便利店等多种业态经营,但是在国际市场上,沃尔玛采取的是其经营最成熟的折扣店和购物广场模式。家乐福也兼备多种业态,但是在向海外扩张时采用最多的业态还是大卖场和折扣店。

在共建"一带一路"国家中,中亚五国经济发展落后,人口居住分散,居民购买力不强,像购物中心、大型超市、便利店等对信息化程度要求很高的业态并没有在该地区广泛推广，且中亚地区地广人稀，单一区域无法聚集起大量的人群，缺乏支撑大型超市和购物中心的人口基础和购买力，像"丝路超市"这样面向普通大众的中小型超市则更具有优势。另外，百货店、大卖场等业态在中亚这样经济落后的地区还是有发展空间的，在人口较多、高消费人群集中的个别大城市，也适合这种业态的输出。印度的流通业发展落后，目前以小商贩为主，各种现代的流通业态发育都不够充分，但是印度具有足够支撑流通业发展的庞大城市人口以及逐年增长的中产阶级队伍，因此进入市场时可以选择更加灵活的流通业态。在澳大利亚、东南亚、独联体等经济发达或比较发达的国家或地区，流通业已经发展得比较成熟，各种业态都有充分发展，进入这类市场应选择处于成长期、竞争期的业态，如超市、大卖场、购物中心、专卖店、便利店等。到目前为止，在中国零售市场上发展比较成熟，被我国大型零售企业普遍采用的业态是超市、大卖场、购物中心和专卖店，这也是中国零售商比较擅长、具备经营经验的业态，是中国零售企业进入东南亚、独联体和澳大利亚市场合适的经营业态选择。像便利店这样在我国尚处于导入期，仅在少数一线大城市推广的业态，中国零售业国际化经营时不宜选择。

第五节　中国流通企业"走出去"的标准化与本土化战略

在国际零售领域，标准化与本土化一直存在争议，也是跨国零售商不好把握的问题。标准化指一家零售商在实施国际化战略过程中，将整个世界看作统一的市场，在所有的市场都复制同一套方案的经营，所采取的营销策略、专业技能、流通业态、管理模式在母国和东道国之间的相似程度极高。本土化也叫适应化，指零售商在跨国经营中重视市场之间的差异，所采用的经营策略会根据目标市场的地理、人文、宗教等特点进行调整，以适应东道国市场。

零售企业之所以能够突破消费半径的束缚，从一家区域性的单一企业发展成门店遍及全球的跨国公司是因为采取了连锁的形式，而标准化是连锁成功的前提。标准化最大的特点就是可复制性，将单店积累的零售技能、管理方法、营销组合、商品陈列、店面装修、客户服务等复制到另外的门店，也使得企业管理从"人治"走向"法治"。标准化以模块化的行动代替无序的行动，原有的多样性和复杂性会降低，能够提高速度、降低成本，标准化的企业形象代表了企业的文化和品牌价值，提高了公众对企业的认知度。在向海外扩张的过程中，标准化有助于企业达到快速扩张的目的，将企业的竞争优势迅速转移到海外市场。在全球化大潮下，文化差异不断缩小，人们的价值观逐渐趋同，生产趋向统一，消费行为和偏好也表现出一致性，这是标准化可行性的根源。各大零售商在全球的扩张都是通过标准化复制实现的，我们看到的沃尔玛门店，从美国到巴西、从伦敦到北京都是统一的店面和相似的陈列。中国零售企业"走出去"必须以连锁的方式，标准化也是不可绕过的。

虽然全球化是不可逆转的，但各国经济发展水平参差不齐，收入水平高低不同，政策和制度千差万别，通信、运输、劳务上的差异带来企业经营成本的不一致，文化、宗教、民族差异形成的消费习惯和选择偏好在短时间内无法改变，这些都使跨国零售企业无法在全球做到一致的标准化，可以说，没有标准化的市

第八章 "一带一路"倡议下中国流通企业"走出去"的实现路径

场,就没有标准化的战略。在消费者主权时代,这种差异对零售商的影响愈加重大,本土化越来越受到重视,无法做到本土化就要面临国际化失败的风险。沃尔玛 2002 年进入日本市场,无论是店面装饰还是商品陈设都完全依照美国超市模式,首先就在日本消费者心目中产生了距离感。沃尔玛在日本照搬美国模式,主推"天天平价"的营销战略,可是挑剔的日本消费者更看重的是商品的品质,对价格并不敏感,"天天平价"不像在中国市场那么奏效。另外,日本沃尔玛的管理层居然都是清一色的欧美人,没有日本人,这是自尊心极强的日本员工所无法认同的。沃尔玛为对日本市场特点的认识不足、本土化的不到位付出了代价,仅仅 3 年就不得不撤出日本。因为水土不服、本土化做得不到位而零售国际化失败的例子还有沃尔玛退出德国、家乐福退出韩国等,而国际化成功的零售商无一例外都做到了很好的本土适应化。

中国零售企业"走出去"既要依靠标准化确保管理经验、零售技能、品牌文化的跨国转移,又要借助本土化适应东道国政策,顾全市场差异,拉近与消费者的距离,减少各种摩擦,以确保跨国经营的顺利实施。所以,单一奉行标准化或本土化都是不可行的,要把标准化和本土化结合起来,兼顾市场的统一性和差异性,这个平衡点往往是不易找到的。哈佛大学 Levitt 教授提出了"全球本土化",主张在国际营销中要结合标准化与本土化操作,将核心要素标准化,非核心要素本土化。在目标市场,中国的零售企业应将本企业的战略目标、市场定位、财务准则、品牌内涵、门店风格等核心的经营战略实施标准化,将店铺选址、货品陈列、产品组合、打折促销、供应商网络等非核心的业务实施本土化。也就是说,在管理层给定的全球战略大方向下,各市场部门灵活地适应本市场,更有可能形成竞争优势。

第九章
中国流通企业"走出去"的支撑体系

在世界经济全球化、流通产业国际化和世界产业控制权已经从制造环节向流通环节转移的大背景下,推动中国的流通业"走出去",构筑遍布全球的中国自主的流通网络,提高中国商品和要素的流通能力,是拉动中国制造业价值链升级,提升产业国际竞争力,巩固我国经济在国际竞争中的国家竞争优势的必然选择,也是推进"一带一路"顺利实施,积极参与全球治理、扩大中国国际影响力的必经之路。中国流通业"走出去"是一项系统工程,既要有政策的指引,理论的指导,还要有产业间的配合以及零售企业自身的不懈努力,要将流通业的"走出去"上升到国家战略高度,要从宏观、中观和微观三个层次打造支持中国流通业"走出去"的支撑体系。

第一节 中国流通企业"走出去"宏观层面的支撑体系

中国流通企业要"走出去"必须借助国家实力的支撑,各级政府和相关管理部门要制定专门针对服务业，尤其是零售企业对外直接投资的支持、促进和保障政策。

一 高度重视流通产业，营造法治化营商环境

我们国家历史上有"重农抑商"的传统思想，重生产而轻流通，认为商业不创造价值，新中国成立以来"无流通论"统治理论界很长时间，严重阻碍了商品流通的发展，直到改革开放才逐渐恢复对流通的正确认识，尤其是1997年亚洲金融危机之后买方市场形成，对流通的重视程度逐渐上升。与其他产业相比，流通产业是一个更加庞大、复杂的体系，产业联动性之强无任何其他产业可比，流通贯穿整个产业链、供应链、价值链，影响着整个链条上的权利分配和利益的调整，上至国家利益的维护，下至百姓民生的保障都离不开流通力的提升。未来，流通主导经济将彻底取代生产主导经济，流通将发挥越来越重要的作用，并呈现社会化、国际化和信息化趋势，流通力已经成为国家核心竞争力的一部分，流通强则国家强，流通弱则国力弱，没有强大的流通产业，既成不了经济大国，也造就不了经济强国。对于流通要从国家战略的高度给予全面、正确的认识，重新审视流通在稳增长、促就业、调经济中的重要作用，鼓励流通创新，积极推动流通现代化建设，加强对流通产业的政策扶持，增强流通主导价值链的能力。同时，深化流通体制改革，消除地方保护，破除行政干预、市场封锁和其他流通壁垒，实现商品和要素在全国范围内合理、有序、自由的流通；推动内外贸一体化、城乡一体化，建立高效统一的国内市场体系，形成全国一盘棋的"大流通，大市场"；加快政府职能转换，健全法律法规，规范经营秩序，建设法治化营商环境，为包括零售在内的流通产业的发展营造一个良好的环境。

二　完善对外投资立法，规范对外投资行为

世界主要的资本输出大国，像美国、英国、日本等都有支持本国企业对外投资的完备立法，如日本从20世纪70年代开始将对外投资提升为国家战略，日本政府先后制定了《外资法》《外汇法》《境外拓展对策资金贷款制度》《日本贸易振兴机构法》《境外投资信用保证制度》等法律，将企业境外投资的服务管理机构设置，财税、金融、保险等政策保障措施用法律的形式确定下来。美国的对外投资管理是以《对外援助法》为核心的，1948年为了实施马歇尔计划而制定的《经济合作法》标志着对外投资管理法律体系的建立，之后又颁布了带有浓烈"安全"色彩的《共同安全法》《共同防御援助法》《国际开发法》，并随着国际形势和美国对外投资发展的变化不断修订完善。

商务部数据显示，2015年中国对外直接投资实现历史性突破，流通量首次位列全球第二，超过同期吸引外资水平，首次成为净资本流出国，但是作为一个资本输出国，国家层面的对外投资立法尚不完善，不能有效地鼓励、监管和保护本国的海外投资。自2001年"走出去"战略实施以来，国务院、国家发改委、商务部以及国家外管局等部门陆续制定了我国对外投资政策及相关实施意见。但是随着国际形势的变化，尤其是"一带一路"倡议提出后，我国企业对外投资速度的加快，部分政策已经不再适应我国对外投资发展的新形势，政策措施也应该向法律条文演进。目前我国投资领域实施的还是2004年发布的《国务院关于投资体制改革的决定》、2014年发布的《境外投资管理办法》等出自国务院部委或地方的立法，存在片面性、效力低、立法分散、对重大问题缺乏法律依据可循的弊端，也不利于政府对海外

投资活动的控制和有效监管。结合发达国家的立法经验，我国应该尽快出台一部全面的、专门调整海外投资关系的《中国对外投资法》以及配套法律法规，对企业对外投资的主体、投资形式、审批程序、税收政策、管理部门和职能、争端解决机制等做出原则性的规定，明确各项政策的目标、政策支持的对象和境外投资服务管理机构的职责，确保境外投资企业的法律地位，规范境外投资行为，让政府部门的管理有法可依。另外，我国服务业对外投资立法更是滞后，相关的行政法规和部门也严重缺失。作为国民经济基础产业和先导产业的流通产业还没有单独的法律法规，流通业更是缺乏发展规划，因此需要针对不同的产业细化对外投资法律，制定专门的《流通业对外投资管理办法》，作为流通业对外投资的基本法律依据，待条件成熟时再制定《流通业对外投资法》《流通业对外投资保险法》《流通业对外投资税收征管法》等，规范零售企业对外投资行为，保护零售企业对外投资的海外利益。

三 完善宏观管理体制，提高对外投资的管理效率

我国的对外投资管理体制经历过数次改革，取得了很大的进步，但是到目前为止，我国还没有形成统一的"走出去"的归口管理机构，还存在政出多门、多头管理的乱象，不利于企业对外直接投资的顺利开展，也造成政府部门管理效率低下。

为避免各部委规章制度打架，建议将原来的多头管理改为单一部门管理，设立一个集对外投资的财政、税收、价格、金融、外汇管理于一身的对外投资管理机构，由该机构作为宏观管理的政府代表，主要负责贯彻国家的方针政策，做好战略规划，强化监督管理，加快和简化审批流程，提高对外投资审批的规范性和

透明度，推进境外投资便利化、公平化，确保对外投资的各项活动按国家宏观规划健康有序地发展。目前我国对外直接投资重点关注制造业和采矿业，且以国有企业为主，对国有企业支持力度有加，对包括零售企业在内的中小企业、民营企业无暇顾及，致使这些企业在资金支持、外汇管理、商品质检通关等方面频遭障碍，严重伤害这些企业"走出去"的积极性。针对这一情况，商务部要设立专职流通业的管理部门，引导和鼓励企业"走出去"，强化零售企业"走出去"的意愿，制定零售企业"走出去"的战略规划，明确零售企业"走出去"的战略目标、战略步骤和战略措施，加强宏观管理和理论指导，以更高的效率支持中国零售企业"走出去"。

四 与东道国建立政策协调机制，加强海外投资利益保护

中国应积极参加国际贸易、投资规则和相关标准的制定，反映中国的诉求，争取参与全球治理的权利，扩大政府间合作，以资本输出国身份同相关国家签订双边投资保护协定和避免双重征税协定，积极参与区域经济合作组织和自由贸易区建设，签订多层次的多边投资保护协定。对外投资管理部门要与东道国政府及相关部门开展商贸流通交流，建立定期对话机制，沟通商贸流通政策，破除东道国对我国零售企业投资的种种限制，避免出现歧视性的政策，为中国零售企业的对外投资争取最优的财税政策，建立符合双方利益的争端解决机制。

我国现行的海外投资监管和保护主要针对国有企业，其他类型的民营、个体企业在海外的利益几乎处于真空状态。而中国作为资本输出国，既未建立海外投资保证制度又缺乏国内投资担保机构，这就使得中国的民营企业投资者所遭受的非商业性风险得

不到及时有效的补偿，严重挫伤了他们的积极性。中国零售企业以民营性质为主，零售企业"走出去"也主要依靠民营和个体为主的力量，这部分企业背景少、规模小、实力弱，近年来发生过多起中国海外民营零售企业遭到侵害的事件，由于海外投资援助法律制度不到位，海外投资保险制度缺失，使它们得不到有效的保护，损失只能自己承担。这也是中国零售企业"走出去"意愿不足的主要原因之一。中国虽然在2001年就成立了中国出口信用保险公司，专门从事对外贸易和境外投资的相关保险业务，但也是主要面对实力强大的国企，满足不了民营企业的相关需求，而且保费较高，民营企业很难负担。建议设立专门针对民营企业的海外信用保险机构，设计灵活多样的险别，针对小企业提供低费用保险，满足民营企业对境外投资保险的需求。对于流通业可以实施以双边为主、单边为辅的流通业混合投资保险制度，既可以保证对投资风险的防范，又可以增大企业获得保护的国家范围，是转移零售企业海外投资风险的一个重要方法。

五　重视商会作用，加强与各国商会的联系

提高中国流通业"走出去"的水平要充分发挥商会的作用，商会是政府与企业、企业与企业之间沟通的桥梁。随着中国逐渐融入世界市场，商会间的跨国合作已经成为国际经贸合作的重要方式之一，既是官方合作的一种形式，也是扩大企业间合作的重要渠道，应借助各国驻华商会和中国商会驻外分支机构促进我国企业对外投资的顺利开展。当前我国的商会还处于发展初期，与发达国家成熟的商会还有很大差距。政府要重视行业商会的作用，加强商会的建设要以政府为引导，以民间为基础，协调关系，完善体制，加快发展步伐并与国际接轨。中国商业联合会、

中国连锁经营协会、中国电子商务协会等作为中国流通业的主要商会，也要"走出去"，成立商业情报信息中心，为中国零售企业的对外投资开展调研、提供服务、反映诉求、传递信息、规范行为、扫清障碍、沟通政策，提高零售企业的投资效率。

六 加强公共服务平台建设，提高对外投资服务水平

围绕流通业"走出去"规划布局，推动重点城市与对外投资合作重点国家和地区建立友好城市关系，建立投资贸易互惠机制，搭建合作交流平台。整合相关国别、政策、金融、法律和风险预警等公共信息资源，建立完善的"走出去"的公共服务平台。指导企业加强境外项目前期风险评估，科学制订项目实施监控和风险分担转移预案。完善境外人员和机构安全保护工作联席会议制度，健全境外突发事件应急处理机制，加强领事保护宣传服务，增强"走出去"企业境外风险防范处置能力。培育发展面向企业的境外投资和跨国经营中介服务机构，构建市场化、社会化、国际化的"走出去"中介服务体系。鼓励行业协会、中介机构和企业联盟为"走出去"的企业提供国别风险、信用咨询和人员培训等服务。发挥海外华人侨商组织、我国境外贸促机构和商（协）会等作用，依法维护"走出去"企业境外合法权益。

七 调整学科设置，培养国际化流通人才

流通企业"走出去"需要具有世界眼光、战略思维和领导艺术的中高端的领导型人才，而人才的短缺恰恰是中国零售企业"走出去"的短板。不仅是跨国发展，目前中国流通企业国内跨区域扩张普遍面临的主要问题之一就是人才难找，中国零售业人力资源研究中心发布的《2013—2014 中国零售业人力资源蓝皮

书》显示，中国56%以上的零售企业平均缺岗率为10%~20%，中层岗位的缺岗率为5%~10%，且人才流失严重，流失率常年保持在30%~40%，个别流失率更高的企业能达到60%~70%。人才短缺的根本原因在于我国高等院校对于零售人才培养的弱化。受1998年教育部进行专业结构调整的影响，很多高校都撤销了专门培养商业人才的贸易经济专业，商业人才培养的削弱违背了社会经济的发展趋势。商业兴旺要靠人才，随着我国流通业在更高层次、更广范围上参与国际竞争与合作，对加强商务领域干部人才队伍建设提出的要求也比以往任何时候都更新和更高。当务之急是各大高校、职业院校调整学科设置、优化课程设置、重新编订教材，大力培养面向未来的既懂内贸又懂外贸、既懂贸易又懂投资、既懂多边又懂双边、既懂外语又懂法律的复合型商务人才。

第二节　中国流通企业"走出去"中观层面的支撑体系

流通业作为连接生产和消费的桥梁，一方面为制造业服务，将商品送达消费者，另一方面为消费者服务，将消费者的需求信息反馈给供应商，因为流通业贯穿整个产业链、供应链，是商流、物流、资金流、信息流的集合体，也是产业关联性很强的产业。流通业的发展程度影响关联产业的发展，关联产业也制约着流通业发展，流通业"走出去"离不开关联产业的联动发展。

一　制造业支撑

制造业为中国经济的腾飞做出了巨大的贡献，改革开放40多年，中国依靠承接发达国家制造业转移，以加工贸易的形式融入世界经济体系，专注于劳动密集型和资本密集型产业的生产、加工、组装，不仅实现了中国经济的腾飞，更是打造了强大的制造业，成为世界第一制造大国和第一贸易大国。在消费者主权时代，流通业与制造业的关系更加紧密，流通主导全球价值链，零售终端为王，制造业价值的实现、利益的分配都更依赖流通业。流通业也离不开制造业的支撑，流通业的核心竞争力来自商品、服务、价格，沃尔玛、家乐福、TESCO、宜家，把采购中心设在中国，就是依靠压榨中国制造业以打造它们自己的竞争力，垄断全球的销售渠道，占据价值链的制高点，获得高额的回报。流通业以经营日常生产、生活用品和提供服务为主，这正是中国制造的强项，中国是拥有联合国产业分类中全部工业门类的国家，拥有举世无双、行业齐全的工业体系，"中国制造"品种丰富、价格合理，能满足不同国家、不同民族、不同收入人群的需要，中国流通业应当充分利用这一得天独厚的优势，将其发展为中国零售企业"走出去"的竞争力源泉。

2008年金融危机爆发后，最先从危机中走出来的是德国、瑞士、芬兰等，它们的共同特点是有以高水平技术创新支撑的发达的制造业。国际政治经济环境复杂多变，国内经济运行也出现一些新情况新变化，工业占GDP的比重逐年下降，与房地产有关的金融业、房地产业、租赁及其他服务业占GDP的比重逐年上升，产业空心化的趋势已经在中国部分区域表现出来。中国经济要做到"稳中求进"，就必须充分认识大力发展制造业的重要性，只有壮大制造业才能筑牢经济的根基。从长远看，中国制造业要继续夯实制造能力，提升研发能力，掌握关键领域的生产技术，使用新材料、推出新工艺、开发新功能，创造出以高科技、高智能、高附加值为特点的高端产品，加快实现转型升级，打破跨国公司的产品垄断，摆脱国际代工的困境。必须放弃短视行为，诚信经营，依靠过硬的质量和合理的价格赢得全球消费者的认可和信赖。要耐得住寂寞，专注主业，把产品做精、做细、做长、做深，致力于打造优质的产品和服务，创造出更加响亮的中国品牌。零售企业"走出去"不能单枪匹马，要与制造业协同"走出去"，流通业为制造企业反馈市场信息，拓展全球销售渠道，向全球消费者传递"中国制造"的口碑。制造企业根据零售企业的信息提供贴近市场、适销对路、品类丰富、物美价廉、有竞争力的商品，为流通业提供供应链支撑，助力零售企业创造自有品牌，形成差异化经营优势，培育核心竞争力。流通业和制造业在国际竞争中要互相支持，抱团取暖，形成规模经济和范围经济效应。

二 金融业支撑

中国企业"走出去"金融支持是关键。一些"走出去"的企业在对外投资、海外并购等方面遭受失败和挫折，除了在政治、法律和经营上的失误外，很大程度上与其资金缺乏以及融资结构的不合理、不科学有关。零售企业普遍是民营性质，自有资本相对不足，资金缺乏是中国零售企业"走"不出去的原因之一。在跨国经营中零售企业往往需要金融机构在其采购、营销、应收账款等方面提供资金支持或信用担保，尤其是在企业筹划设立境外分支机构或进行跨国兼并收购时，需要资金量很大，完全依靠自有资金几乎不可能完成，就需要依靠金融机构提供大规模的、短期或长期的资金支持。但是目前我国金融机构无论是发展水平，还是业务种类、机构设置都无法很好地配合中国企业"走出去"。

由于企业"走出去"面临较高风险，商业银行往往不愿涉足该领域，中国企业对外投资主要依靠政策性银行的支持。但政策性银行往往倾向于国有企业，只针对国家重点支持的装备制造、矿产、石油等优势产能企业的融资需求，对于扶持民营企业对外投资缺乏积极性，零售企业很难进入这些金融机构的服务范围，即便获得授信，往往也存在手续烦琐、成本过高、额度有限、期限严格等缺点，无法满足零售企业的需求。

在中国流通业"走出去"的路上，中国的金融业不应该缺席，银行、保险等金融机构既要为中资企业"走出去"铺路、架桥，又要在资金融通、现金管理、风险防范上给"走出去"的零售企业以支持。结合零售企业的特点，并结合发达国家的经验，金融机构应该在以下几个方面改进工作，构建对零售企业"走出去"的支持措施。第一，进一步完善政策性金融支持体系，降低政策性银行的服务门槛，加大政策性银行对中小企业，尤其是民营企业的支持力度。加强顶层设计，由人民银行主持，联合商务部、发改委等机构，出台金融机构对中小企业（民营企业）"走出去"的支持指导意见，在全国范围内推广跨境贷款政策，并加强财政的配合在一定程度上给予中小企业对外投资贷款以政策性贴息或商业贷款补贴。第二，加快金融创新，进一步与国际接轨，满足零售企业"走出去"的融资需求。零售企业"走出去"需要多元化、个性化和有针对性的金融服务，金融机构应该在整合现有业务的基础上不断创新，开发出满足我国零售企业对外投资需求的业务品种及金融衍生产品，进行信贷模式、担保模式、抵押模式的创新。针对项目为客户提供一站式、组合式的金融解决方案，提供财务顾问、投资银行、套期保值、融资保函、跨境贷款、订单融资等业务，对于优质的海外项目提供定制化服务，延长客户价值链，实现银企共赢。第三，加快国内金融改革，建立多层次的资本市场，拓宽对外投资企业的融资渠道，直接支持"走出去"的企业通过发行股票、债券等方式获得资金。推动银行和企业合作，尤其要扩大和加大对中小企业的支持范围和支持力度，改善民营企业的融资环境。同时放宽民间资本设立银行等金融机构的准入，弥补现有金融机构的不足，加强改进对小微企业的服务。第四，金融机构"走出去"，在海外设立更多的分支机构并建立全球授信系统，使在境外投资的中国企业可以利用在母国的信誉及授信。目前我国商业银行的分支机构大部分设在发达国家和地区，在新兴市场国家和发展中国家鲜有网点，共建"一带一路"国家大多是发展中国家，金融机构应该根据"一带一路"倡议调整布局，与中国企业"走出去"的方向保持一致，增加分支机构的设置，满足方便中国企业境外资金使用、管理和结算等业务的需要。第五，大力发展互联网金融。互联网金融是依托云计算、在线支付、社交网络及搜索引擎等互联网工具，实现资金筹集、融通、支付和信息中介等业务的一种新型金融，是传统金融与互联网工具结合的产物，通过互联网、移动工具使得传统金融变得更加透明、便捷、参与度更高、操作性更强，供需双方直接交易。通过互联网金融可以达到与资本市场上直接融资或银行间接融资同样或更有效率、成本更低的融资效果。

三 物流业支撑

物流是集仓储、包装、运输、装卸、配送、信息管理等功能于一体的综合服务产业，是国民经济的重要组成部分，对吸纳就业、促进生产、拉动消费、优化经济流程、调整产业结构有重要的作用。我国 2015 年的 GDP 达到 68 万亿元，社会消费品零售总额超过30万亿元，进出口贸易额39530亿美元。如此大规模的市场，没有现代化的物流就难以保证经济的健康平稳运行。流通业的发展更离不开物流，物流贯穿零售企业采购、销售和配送等活动，高效的物流有助于零售企业有效控制库存数量、提高配送速度、加快资金周转，从成本、效率等方面影响零售企业的竞争优势和经营绩效，发展现代物流是提高零售企业运行效率和国际竞争力的重要手段。

目前，我国国有独立核算工业企业流动资本年平均周转速度为1.2次，国有商业流动资本年平均周转2.3次。现代物流体系发达的日本企业流动资金年平均周转15～18次，沃尔玛、麦德龙、家乐福等跨国连锁流通企业的年周转速度则高达20～30次。从零售国际化经验上看，成功的跨国零售商无一例外也都是优秀的物流运营商。当前国际零售市场竞争激烈，零售商必须深挖供应链，优化配送体系，中国零售企业要想"走出去""走得好"，就要大力发展现代化物流业。第一，要推动完善基础设施。"一带一路"倡议要顺利实施，中国企业要"走出去"，中国资本要向外输出、中国的商品要向外出口，实现贸易畅通，保证物流畅通，必须首先实施基础设施互通。基础设施发展不均衡，制约了各国之间的经贸合作，应在尊重主权和安全的原则上，通过政策沟通加强基础设施规划和标准的统一，共同推进完善跨境基础设施建设，加强公路、铁路、机场、港口设施建设，逐步形成连接东亚、西亚、南亚、东南亚和欧洲的立体交通运输网络，促进物流高效运行。第二，借鉴发达国家经验，提高物流管理水平。政府要设置合理的物流管制体系，完善物流的政策法规，不断探索适合我国国情的物流管理模式，全国统一规划，打破地区封锁，避免盲目投资和重复建设，优化管理、运营、市场等环节，建立

第九章 中国流通企业"走出去"的支撑体系

高效透明、信息共享、价格公开的现代化物流体系。第三，整合物流资源，培育物流市场主体。针对我国物流市场竞争无序、企业竞争力不强的短板，应该加快物流业整合，提高物流企业的组织化程度，发展大型物流企业集团。鼓励传统物流企业利用现有资源，发挥比较优势，通过收购兼并等方式进行产业整合，着力培育像中远、中邮、中集这种具有较大规模和自主品牌的物流企业。鼓励支持顺丰、宅急送、申通、圆通、中通等民营物流企业的发展，民营企业不仅激活了国内物流市场，也成为自主物流品牌的明星，是物流业的重要主体。第四，加快物流产业信息化和标准化建设，提高物流技术应用水平。信息化是现代物流的支柱和灵魂，大力建设立足全国辐射周边的信息平台，实现部门间和企业间的信息共享。促进企业增加投入以引进、开发和应用信息管理技术、电子商务认证系统、自动化仓储技术、库存控制技术、商品追踪系统，用信息化手段实现物流全程指导和有效的组织管理。同时，尽快出台物流领域的国家标准和行业标准，尽快实现物流的标准认定并与国际接轨，鼓励物流企业使用标准化、系列化、规范化的物流设施及条形码技术，加快全社会物流管理一体化进程。第五，物流企业也要"走出去"，积极谋划全球布局。"一带一路"倡议的顺利推进离不开强大物流的支持，中国流通业"走出去"更需要中国自主的全球物流网络的配合。沃尔玛、家乐福进入中国后，都是在关键城市设立采购中心、配送中心，以此为中心向周边开店，以保证配送的效率。在共建"一带一路"国家物流不发达的情况下，中国物流企业"走进去"一方面可以填补空白，占领市场，另一方面可以保证零售企业商品的及时输入和输出，缩短周转时间，实现快速反应，建立竞争优势。在中国跨境电商发展如火如荼的时代，物流企业"走出去"

— 257 —

更是必不可少，尤其是小件业务经验丰富的快递企业。2015年中国网购产生的物流费用就达3000亿美元，快递承载了其中的80%，未来速卖通、俄速通、敦煌网等出口跨境电商的发展，迫切需要物流企业发展全球网络，同时也为中国物流企业提供发展机遇，跟随零售企业"走出去"，提升中国物流企业国际化服务能力。

第三节 中国流通企业"走出去"的微观基础改造

中国流通业迟迟"走不出去"，"走出去"的又步履蹒跚，"走不好"的原因十分复杂，但是最重要的原因还要归咎于流通企业自身缺乏国际竞争力。我国现代流通企业的发展仅仅二十几年的时间，与发达国家经过二百年发展的流通企业相比，在规模、技术、管理理念等很多方面都处于劣势，这是中国流通业"走不出去"的症结所在。打铁还需自身硬，流通企业"走出去"终归还要靠自身的实力，中国流通企业只有充分依托国内市场优势，借鉴国际经验，发挥自身特点，夯实流通专业技能，建立竞争优势，成为有核心竞争力的大型企业，才能在激烈的国际竞争中取胜。

一 回归商业本质，重塑核心竞争力

从1978年改革开放开始，受到人均收入不高、物资短缺、消费习惯和消费政策影响，我国居民消费具有大规模、排浪式的特点，处于卖方市场的中国流通业盈利模式非常简单，低买高卖赚取差价。随着中国加入世贸组织和零售市场的开放，中国的零售

第九章　中国流通企业"走出去"的支撑体系

环境发生了翻天覆地的变化：商品丰富、供不应求，消费品市场转为买方市场；外资零售进入打开了中国消费者的眼界，挤占了本土零售企业的市场空间；电子商务兴起，实体零售店大批关闭。面对市场格局、分销渠道、盈利模式、产业链位置的变化，中国零售企业陷入增长缓慢、利润下降的困境，一些零售企业转而收取通道费、拖欠供应商货款、转租经营场地，盲目上线触网，甚至做起商业地产，抛弃主营业务，最终引起零售企业与供应商、消费者的矛盾加剧，利润下滑，陷入困境。在错综复杂、纷繁多变的市场中中国零售企业必须革新理念，重新找回零售的本质，否则中国流通业就会在发展方向、路径及具体策略上铸成大错，失去"走出去"的主动权。

商业的本质是什么？不是单纯的买卖或提供场地，而是商品和服务，流通企业必须把注意力从供应商转回商品和服务上来，以消费者需求为向导，以服务顾客为立足点，用最好的商品、最低的价格、最优的服务赢得消费者的认可和信赖。德国零售商阿尔迪，在管理上化繁为简，没有豪华的装饰，没有优雅的环境，不搞公关，不搞调研，每个店里只有两三个收银台，四五名导购员。在运营上阿尔迪实行全球采购、与厂商建立产销联盟、委托厂商代工、买断和控制厂商货源、自产自销等策略，砍掉了非必要的中间环节，推出最具价格竞争力的商品，价格普遍低于竞争对手。为了增加消费者的信任感，阿尔迪采用无条件退货，甚至使用过或食用过的商品都可以退货，使阿尔迪在服务上超越了竞争对手。阿尔迪成功的经验启示我们，跨国零售商赢得市场的关键不在于门店多、渠道广，不在于产品数量，不在于环境优雅，更不是靠压榨供应商，做"房东"收租，而是靠商品的开发和顾客的体验。

即便是在全球化和互联网时代，在外资和电商的双向夹击下，在竞争白热化的今天，流通业仍应该遵循商业的本质规律，突出主营业务，专注于如何经营商品、如何使顾客满意，提高资金周转率、减低运营成本，重新塑造核心竞争力，必须以物美价廉的商品、发自内心的顾客关爱赢回消费者、赢得市场。拨开迷雾，方可远航，"不忘初心，方得始终"，中国零售企业"走出去"任重道远，认清商业本质、回归零售主业、胸怀顾客需求才能顺利"走出去"和"走进去"。

二 树立强势的品牌

流通品牌是流通企业在长期市场经营中形成的经营特色，代表着企业的声誉和产品的质量，强势的流通品牌能够增强消费者的消费信心，维护消费者的忠诚，是企业核心竞争力的重要组成部分。我国的流通品牌建立较晚，发展滞后，品牌价值低，全球最大的品牌咨询中心 Interbrand 发布的《2015 最佳中国品牌价值排行榜》的最佳流通品牌排行榜中，只有 3 家中国零售品牌上榜，分别是周大福、京东和老凤祥，其中排名最靠前的周大福品牌价值为 111.15 亿元，而当年跻身《2015 全球最佳品牌 100 强》榜单的美国著名电商 Amazon 的品牌价值为 379.48 亿美元，中国零售品牌和国际零售巨头品牌的差距可见一斑。

流通品牌首先是一个企业品牌，它是一家流通企业商品品牌、服务品牌、商誉品牌的总和，是一家流通企业通过长期为消费者提供商品和服务，通过品质、价格、地点、环境等多重因素给顾客留下的深刻印象，比如，说起沃尔玛人们会想到"天天平价"，提起宜家人们会想到温馨舒适的装修和舒适优雅的环境，提到"7-11"人们会想起精致的商品和 24 小时营业。强势的流

第九章　中国流通企业"走出去"的支撑体系

通品牌背后承载的是一家企业的文化、价值观以及差别化定位，既有利于增强流通企业本身的分销能力，提高市场占有率，又给竞争对手设置了进入壁垒，有助于一家流通企业长期保持优势地位。在走出国界参与国际竞争时，流通企业的品牌又代表了一个民族、一个国家的独特历史文化，一个有国际影响力的品牌可以轻松穿越国界和文化，对东道国的消费者产生向心力。拥有近百年历史的世界第一大零售商沃尔玛，其品牌就是零售的代名词，从1992年到现在，在美洲、欧洲、亚洲等近30个国家设有10000多家门店，每进入一个新市场都依靠品牌优势快速获得消费者的接受和认可，沃尔玛几乎在每一个长期经营的国家或地区都能成为排名靠前的零售商。强势的品牌亦可增强零售企业的抗风险能力，沃尔玛也曾败走德国、韩国、日本，但由于有品牌的无形资产存在，能够稳住在其他市场的份额，迅速恢复元气，卷土重来，因此尽管经历过几个国家市场的国际化失败，依然没有谁能够撼动沃尔玛世界零售第一的地位。

　　流通品牌的另一方面是商品品牌，主要指零售商的自有品牌。自有品牌能提高零售企业的谈判力量，增强零售企业对价值链的掌控能力。很多国际零售商同时都是品牌运营商，如路易威登（LV）、古驰（GUCCI）、耐克（NIKE）等，很早就将加工制造部门剥离掉了，委托给供应商OEM生产，自身只掌握设计和营销两个环节，牢牢占据价值链的高端。自有品牌也是零售企业普遍采用的战略，TESCO早在1924年就推出自有品牌商品，家乐福的各种自有品牌商品已超过两千多种。零售企业推出自有品牌，可以有效地细分市场，影响消费者的购买行为，实现差异化营销，是企业竞争优势的重要源泉。随着竞争的日益激烈，自有品牌扮演着越来越重要的角色，不仅是一种营销策略，而且是强化渠道管理的方法，是零售企业由大到强的必由之路。自 20 世纪 90 年代传入我国以来，自有品牌战略在我国零售企业中并没有得到广泛推广，只有华联、物美等大型零售商推出了自有品牌，但在品牌开发、品牌数量、品牌管理、品牌市场占有率等方面和跨国公司还有很大差距。中国零售企业要提高竞争能力，实现对价值链的有效掌控，今后要在开发和运营自有品牌商品上投入更多资源。

中国零售企业要"走出去"，在世界零售舞台上拥有一席之地，必须树立优势的零售品牌。在商品和消费都日益趋同的今天，零售市场的竞争就是品牌的竞争，中国不乏优秀的零售企业，缺的是优势的零售品牌，品牌弱势是中国零售企业"走出去"的"软肋"。中国零售企业只有重视品牌的作用，提高品牌的认知度，打造强势企业品牌，适时发展自有品牌，提升零售企业的国际竞争力，"走出去"才能取得成功。

三　全面提高流通企业竞争实力

中国流通企业不敢"走出去"和"走不出去"的根本原因在于，企业实力太弱、竞争力差，不是大型跨国流通企业的对手，"技不如人"就没有底气"走出去"。中国流通企业要想"走出去"，首要的任务就是培育核心竞争力，没有形成企业独特的核心竞争力想进入一个新的市场是不可能的，价格战、促销战只能赢得一时，长期来看还是要靠核心竞争力。流通企业的竞争力是由管理、技术、文化、人才、供应链等多种因素复合而成的，成功的跨国流通企业都形成了企业独特的竞争优势。沃尔玛创始人山姆·沃尔顿一向以节俭著称，但在打造企业竞争力上花钱绝不含糊，并一直扮演零售领域信息技术急先锋的角色，从 20 世纪

60年代末就购买了电子计算机,建立了存货管理系统并用计算机跟踪存货;70年代建立电子收款系统;80年代最早采用了条形码技术,1983年发射私人卫星,时至今日沃尔玛仍是全球唯一一家拥有卫星的零售企业。此外,沃尔玛还是第一家使用品类管理软件、第一家采用EDI技术、第一家统一产品标识码、第一家采用电子防盗系统以及第一家在总部、门店和供应商间建立卫星网络的零售企业。沃尔玛还建立了完善的吸纳和发展人才机制,包括终身培训制度、晋升制度、合伙人制度等,伙伴式管理和公仆式领导使公司管理者和员工之间形成良好的合作关系。沃尔玛公司文化中的三项基本信仰——尊重个人、服务顾客、追求卓越也增强了沃尔玛的竞争力。沃尔玛致力于与供应商建立合作伙伴关系,严格筛选供应商,之后会保持长期互利共赢,沃尔玛-宝洁模式成为供应链协同管理的典范。正是一路走来的信息化、极具特色的企业文化、供应链管理等打造了沃尔玛"天天平价"的竞争优势。

流通企业"走出去"开展对外投资,实质就是流通企业核心竞争力跨国转移的过程,中国流通企业只有科学地把握核心竞争力的内涵,通过组织学习和创新,积极合理地构建企业的核心竞争力,提升规模采购能力、快速反应能力、低成本运营能力、供应链管理能力、人才吸纳能力、文化凝聚能力、战略扩张能力,才能在激烈的竞争中生存、发展乃至"走出去",将这种竞争力复制转移,在新的市场中保持持久的竞争优势。

四 打造大型流通企业集团

大型流通企业是产业的龙头,是企业中的"航空母舰",随着经济全球化的加深,当今世界的流通领域已经被少数跨国流通企业所主宰，发达国家的流通产业之所以强大并能占据全球价值链的制高点，在于其有数量众多和市场力量强大的流通企业。美欧日等国家或地区为了抢先占领市场，都曾支持鼓励本国实力雄厚的企业不断通过并购增加体量，扩大实力，甚至不惜修改反垄断法。这些大型跨国公司掌握市场信息，了解市场需求，再将市场需求传达给上游企业，建立产品概念并转化为产品设计和发展计划，针对产品制订营销方案，进而行销全球。

扩大流通企业规模也是流通企业"走出去"的前提条件，大型企业在资本运营、市场开拓、技术创新、风险管控上都有优势，"走出去"的企业在市场上有更强的应对能力。纵观当今全球零售领域的知名跨国零售商，沃尔玛、家乐福、TESCO、麦德龙、阿霍德无一不是其母国市场数一数二的零售企业。而当前中国零售企业在规模上与跨国零售商相去甚远，德勤公司发布的 *Global Powers of Retailing 2016* 显示，2014 财年"全球零售 250 强"中有美国企业 78 家、日本企业 28 家、德国企业 17 家、英国企业 16 家、法国企业 15 家，而中国企业只有 9 家入选。排名最靠前的中国公司苏宁易购的年销售额是 177 亿美元，而排名第一的沃尔玛公司已经在 28 个国家和地区经营，年销售额为 4857 亿美元，约是苏宁的 27 倍，在国际巨头面前中国的企业就是一个"小矮人"。要缩短和发达国家的差距，成为一个流通强国，推动中国零售企业"走出去"，加快培育我国大型零售企业集团迫在眉睫。为此，国务院也多次发文指示要积极培育大型流通企业，推动各级政府出台扶持政策，给予大型企业以政策倾斜，鼓励企业通过各种方式做大规模、做强主营业务，形成若干具有国际竞争力的大型流通企业。大型零售企业可通过兼并、收购、合作、连锁化、集团化、纵向一体化等多种途径实现规模经营，通过资产重组和股份改造等方式，增强自身的实力，早日涌现出一批有资金实力、技术实力、市场实力，能与沃尔玛、家乐福等跨国公司匹敌的大型零售企业。

五　流通企业制定好国际化战略

以科学的流通国际化理论为指导，结合企业自身特点制定合理的国际化战略是流通企业海外经营取得成功的先决条件。流通企业的国际化战略包括目标市场的选择、市场进入方式的确定、进入业态的选择、进入时机的把握，以及进入速度和规模的控制等，这些战略直接影响流通企业的海外经营业绩。在1997年亚洲金融危机之后，部分亚洲国家，尤其是东南亚经济遭受严重打击，货币贬值、资产低估，泰国、马来西亚、菲律宾、印尼等国的流通业遭到重创，很多大型零售商陷入经营困境，而一些跨国零售商趁这个机会进入东南亚市场，大肆收购陷入困境的零售企业，以较低的杠杆撬动了优质资产，成为零售领域跨国并购的成功案例。而一些零售企业国际化失败的原因也来自国际化战略的失误，荷兰第一大零售商阿霍德在中国的失败可以归咎于市场选择的失误，阿霍德在选择中国市场时单纯考虑了中国市场广阔，需求水平和购买水平都很高，忽视了中国与欧洲不仅地理和文化距离遥远而且中国国内市场区域间差异也较大，误认为在中国开设小规模的店铺将有利可图，而实际上其他规模更大的外资企业能够更好地满足中国顾客的需求，且更能获得产品和价格上的优势，导致阿霍德无力争夺到大的市场份额，仅3年时间就退出了中国。中国零售企业要"走出去"，就必须充分研究零售企业国际化的经验，汲取成功的经验和失败的教训，积极搜寻海外市场信息，确定海外经营的目标市场，对市场进行充分的调研，了解目标市场消费者、供应商、竞争对手的情况，以科学的理论为指导制定合理的国际化战略，结合自身可支配的资源条件进行投资决策，择机进入。

六 立足母国市场

对于从事国际化经营的流通企业来说，永远要把母国市场放在最重要的位置。根据克鲁格曼提出的"母国市场效应"，在一个存在边际报酬递增和贸易成本的世界中，那些拥有较大国内市场的国家将成为净出口国。近年来，新兴市场的大国企业在相对于发达国家企业缺乏垄断优势的情况下，凭借"非传统优势"对外投资日益活跃，母国市场独特的资源是这种"非传统优势"的主要来源。中国的零售企业要充分利用母国市场的资源，我国拥有领土、人口、结构和产业的资源优势，国内市场规模大、消费需求旺盛，是企业成长的重要源泉，零售企业应先立足国内市场，实现规模经济，建立和完善自己的品牌，形成企业核心竞争力，这样才能具备"走出去"的实力。对于已经"走出去"的零售企业，仍要重视母国市场，沃尔玛、家乐福等零售企业经过几十年的跨国经营，已经成长为全球公司，但母国市场仍是其最大的利润来源。

七 做好本土化，承担流通企业社会责任

企业是一个社会单元，企业的行为就是社会行为，企业有义务像公民一样，对社会的发展和福利负有责任，取之于社会，回报于社会，跨国公司作为全球化的主导者和受益者，除了追求利润外，还应当承担责任。流通国际化领域本土化的重要性日益凸显，社会责任的承担成为跨国企业本土化的一项重要内容。企业

的社会责任是开放性的，包括向政府纳税、吸纳就业、劳工权益保护、人权保护、环境保护、慈善救灾等。在全球化大潮下，国际化经营已由母国中心转为东道国中心，跨国公司的竞争从过去的技术竞争、产品竞争上升为公司责任理念和道德水准的竞争，跨国公司强化社会责任不仅不会成为企业的负担，还有利于提高企业的影响力和提升企业的品牌形象。研究显示，当消费者得知一家公司有不良社会行为时，91%的人会考虑转向消费其他公司的产品，83%的人表示将拒绝向该公司投资，76%的人表示将要抵制该公司的产品。跨国公司强化社会责任也有助于提升股票价格、改善投资关系、更好地吸引人才、促进销售增长和提高顾客忠诚度，有利于企业的持续发展。因此，很多跨国公司都非常重视东道国社会责任的承担。我国现代企业发展晚，政府也缺乏引导，学术界研究少，企业的社会责任感不强，时常出现制假售假、压迫劳工、偷税漏税等现象，导致企业与政府之间的矛盾、与其他企业间的矛盾、与员工之间的矛盾、与消费者之间的矛盾。社会责任缺失导致部分中国企业"走出去"失败。零售企业是直接与最终消费者接触的行业，企业形象对经营至关重要，有意向"走出去"的中国零售企业更应吸取教训，积极承担社会责任，尊重劳工权益、不雇用童工、尊重人权、遵守法律、按时纳税、保护环境、多做公益，树立积极的公众关系，打造良好的企业形象。

八 推动品牌商先"走出去"

近些年有一种流通业态发展态势非常好，尤其是在对外直接投资方面的表现超过了很多传统的流通业态，就是品牌商。这种业态的商家经营一个自有品牌的商品，产品完全独立设计，由自有的生产企业或委托代工生产，零售商主要负责品牌营销和质量的把控，产品往往以新颖、时尚、更新快为特点。"名创优品"作为品牌商的代表企业之一，自2013年成立以来已经在国内外开了1400多家店，其中国内1200家，另有200多家店分布在泰国、马来西亚、新加坡等国，更是已先后签约阿联酋、澳大利亚、墨西哥、加拿大、俄罗斯等36个国家和地区，范围覆盖了亚洲、欧洲、北美洲、澳大利亚。从布局上，"名创优品"紧随"一带一路"倡议，向国际市场频频发力，在全球经济尤其是欧美经济疲软的大环境下，"名创优品"的发展势头却依旧迅猛，在国际化方面成绩惊人，这就是新业态展示的力量。这一类"走出去"的品牌商还有知名女装品牌如"江南布衣"和一些运动品牌如"李宁""361°"等，品牌商将是未来中国流通业"走出去"的重要力量，流通业可以此为突破，首先推动品牌商"走出去"，逐步带动中国流通业大范围开展对外直接投资。

第十章
研究展望

第一节 目前研究的基本结论

当前时期,全球流通业的国际化实践正进行得如火如荼,我国流通业正值从"引进来"向"走出去"转变的关键时期,本书以中国流通业为对象,在研究和总结当前中国流通业发展、竞争程度,比较发达国家和发展中国家跨国零售企业国际化实践经验的基础上,分析了在世界经济全球化、流通产业国际化和世界产业控制权已经从制造环节向流通环节转移的大背景下,中国流通业"走出去"的必要性、可行性,并从宏观、中观、微观角度提出中国流通业"走出去"的实现路径。

一 中国流通业"走出去"的必要性

中国流通业"走出去"势在必行,既有宏观原因,又有微观原因。

宏观方面的原因。生产力不断发展进步，经济全球化形势不可逆转，社会分工在更大范围内进行，资源在全球范围内加速流动，任何国家、任何产业、任何企业都会主动或被动地卷入全球化的大潮中，中国流通业"走出去"是主动适应国际化，利用全球化规则，实现中国经济发展的必然要求；全球价值链、产业链的控制权已经转向流通环节，中国流通业"走出去"是提高我国企业在价值链中的活动能力，助力制造业价值链升级，持续保持我国经济的国家竞争优势的必要手段；我国长达几十年内外贸分离的弊端积重难返，一体化管理进展缓慢，迫切需要通过扩大开放的形式促进对内改革，通过流通业"走出去"与国际规则对接，引入新信息、新观念，逐步打破旧思想、瓦解旧体制，加速实现内外贸一体化；世界市场空间广阔，"走出去"是中国零售企业做大做强的必由之路；中国流通大而不强，助力我国实现从流通大国向流通强国转变，必须推动中国流通业"走出去"；中华民族的崛起离不开文化的崛起，通过流通业"走出去"，以商品和服务输出的方式传播中国文化，是扩大中国文化影响力的重要方式。

微观方面的原因。流通业开放，内外资企业在中国市场激烈厮杀，零售市场竞争异常激烈，"走出去"是中国零售企业突破市场空间瓶颈的一条途径；中国消费者消费升级，国内无法满足消费者需求时，流通业"走出去"，既可以实现商品进口，适当缩小顺差，减少与其他国家的贸易摩擦，又可以有效满足消费者的需求，将中国消费者的消费留在国内。

中国流通业"走出去"既有外部压力，也有内生动力，总之，中国流通业"走出去"是中国扩大开放和深化改革的基本要求，是建立开放型新经济格局的重要组成部分，是流通现代化的标志，是提高产业竞争力的重要手段。

二 中国流通业"走出去"的可行性

在中国深化改革、扩大开放各项利好政策的推动下，中国经济与世界经济交往日益密切，2001年底中国成功成为世界贸易组织的成员，WTO的自由贸易协定赋予的多边及双边的最惠国待遇、国民待遇，为我国企业的对外投资提供了宽松的对外投资环境。近年来，我国已经同多个国家和地区组织签订了自由贸易协定，进一步为我国企业的对外投资扫清了障碍，我国零售企业可以充分利用各项有利协定扩大对外直接投资。中国流通业利用"走出去"战略和"一带一路"倡议带来的战略机遇加快"走出去"的步伐，拓宽贸易领域，优化贸易结构。

此外，经过40多年的发展，中国已经形成了一批有竞争实力的大型零售企业，初步具备了参与国际竞争的能力。再加上相关产业的支持，国家政府的大力推动，中国流通业具备了"走出去"的条件。

三 中国流通业"走出去"的实现路径

本书将中国流通业"走出去"提升到国家战略的高度，从深化改革、扩大开放和落实"一带一路"倡议的高度，以流通业主导产业链为现实背景，从宏观、中观和微观三个层面系统论述中国流通业"走出去"的实现路径。

宏观层面，从政策、法律、行政、外交等方面提出国家和政府应该为流通业"走出去"提供强大的支撑体系。中观方面，中国流通业"走出去"离不开相关产业的联动发展，制造业、金融业、物流业应该和流通业紧密配合，发挥商品供给、融资协助、仓储配给的作用，助力中国流通业"走出去"，并提出相应的建议。微观方面，中国流通业"走出去"归根结底还要靠企业的竞争力，能够"技压群雄"才能在国际竞争中取胜，流通企业要从多方面夯实专业技能，提高流通企业核心竞争力。

四　跨境电商是中国流通企业"走出去"的一个创新路径

跨境电商，借助互联网将不同国家或地区甚至全球的消费者连接在一起，使销售空间随网络体系延伸而扩大，突破了传统零售的地域限制。跨境电商是经济新常态下推动经济发展的重大战略，是扩大对外开放的重要窗口，也为中国流通企业"走出去"开辟了一条新的路径。

第二节　研究展望

目前国内学术界对中国流通业"走出去"的研究才刚刚开始，本书也只是以点带面、抛砖引玉，开创性地从国家战略高度论述了中国流通业"走出去"的必要性、可行性和实现路径。受到数据搜集困难的限制，研究还不够深入，有待流通领域的学者继续深入研究。另外，本书对中国流通企业"走出去"进行了探讨，世界市场天地广阔，可以"走进去"的不止共建"一带一路"国家和地区，非共建"一带一路"国家和地区也有很多适合中国流通企业"走出去"，有待后续研究。

中国流通企业"走出去"任重道远，需要政府、企业界、学术界的共同努力推进。

参考文献

[1] 毕克贵. 我国零售企业国际化经营：特殊意义背景下的必要性与可行性分析 [J]. 宏观经济研究, 2013 (11)：111-119.

[2] 曹金栋. 流通业战略性地位实证 [J]. 商业时代, 2005 (11)：24-26.

[3] 陈广. 家乐福内幕 [M]. 深圳：海天出版社, 2007：17-39.

[4] 陈扬. 外资零售业进入对我国零售业的影响分析 [J]. 商业时代, 2013 (22)：24-26.

[5] 程惠芳, 阮翔. 用引力模型分析中国对外直接投资的区位选择 [J]. 世界经济, 2004 (11)：23-30.

[6] 丁宁. 流通企业"走出去"与我国产品价值链创新 [J]. 商业经济与管理, 2015 (1)：13-18.

[7] 丁涛, 杨宜苗. 沃尔玛在中国市场的扩张：模式、进程及战略演变 [J]. 中国零售研究, 2010 (7)：51-64.

[8] 董丽丽. 从家乐福现象看我国零供关系 [J]. 北京工商大学学报（社会科学版）, 2011 (9)：46-49.

[9] 杜丹清. 零售商业全面开放下的产业安全危机及其消解 [J]. 国际贸易问题, 2005 (11)：22-25.

[10] 樊秀峰. 跨国零售企业行为分析框架：以沃尔玛为例 [J].

商业经济与管理, 2009 (7): 12 - 19.

[11] 樊秀峰. 外资进入对我国零售产业集聚的影响 [J]. 西安交通大学学报（社会科学版）, 2010 (9): 1 - 5.

[12] 费明胜, 李社球, 万后芬. 跨国零售企业在华扩张的业态选择——基于21家跨国零售企业的实证分析 [J]. 商业经济与管理, 2008 (4): 27 - 32.

[13] 冯国珍. 外资零售企业对华投资动因及投资战略分析 [J]. 生产力研究, 2008 (14): 92 - 93.

[14] 傅龙成. 谈外资零售商业在中国市场的快速扩张问题及对策 [J]. 商业时代, 2012 (2): 32 - 33.

[15] 冈田卓也著, 彭晋璋译. 流通业的繁荣是和平的象征 [M]. 北京: 中国发展出版社, 2006: 73 - 95.

[16] 官海博. 沃尔玛超市物流配送方案研究与经验借鉴 [J]. 黑龙江对外经贸, 2011 (9): 57 - 58.

[17] 关立欣. 商贸企业"集群式"走出去探析 [J]. 国际经济合作, 2011 (7): 9 - 13.

[18] 郭建中. 论我国对外直接投资的区位选择 [J]. 北京工商大学学报（社会科学版）, 2002 (7): 5 - 9.

[19] 贺灿飞, 李燕, 尹薇. 跨国零售企业在华区位研究——以沃尔玛和家乐福为例 [J]. 世界地理研究, 2011 (3): 12 - 26.

[20] 洪涛. 中国的流通产业——不容忽视的基础产业 [J]. 市场营销导刊, 2003 (4): 16 - 18.

[21] 黄国雄. 论流通产业是基础产业 [J]. 市场营销导刊, 2003 (2): 6 - 8.

[22] 黄瑞华, 丁杨浩. 浅析印度流通业的改革 [J]. 科技创业月刊, 2013 (10): 44 - 45.

[23] 金玲."一带一路":中国的马歇尔计划？[J]. 国际问题研究, 2015 (1): 88-99.

[24] 荆林波. 关于外资进入中国流通业引发的三个问题 [J]. 国际经济评论, 2005 (3): 44-47.

[25] 兰传海. 零售企业海外扩张研究 [M]. 中国金融出版社, 2014: 41-91.

[26] 李丁. 对日本零售市场国际化竞争经验的借鉴 [J]. 首都经济贸易大学学报, 2007 (5): 46-49.

[27] 李定珍. 中国大型零售企业成长路径分析 [J]. 湖南商学院学报, 2007 (4): 16-20.

[28] 李飞. 零售企业物流模式对其竞争优势的影响研究 [J]. 商业经济与管理, 2009 (1): 14-21.

[29] 李飞, 汪旭晖. 流通业开放度对国家经济安全影响的测评研究 [J]. 国际贸易, 2006 (8): 29-32.

[30] 李飞, 王高. 中国流通业发展历程（1981—2005）[M]. 北京: 社会科学文献出版社, 2006: 85-122.

[31] 李飞. 中国流通业对外开放研究 [M]. 北京: 经济科学出版社, 2009: 44-48.

[32] 李仙德, 白光润, 史善华. 外资大卖场扎堆扩张的负面影响及规制——以上海市为例 [J]. 城市问题, 2009 (2): 2-9.

[33] 理查·哈默尔著, 沈葳译. 沃尔玛王朝: 从优秀到卓越的经营之道 [M]. 天津: 天津科学技术出版社, 2004: 44-52.

[34] 刘国光. 推进流通改革加快流通业从末端行业向先导性行业转化 [J]. 商业经济研究, 1999 (1): 9-11.

[35] 刘宏, 汪段泳. "走出去" 战略实施及对外直接投资的国家风险评估: 2008—2009 [J]. 国际贸易, 2010 (10): 53-56.

[36] 刘文纲. 我国零售企业国际市场进入战略研究——基于供应链协同的视角 [J]. 北京工商大学学报（社会科学版），2011（3）：10-15.

[37] 刘学，张阳. 海外项目的异质性与民营企业"走出去"战略风险防范 [J]. 管理世界，2015（11）：182-183.

[38] 卢进勇. 入世与中国企业的"走出去"战略 [J]. 国际贸易问题，2001（6）：1-5.

[39] 卢进勇. 入世与中国企业的"走出去"战略 [J]. 国际贸易问题，2002（6）：1-5.

[40] 路红艳. 加快中国流通企业"走出去"的战略思考 [J]. 中国经贸导刊，2004（11）：30-32.

[41] 路红艳. 加快中国流通业"走出去"的战略思考 [J]. 中国经贸导刊，2014（16）：30-32.

[42] 吕一林. 美国现代商品流通业：历史、现状与未来 [M]. 北京：清华大学出版社，2001：49-91.

[43] 梅诗晔. 外资零售企业进入对国内流通业的冲击与促进 [J]. 江苏商论，2011，（01）：9-10.

[45] 缪琨. 外资冲击下的中国零售企业发展对策研究 [J]. 黑龙江对外经贸，2010（5）：71-73.

[46] 聂明华. 中国企业对外直接投资的政治风险及规避策略 [J]. 国际贸易，2011（7）：45-61.

[47] 聂明华. 中国企业对外直接投资风险分析 [J]. 经济管理，2009（8）：52-56.

[48] 牛华勇，崔校宁，苏灵. 外资零售对中国流通业态结构优化的调节效应 [J]. 中国流通经济，2015（5）：100-106.

[49] 彭剑锋. 从乡村小店到世界零售巨头 [M]. 北京：机械工

业出版社, 2010: 29-65.

[50] 祁春凌, 黄晓玲, 樊瑛. 技术寻求、对华技术出口限制与我国的对外直接投资动机 [J]. 国际贸易问题, 2013 (4): 115-122.

[51] 冉净斐, 文启湘. 流通战略产业论 [J]. 商业经济与管理, 2005 (6): 10-19.

[52] 申风平, 宋晶, 孙永磊. 融入跨国零售企业全球采购供应链的对策分析 [J]. 对外经贸实务. 2009 (3): 41-43.

[53] 沈祖德. 马来西亚商业零售的发展与演变 [J]. 商场现代化, 1999 (1): 32-33.

[54] 史伟, 李申禹, 陈信康. 国家距离对跨国零售企业东道国选择的影响 [J]. 国际贸易问题, 2016 (3): 117-127.

[55] 斯图尔特·豪著, 朱桦译. 欧盟流通业结构、竞争和表现 [M]. 上海: 上海科学技术文献出版社, 2007: 19-56.

[56] 宋维佳, 许宏伟. 对外直接投资区位选择影响因素研究 [J]. 财经问题研究, 2012 (10): 44-50.

[57] 宋勇超. 中国对外直接投资目的效果检验——以资源寻求型OFDI为视角 [J]. 经济问题探索, 2013 (8): 123-129.

[58] 宋则. "入世"十年: 流通业对外开放初步考察 [J]. 中国流通经济, 2012 (3): 45-50.

[59] 苏朝晖. 跨国零售集团在华采购给"中国制造"带来的机遇和挑战 [J]. 中国流通经济, 2004 (5): 49-52.

[60] 孙治宇. 全球价值链分工与价值链升级研究 [M]. 北京: 经济科学出版社, 2013: 24-40.

[61] 汤定娜, 万后芬. 中国零售企业"走出去"问题探讨 [A]. 中国市场学会2006年年会暨第四次全国会员代表大会论文

集 [C]. 2006-4-1, 1749-1758.

[62] 汪旭晖. 国外零售国际化理论研究进展: 一个文献综述 [J]. 河北经贸大学学报, 2008 (11): 87-95.

[63] 汪旭晖, 李燕艳. 跨国零售企业在华物流模式本土化及其影响因素 [J]. 北京工商大学学报 (社会科学版), 2012 (3): 34-41.

[64] 汪旭晖. 零售国际化: 动因、模式与行为研究 [M]. 大连: 东北财经大学出版社, 2006: 39-87.

[65] 汪旭晖. 零售国际化失败的原因剖析——基于阿霍德海外市场撤退的透视 [J] 国际经贸探索, 2008 (9): 66-71.

[66] 汪旭晖. 零售国际化失败的原因剖析——基于阿霍德海外市场撤退的透视 [J]. 国际经贸探索, 2008, 24 (9): 66-71.

[67] 汪旭晖. 零售国际化失败: 以沃尔玛在德国为例 [J]. 管理现代化, 2007 (6): 38-41.

[68] 汪旭晖. 零售专业技能跨国转移: 机制与策略 [M]. 北京: 中国财政经济出版社, 2012: 114-164.

[69] 汪旭晖, 刘勇. 流通业外商直接投资区位选择的实证研究 [J]. 中国流通经济, 2008 (6): 57-60.

[70] 汪旭晖, 卢余. 零售企业国际化与绩效的关系: 国外文献综述及整合框架构建 [J]. 当代经济管理, 2012, 34 (12): 34-38.

[71] 汪旭晖, 王夏扬. 外资零售企业中国市场进入模式、成长策略与经营绩效的关系 [J]. 北京工商大学学报 (社会科学版), 2011 (3): 1-9.

[72] 汪旭晖, 夏春玉. 跨国零售商海外市场进入模式及其选择 [J]. 中国流通经济, 2005 (6): 46-49.

[73] 汪旭晖,郑治.社会资本、控制机制对跨国零售企业专业技能转移的影响——以沃尔玛与家乐福在华扩张为例[J].学习与实践,2013(1):58-68.

[74] 汪旭晖.中国零售企业国际化的可行性与战略研究——由天客隆和联华海外扩张谈起[J].财经问题研究,2006(9):81-87.

[75] 汪旭晖.外资零售企业在华区域发展态势、战略及影响:以辽宁为例[J].北京工商大学学报(社会科学版),2007(3):1-6.

[76] 王东平.家乐福零售方法[M].广州:广东经济出版社,2010:10-14.

[77] 王海军.政治风险与中国企业对外直接投资——基于东道国与母国两个维度的实证分析[J].财贸研究,2012(1):110-116.

[78] 王立生,胡隆基.吸收能力及其在跨国公司子公司知识获取过程中的作用分析[J].科技管理研究,2007(5):237-239+245.

[79] 王平,赵亚平.跨国零售滥用市场优势地位的规制评述[J].北京工商大学学报(社会科学版),2008(11):6-10.

[80] 王胜,田涛.中国对外直接投资区位选择的影响因素研究[J].世界经济研究,2013(12):60-66。

[81] 王树春,赵昕.1997年中俄战略协作伙伴关系的新发展[J].东欧中亚研究,1998(2):62-68.

[82] 王新新,杨德锋.自有品牌与零售商竞争力研究[J].哈尔滨商业大学学报(社会科学版),2007(6):94-97.

[83] 王义桅."一带一路"机遇与挑战[M].北京:人民出版

社，12 – 33.

[84] 王永钦，杜巨澜，王凯. 中国对外直接投资区位选择的决定因素：制度、税负和资源禀赋 [J]. 经济研究，2014（12）：126 – 142.

[85] 王月永，张旭. 跨国公司外汇风险管理及控制 [J]. 国际经济合作，2008（3）：77 – 81.

[86] 魏花，李骏阳. 外资零售商扩张对我国零供关系的影响 [J]. 经济师，2008（11）：99 – 100.

[87] 夏春玉，李刚. 日本零售企业跨国经营的影响因素分析 [J]. 现代日本经济，2004（5）.

[88] 夏春玉. 日本零售企业进入海外市场的动机、经营绩效与撤退原因 [J]. 现代日本经济，2003（4）：35 – 39.

[89] 徐磊，朱瑞庭. 我国流通业海外投资的法律保障研究 [J]. 上海商学院学报，2015（6）：17 – 22.

[90] 阎大颖. 中国企业对外直接投资的区位选择及其决定因素 [J]. 国际贸易问题，2013（7）：128 – 135。

[91] 杨海丽. 国外零售商跨国扩张对我国流通产业的影响 [J]. 经济导刊. 2007（10）：56 – 57.

[92] 杨军安. 我国外资零售企业技术溢出效应及影响因素 [J]. 合作经济与科技. 2010（15）：74 – 76.

[93] 姚望. "走出去"战略研究概况 [J]. 经济与管理研究，2005（10）：20 – 23.

[94] 尹作敬，刘缉川. 我国企业对外直接投资的不同动机探析 [J]. 经济体制改革，2005（4）：105 – 108.

[95] 于立新，王寿群，陶永欣. 国家战略："一带一路"政策与分析 [M]. 杭州：浙江大学出版社，2016：20 – 50.

[96] 余官胜,林俐. 民营企业因何动机进行对外直接投资 [J]. 国际经贸探索,2014 (2).

[97] 张娟,刘钻石. 中国对非洲直接投资与资源寻求战略 [J]. 世界经济研究,2012 (3).

[98] 张丽淑,魏修建. 跨国零售商进入与中国消费品制造业绩效 [J]. 财贸研究.2013 (4): 69-74.

[99] 赵红洁. 外资进入对我国零售业竞争力影响实证分析 [J]. 河北企业.2014 (9): 42-43.

[100] 赵萍. 流通业国际化失败及其原因分析 [J]. 财贸经济, 2006 (5): 61-66.

[101] 赵萍. 我国流通企业"走出去"的现状、问题与对策 [J]. 时代经贸,2010 (17): 24-30.

[102] 赵圣淏. 跨国零售企业本土化战略的成与败——Carrefour 与 Tesco 在韩国市场经营的比较 [J]. 财经科学,2009 (1): 68-72.

[103] 赵亚平,庄尚文,王平. 跨国零售对我国制造业的影响及对策探讨 [J].宏观经济研究,2008 (12): 46-48.

[104] 赵忆宁. 天客隆总经理道出走出国门的艰辛 [J]. 管理观察,2001 (3): 16-17.

[105] 郑后建. 借鉴国外流通业跨国经营经验促进我国零售企业"走出去"[J]. 商场现代化,2004 (17): 25-26.

[106] 郑后建. 中国零售企业跨国经营战略措施 [J].湖南商学院学报,2007 (12): 10-13.

[107] 周霄雪,王永进. 跨国零售企业如何影响了中国制造业企业的技术创新?[J]. 南开经济研究,2015 (6): 66-91.

[108] 周煊,许梦露. 商业企业全球扩张战略问题研究 [J]. 北

京工商大学学报（社会科学版），2011（3）：16－21.

[109] 周延波，光昕. 我国连锁流通业物流配送的现状与对策分析——从沃尔玛物流配送中心的成功经验说起［J］. 对外经贸实务，2011（9）：86－89.

[110] 朱瑞庭."一带一路"背景下中国流通业"走出去"战略的联动发展［J］. 经济体制改革，2016（2）：18－23.

[111] 朱瑞庭，尹卫华. 全球价值链视阈下中国流通业国际竞争力及政策支撑研究［J］. 商业经济与管理，2014（9）：17－24.

[112] 朱瑞庭，尹卫华. 我国流通业"走出去"战略的支撑体系［J］. 中国流通经济，2014（12）：68－75.

[113] 朱瑞庭. 中国流通业"走出去"战略的支撑体系——理论及实证分析［M］. 北京：经济科学出版社，2015：292－315.

[114] 祝合良. 我国商贸流通业"走出去"的现状、问题与对策［A］. 中国流通理论前沿（7）［C］. 北京：社会科学文献出版社，2015：153－167.

[115] Alexander, N., Doherty A. M., "International Market Entry: Management Competencies and Environmental Influences," *European Retail Digest*, 2004, 42 (Summer): 14－19.

[116] Alexander, N., "Expansion within the Single European Market: A Motivational Structure", *The International Review of Retail*, 1995, 5 (4): 472－487.

[117] Alexander, N., "International Market Entry: Management Competencies and Environmental Influences", *Ambiente & Sociedade*, 2004, 8 (2): 99－124.

[118] Alexander, N., "International Retail Expansion Within the

EU and NAFTA", *European Business Review*, 1996, 95 (3): 23 – 35.

[119] Alexander, N., "International Retail Expansion within the EU and NAFTA", *European Business Review*, 1995, 95 (3): 23 – 35.

[120] Alexander, N., *International Retailing*, Oxford: Blackwell Business, 1997: 123 – 125.

[121] Alexander, N., Myers, H., "The Retail Internationalisation Process", *International Marketing Review*, 2000, 17 (4/5): 334 – 353.

[122] Alexander, N., "NAFTA and the EC: UK Retailers' Strategic Response", *Recent Advances in Retailing and Services Science Conference*, 1994 (5): 7 – 10.

[123] Alexander, N., Quinn, B., Cairns, P., "International Retail Divestment Activity", *International Journal of Retail & Distribution Management*, 2005, 33 (1): 5 – 22.

[124] Alexander, N., Quinn B., "Divestment and the Internationalisation Process", *Sterne Und Weltraum*, 2001, 9 (4): 170 – 172.

[125] Alexander, N., Quinn, B., "International Retail Divestment", *International Journal of Retail & Distribution Management*, 2002, 30 (2): 112 – 125.

[126] Alexander, N., Quinn, B., "International Retailers' Strategic Response to Market Withdrawal", *International Conference on Recent Advances in Retailing and Services Science*, 2000 (7): 7 – 10.

[127] Alexander, N., Quinn, B., "Patricia C. International Retail Divestment Activity", *International Journal of Retail & Distribution Management*, 2005, 33 (1): 5 – 22.

[128] Alexander, N., "Retailers and International Markets: Motives for Expansion", *International Marketing Review*, 1990, 7 (4): 75 – 85.

[129] Alexander, N., "Retailing Post 1992", *Service Industries Journal*, 1990, 10 (1): 172 – 187.

[130] Alexander, N., Rhodes, M., Myers, H., "A Gravitational Model of International Retail Market Selection", *International Marketing Review*, 2011, 28 (2): 183 – 200.

[131] Alexander, N., Rhodes, M., Myers, H. et. al., "International Market Selection: Measuring Actions instead of Intentions", *Journal of Services Marketing*, 2007, 26 (6): 424 – 434.

[132] Alexander, N., Silva, M., "Emerging Markets and the Internationalisation of Retailing: the Brazilian Experience", *International Journal of Retail & Distribution Management*, 2002, 30 (6): 300 – 314.

[133] Alexander N., *UK Retailers' Motives for Operating in the Single European Market* [M]. Coleraine: Marketing Education Group Conference, 1994: 22 – 31.

[134] Alexander, N., "UK Retail Expansion in North America and Europe-A Strategic Dilemma", *Journal of Retailing and Consumer Services*, 1995, 2 (2): 75 – 81.

[135] Alon, I., McKee, D., "Towards a Macroeconomic Model of

International Franchising", *Multinational Business Review*, 1999, 7 (1): 76 - 82.

[136] Balto, D. A., "Supermarket Merger Enforcement", *Journal of Public Policy and Marketing*, 2001.

[137] Balto, D. A., "Supermarket Merger Enforcement", *Journal of Public Policy and Marketing*, 2013, 20 (1): 38 - 50.

[138] Beckerman, W., "Distance and the pattern of intra-European trade", *Review of Economics and Statistics*, 1956, 28: 31 - 40.

[139] Benito, G. R. G., Petersen, B., Welch, L. S., "Towards more Realistic Conceptualisations of Foreign Operation Modes", *Journal of International Business Studies*, 2009, 40 (9): 1455 - 1470.

[140] Benjamin, R. I., Wigand, R. T., "Electronic Markets and Virtual Value Chains on the Information Superhighway", *Sloan Management Review*, 1995, 36 (2): 62 - 72.

[141] Bert, S. L., Mellahi, K., Jackson, T. P., Sparks, L., "Retail Internationalization and Retail Failure: Issues from the Case of Marks and Spencer", *International Review of Retail Distribution & Consumer Research*. 2002, 12 (2): 191 - 219.

[142] Bianchi, C., Arnold, S. J., "An Institutional Perspective on Retail Internationalization Success: Home Depot in Chile", *The International Review of Retail, Distribution & Consumer Research*, 2004, 14 (2): 149 - 169.

[143] Burt, S., Dawson, J., Sparks, L., "Failure in International Retailing: Research propositions", *International Review of Retail*, 2011, 13 (4): 355 - 373.

[144] Burt, S. , Dawson, J. , Sparks, L. , "Failure in International Retailing: Research Propositions", *International Review of Retail, Distribution and Consumer Research*, 2003, 13 (4) .

[145] Burt, S. , Mellahi, T. , Jackson, T. , "Sparks L. Retail Internationalization and Retail Failure: Issues from the Case of Marks & Spencer", *International Review of Retail*, 2002, 12 (2): 191 – 219.

[146] Burt, S. , "Retailing in Europe: 20 Years on. The International Review of Retail", *Distribution and Consumer Research*, 2010.

[147] Burt, S. , "Temporal Trends in the Internationalisation of British Retailing", *International Review of Retail*, 1993, 3 (4): 391 – 410.

[148] Burt, S. , "The Carrefour Group-the First 25 Years", *International Journal of Retailing*, 1996, 1 (3): 54 – 78.

[149] Chan, P. , Finnegan, C. , Sternquist, B. , "Country and Firm level Factors in International Retail Expansion", *European Journal of Marketing*, 2011, 45 (6): 1005 – 1022.

[150] Coe, N. M. , "The Internationalization/Globalization of Retailing towards an Economic-geographical Research Agenda", *Environment and Planning A*, 2004, 36 (9): 1571 – 1594.

[151] Cotterill, R. W. , Haller, L. E. , "Barrier and Queue Effects of Leading US Supermarket Chain Entry Patterns," *Journal of Industrial Economics*, 1992, 40 (4): 427 – 40.

[152] Currah, A. , "The Stresses of Retail Internationalization: Lessons from Royal Ahold's Experience in Latin America", *International Review of Retail Distribution & Consumer Research*, 2003,

13 (3): 221 -243.

[153] Currah, A., Wrigley, N., "Networks of Organizational Learning and Adaptation in Retail TNCs", *Global Networks*, 2004, 4 (1): 1 -23.

[154] Davies, R. L., Treadgold, A., "*Retail Internationalisation: Trends and Directions', Coopers & Lybrand*", London: The European Centre for Public Affairs, 1988: 15 -20.

[155] Dawson, J., "Internationalization of Retailing Operations", *Journal of Marketing Management*, 1994, 10 (4): 267 -282.

[156] Dawson, J., "Scoping and Conceptualizing Retailer Internationalization", *Journal of Economic Geography*, 2007, 7 (4): 373 -397.

[157] Doherty, A. M., "Explaining International Retailers' Market Entry Mode Strategy: Internalization Theory, Agency Theory and the Importance of Information Asymmetry", *International Review of Retail*, 1999, 9 (4): 379 -402.

[158] Doherty, A. M., "Factors Influencing International Retailers' Market Entry Mode Strategy: Qualitative Evidence from the UK Fashion Sector", *Journal of Marketing Management*, 2000, 16 (1): 223 -245.

[159] Dunning, J. H., *The location of international firms in an enlarged EEC*, Manchester: Manchester Statistical Society. an exploratory paper, 1972.

[160] Dupuis, M., Prime, N., "Business Distance and Global Retailing: A Model for Analysis of Key Success/ Failure Factors", *International Journal of Retail and Distribution Manage-*

ment, 1996, 24 (11): 30 – 38.

[161] Dupuis, M., Prime, N., "Business Distance and Global Retailing: A model for Analysis of Key Success/ Failure Factors", *International Journal of Retail and Distribution Management*, 2000, 16 (1 – 3): 223 – 245.

[162] Elinder, E., "How International can Advertising be?", *International Advertiser*, 1961, December: 12 – 16.

[163] Elinder, E., "How International Can Advertising be?", *International Advertiser*, December, 1965, 29 (2): 7 – 11.

[164] Eroglu, S., "The Internationalization Process of Franchise Systems: A Conceptual Model", *International Marketing Review*, 1992, 9 (5): 11 – 39.

[165] Evans, J., Bridson, K., Byrom, J., Medway, D., "Revisiting Retail Internationalization", *International Journal of Retail & Distribution Management*, 2008, 36 (4): 260 – 280.

[166] Evans, J., Bridson, K., "Explaining Retail Offer Adaptation through Psychic Distance", *International Journal of Retail & Distribution*, 2005, 33 (1) : 69 – 78.

[167] Evans, J., Mavondo, F., "Psychic Distance and Organizational Performance: An Empirical Examination of International Retailing Operations", *Journal of International Business Studies*, 2002, 33 (3): 515 – 532.

[168] Evans, J., Mavondo, F. T., Bridson, K., "Psychic Distance: Antecedents, Retail Strategy Implications, and Performance Outcomes", *Journal of International Marketing*, 2008, 16 (2): 32 – 63.

[169] Evans, J., Treadgold, A., Mavondo, F., "Explaining Export Development through Psychic Distance", *International Marketing Review*, 2000, 17 (2): 164 – 169.

[170] Fatt, A. C., "A Multinational Approach to International Advertising", *International Advertiser*, 1965, 7 (1): 5 – 6.

[171] Fatt, A. C., "A Multinational Approach to International Advertising", *International Advertiser*, 1964, September: 17 – 20.

[172] Fournis, Y., "The Markets of Europe or the European Market?", *Business Horizons*, 1962, 5 (4): 77 – 83.

[173] Gatignon, H., Anderson, E., "The Multinational Corporation's Degree of Control over Subsidiaries: An Empirical Test of a Transaction Cost Explanation," *Journal of Law, Economics, and Organization*, 1988, 4 (2): 305 – 336.

[174] Godley, A., Fletcher, S., "International Retailing in Britain, 1850 – 1994", *Service Industries Journal*, 2001, 21 (2): 31 – 46.

[175] Hollander, S., "Multinational Retailing", *Msu International Business & Economic Studies*, 1970, 35 (4): 232 – 247.

[176] Hollensen, S., "Global Marketing: A Market-responsive Approach | Clc", *Financial Times Prentice Hall*, 1998.

[177] Hoskisson, R. E., Eden, L., Lau, C. M., Wright, M., "Strategy in Emerging Economies", *Academy of Management Journal*, 2000, 43: 249 – 67.

[178] Huang, Y., Sternquist, B., "Retailers' Foreign Market Entry Decisions: An Institutional Perspective", *International Business Review*, 2007, 16 (5): 613 – 629.

[179] Huang, Y., Sternquist, B., "Retailers' Foreign Market Entry Decisions: An Institutional Perspective", *International Business Review*, 2007, 16 (5): 613 – 629.

[180] Hutchinson, K., Fleck, E., Lloyd Reason, L., "The Role of Business Support Organisations in the Process of Retailer Internationalisation", *International Review of Retail Distribution & Consumer Research*, 2009, 19 (4): 371 – 388.

[181] Java, R. G., Alexander, N., Rhodes, M., Myers, H., "International Market Selection: Measuring Actions Instead of Intentions", *Journal of Services Marketing*, 2007, 26 (6): 424 – 434.

[182] Jones, J. M., Vijayasarathy, L. R., "Internet Consumer Catalog Shopping: Findings from An Exploratory Survey and Directions for Future Research", *Internet Research*, 1998, 8 (4): 322 – 330.

[183] Kacker, M. P., "Transatlantic Trends in Retailing: Takeovers and Flow of Know-How", *Quomm Books*. 1985.

[184] Karine, P. C., "Determinants of International Retail Operation Mode Choice: Towards a Conceptual Framework Based on Evidence from French Specialised Retail Chains", *Distribution and Consumer Research*, 2007, 16 (2): 215 – 237.

[185] Kerin, R. A., Varadarajan, P. R., Peterson, R. A., "First-mover Advantage: A Synthesis, Conceptual Framework, and Research Propositions", *Strategic Management Journal*, 1988, 44 (1): 161 – 77.

[186] Kerin, R. A., Varadarajan, P. R., Peterson, R. A., "First

Mover Advantage: Synthesis, Conceptual Framework and Research Propositions", *Journal of Marketing*, 1992.

[187] Kobrin, S., Buckley, P., Casson, M., *The Future of Multinational Enterprise*, New York: Holmes & Meier Publishers, 1976: 137 – 160.

[188] Koch, A. J., "Factors Influencing Market and Entry Mode Selection: Developing the MEMS Model", *Marketing Intelligence & Planning*, 2001, 19 (5): 351 – 361.

[189] Kracker, M. P., "Transatlantic Trends in Retailing: Takeovers and Flow of Know-How ", *Quomm Books*, 1985.

[190] Kumar, M. S., "Growth, Acquisition and Investment: An Analysis of the Growth of Industrial Firms and their Overseas Activities", Cambridge: Cambridge University Press, 1984: 35 – 50.

[191] Lages, L. F., Abrantes, J. F., Lages, C. R., "The STRATADAPT Scale: A Measure of Marketing Strategy Adaptation to International Business Markets", *International Marketing Review*, 2008, 25 (25): 584 – 600 (17).

[192] Lambkin, M., "Order of Entry and Performance in New Market", *Strategic Management Journal*, 1988, 9 (S1): 127 – 140.

[193] Levitt, T., "The Globalization of Markets", *Harvard Business Review*, 1983, 61 (3): 92 – 102.

[194] Lilien, G. L., Yoon, E., "The Timing of New Entry: An Exploratory Study of New Industrial Products", *Management Science*, 1990, 36 (5): 568 – 585.

[195] Lord, D., Moran, W., Parker, T. et al., "Retailing on Three Continents: The Discount Foodstore Operations of Albert Gubay",

The International Journal of Retailing, 1989, 4 (3): 1 – 53.

[196] Lu, Y. , Karpova, E. E. , Fiore, A. M. , "Factors Influencing International Fashion Retailers' Entry Mode Choice", *Journal of Fashion Marketing & Management*, 2011, 15 (1): 58 – 75.

[197] Makino, S. , Lau, C. M. , Yeh, R. S. , "Asset-exploitation Versus asset-seeking: Implications for Location Choice of Foreign Direct Investment from Newly Industrialized Economies", *Journal of International Business Studies*, 2002, 33 (3): 403 – 421.

[198] McGoldrick, P. J. , "Introduction to international retailing", McGoldrick, P. J. and Davies G. (Eds.), *International retailing: trends and strategies*, London: Pitman Publishing, 1995: 3.

[199] Meyer, K. E. , Estrin, S. , Bhaumik, S. K. et al. , "Institutions, Resources, and Entry Strategies in Emerging Economies", *Strategic Management Journal*, 2009, 30 (1): 61 – 80.

[200] Mooij, M. D. , Hofstede, G. , "Convergence and Divergence in Consumer Behavior: Implications for International Retailing", *Journal of Retailing*, 2002, 78 (1): 61 – 69.

[201] Moore, C. M. , Doherty, A. M. , Doyle, S. A. , "Flagship Stores as a Market Entry Method: the Perspective of Luxury Fashion Retailing", *European Journal of Marketing*, 2010, 44 (1/2): 139 – 161.

[202] Nordstrom, K. A. , Vahlne, J. E. , "Is the globe shrinking? Psychic distance and the establishment of Swedish sales subsidiaries during the last 100 years", Landeck, M. , *Internation-*

al Trade: *Regional and Global Issues*, St Martin's Press, 1994: 41 – 56.

[203] Palmer, M., "International Restructuring and Divestment: The Experience of Tesco", *Journal of Marketing Management*, 2004, 20 (9 – 10): 1075 – 1105.

[204] Palmer, M., "International Restructuring and Divestment: The Experience of Tesco", Working Paper Series, Faculty of Business and Management, University of Ulster, Coleraine, (2002).

[205] Palmer, M., Quinn, B., "The Nature of International Retail Divestment: Insights from Ahold", *International Marketing Review*, 2007, 24 (1): 26 – 45.

[206] Park, Y., Sternquist, B., "The Global Retailer's Strategic Proposition and Choice of Entry Mode", *International Journal of Retail & Distribution Management*, 2008, 36 (4): 281 – 299.

[207] Pehrsson, A., "International Product Strategies: An Exploratory Study.", *Scandinavian Journal of Management*, 1995, 11 (3): 237 – 249.

[208] Pellegrini, L., "Alternatives for Growth and Internationalization in Retailing", *The International Review of Retail*, 1994, 4 (2): 121 – 48.

[209] Pellegrini, L., "The Internationalization of Retailing and 1992 Europe", *Journal of Marketing Channels*, 1992, 2 (1): 3 – 27.

[210] Pellegrini, L., "The Internationalization of Retailing and 1992 Europe", *Journal of Marketing Channels*, 1991, 1 (2): 3 –

27.

[211] Picot-Coupey, K., "Determinants of International Retail Operation Mode Choice: Towards a Conceptual Framework Based on Evidence from French Specialised Retail Chains," *International Review of Retail, Distribution and Consumer Research*, (2006), 16 (2): 215 – 237.

[212] Pyle, R., "Electronic commerce and the internet", *Communications of the ACM*, 1996, 39 (6): 22 – 24.

[213] Quinn, B., "The Temporal Context of UK Retailers' Motives for International Expansion", *Service Industries Journal*, 2006, 19 (2): 101 – 116.

[214] Quinn, B., "The Temporal Context of UK Retailers' Motives for International Expansion", *The Services Industry Journal*, 1999, 19 (2): 101 – 16.

[215] Quinn, B., "The Temporal Context of UK Retailers' Motives for International Expansion", *The Services Industry Journal*, 1990, 19 (2): 101 – 116.

[216] Root, F., *Entry Strategies for International Markets*, (Lexington: Lexington Books, 1995).

[217] Salmon, W. J., Tordjman, A., "The Internationalisation of Retailing", *International Journal of Retail & Distribution Management*, 1989, 17 (2).

[218] Sparks, L., "Settling for Second Best?: Reflections after the Tenth Anniversary of Wal-Mart's Entry to the United Kingdom", *Strategic Direction*, 2011, 39 (7): 114 – 129.

[219] Sternquist, B., "International Expansion of US Retailers",

International Journal of Retail & Distribution Management, 1997, 25 (8): 262 - 268.

[220] Stobaugh, R., "How to Analyze Foreign Investment Climates", *Harvard Business Review*, 1969, 47 (5): 100 - 108.

[221] Stottinger, B., Schlegelmilch, B., "Explaining Export Development through Psychic Distance: Enlighteningor Elusive?", *International Marketing Review*, 1998, 15 (5): 357 - 372.

[222] Swift, J., "Cultural Closeness as a Facet of Cultural Affinity: A Contribution to the Theory of Psychic Distance", *International Marketing Review*, 1999, 16 (3): 182 - 201.

[223] Swoboda, B., Schlueter, A., Olejnik, E., Morschett, D., "Does Centralising Global Account Management Activities in Response to International Retailers Pay off?", *Management International Review*, 2012, 52 (5): 727 - 756.

[224] Swoboda, B., Schwarz, S., "Dynamics of the Internationalisation of European Retailing: From a National to a European Perspective. Strategic Management—New Rules for Old Europe", Gabler, 2006.

[225] Terpstra, V., Yu, C. M., "Determinants of Foreign Investment of U. S. Advertising Agencies", *Journal of International Business*, 1988, 19 (1): 33 - 46.

[226] Tordjman, A., "The French Hypermarket could it be Develop in States?", *Retail and Distribution Management*, 1988, 4 (2): 3 - 16.

[227] Treadgold, A., Gibson, C., "Retailing in Continental Europe: The Opportunities and the Costs", Sanghavi, N., Tread-

gold, A., *Developments in European Retailing*, Yeovil: Dower House Publications, 1989: 67 - 76.

[228] Treadgold, A., "Pan-European Retail Business: Emerging Structure", *European Business Review*, 1989, Vol. (89): 7 - 13.

[229] Treadgold, A., "Retailing Without Fronters", *Retail and Distribution Management*, 1988, Vol. 16 (6): 8 - 12.

[230] Treadgold, A., "The Developing Internationalisation of Retailing", *International Journal of Retail and Distribution Management*, 1990, 1890 (2): 4 - 10.

[231] Vahlne, J. E., Wiedersheim, P. F., "Economic Distance: Model and Empirical Investigation", Hornell, E., Vahlne, J. E., Wiedersheim, P. F., Uppsala, *Export and Foreign Establishments*, 1973: 81 - 159.

[232] Vida, I., "An Empirical Inquiry into International Expansion of US Retailers", *International Marketing Review*, 2000, 17 (4/5): 454 - 475.

[233] Vida, I., Reardon, J., Fairhurst, A., "Determinants of International Retail Involvement: The Case of Large U.S. Retail Chains", *Journal of International Marketing*, 2000, 8 (4): 37 - 60.

[234] Welsh, D. H. B., Alon, I., Falbe, C. M., "An Examination of International Retail Franchising in Emerging Markets", *Journal of Small Business Management*, 2006, 44 (1): 130 - 149.

[235] White, R., "Multi-national Retailing: A Slow Advance?", *International Journal of Retail & Distribution Management*, 1984, 12 (2): 8 - 13.

[236] White, R., "Multi-national Retailing: A Slow Advance?", *Retail and Distribution Management*, 2013, 12 (2): 8-13.

[237] Williams, D., "Differential Firm Advantages and Retailer Internationalization", *International Journal of Retail and Distribution Management*, 1991, 19 (4): 3-12.

[238] Williams, D., "Motives for Retailer Internationalization: Their Impact, Structure, and Implications", *Journal of Marketing Management*, 1992, 8 (3): 269-285.

[239] Williams, D., "Retailer Internationalization: An Empirical Enquiry", *European Journal of Marketing*, 1992, 26 (8-9): 8-24.

[240] Wrigley, N., Lowe, M., "Introduction: Transnational Retail and the Global Economy", *Journal of Economic Geography*, 2007, 7 (4): 337-340.

[241] Wrigley, N., "The consolidation wave in U.S. food retailing: A European perspective", Agribusiness, 2001, 17 (4): 489-513.

[242] Wrigley, N., Lowe, M., "Reading Retail: A Geographical Perspective on Retailing and Consumption Space", *Environment & Planning A*, 2002, 36 (2): 375-376.

[243] Wrigley, N., "Market Rules and Spatial Outcomes: Insights from the Corporate Restructuring of US Food Retailing", *Geographical Analysis*, 1999, 31 (2): 1-25.

[244] Young, S., Hood, N., "Perspectives on the European Marketing Strategy of US Multinationals", *European Journal of Marketing*, 1976, 27 (4): 11-24.

[245] Yu, C. M., Ito, K., "Oligopolistic Reaction and Foreign Direct Investment: The Case of the U. S. Tire and Textile Industries", *Journal of International Business Studies*, 1988, 19 (Fall).

图书在版编目(CIP)数据

中国流通企业国际化研究/祝合良,石娜娜著. --北京:社会科学文献出版社,2021.5
ISBN 978-7-5201-8315-4

Ⅰ.①中… Ⅱ.①祝…②石… Ⅲ.①流通企业-国际化-研究-中国 Ⅳ.①F721

中国版本图书馆 CIP 数据核字(2021)第 080503 号

中国流通企业国际化研究

著　　者 / 祝合良　石娜娜

出 版 人 / 王利民
组稿编辑 / 恽　薇
责任编辑 / 孔庆梅
文稿编辑 / 胡　楠

出　　版 / 社会科学文献出版社·经济与管理分社 (010) 59367226
　　　　　地址:北京市北三环中路甲29号院华龙大厦　邮编:100029
　　　　　网址:www.ssap.com.cn
发　　行 / 市场营销中心 (010) 59367081　59367083
印　　装 / 三河市尚艺印装有限公司

规　　格 / 开　本:787mm×1092mm　1/16
　　　　　印　张:19.75　字　数:238千字
版　　次 / 2021年5月第1版　2021年5月第1次印刷
书　　号 / ISBN 978-7-5201-8315-4
定　　价 / 118.00元

本书如有印装质量问题,请与读者服务中心 (010-59367028) 联系

版权所有 翻印必究